富家益股市新手系列

99个K线卖出形态

关俊强◎编著

技术特征——准确把握卖点形态

卖点出击——及时捕捉卖出时机

经典案例——轻松掌握实战技巧

实战提高——深入理解买卖要点

中国财富出版社有限公司

图书在版编目（CIP）数据

99个K线卖出形态 / 关俊强编著. — 北京：中国财富出版社有限公司，2024.2
（富家益股市新手系列）
ISBN 978-7-5047-8127-7

Ⅰ. ①9…　Ⅱ. ①关…　Ⅲ. ①股票投资—基本知识　Ⅳ. ①F830.91

中国国家版本馆CIP数据核字（2024）第047845号

策划编辑	杜　亮	**责任编辑**	杜　亮	**版权编辑**	李　洋
责任印制	尚立业	**责任校对**	卓闪闪	**责任发行**	董　倩

出版发行	中国财富出版社有限公司		
社　　址	北京市丰台区南四环西路188号5区20楼	**邮政编码**	100070
电　　话	010-52227588 转 2098（发行部）		010-52227588 转 321（总编室）
	010-52227566（24小时读者服务）		010-52227588 转 305（质检部）
网　　址	http: //www.cfpress.com.cn	**排　　版**	宝蕾元
经　　销	新华书店	**印　　刷**	宝蕾元仁浩（天津）印刷有限公司
书　　号	ISBN 978-7-5047-8127-7 / F · 3731		
开　　本	710mm × 1000mm　1 /16	**版　　次**	2024年10月第 1 版
印　　张	20.5	**印　　次**	2024年10月第 1 次印刷
字　　数	303千字	**定　　价**	55.00元

前　言

炒股赚钱的一个重要前提，就是“多算者胜”。

《孙子·计篇》中有一句名言：“多算胜，少算不胜，而况于无算乎？”意思是说，思虑周详的一方往往会取胜，而少于计算的，自然容易落败，更别说那些根本就不去计算的。股市如战场，在股市中想要赚钱，也是同样的道理。

现实生活中，大家都知道在从事某项工作之前，首先需要学好相关知识。如要当医生就要学习医药知识，要当律师就要学习法律知识，想开车，就要先在驾校好好学习，即使拿到了驾照，在开车上路时也是小心翼翼的，知道自己还是个新手，要非常谨慎。可在股市中，大家却忘记了这个常识。很多投资者在一无所知的情况下，莽撞地冲进股市，迫不及待地想要赚到钱。就好比一个不会开枪的士兵，直接闯入了激烈交锋的战场，他的生存概率有多大呢？

初入股市的投资者首先需要“武装”的，不是自己的资金账户，而是自己的头脑。

为此，我们推出“富家益股市新手系列”图书，以帮助新入市的投资者轻松掌握炒股知识，尽快精通炒股技能，建立正确的投资心态，最终不仅能“多算”，还能“会算”，从而实现稳定的盈利。

《99个K线卖出形态》正是“富家益股市新手系列”中的一本。

技术指标分析是指通过对过去股价走势、成交量数据进行统计，得出各种曲线、柱线、点状线等形态，通过分析技术指标形成的各种形态，投资者可以从不同方面对股价走势有更直观的认识。因此，对于投资者来说，技术指标分析是必须掌握的技能。

通过技术指标分析未来走势，通常有以下几个优势。

第一，直观认识股价走向。通过各种技术指标，投资者可以对股价走向有更加直观的认识。例如当股价加速上涨时，投资者仅观察股价走势图很难判断上涨的“加速度”有多大，也很难看出两拨加速上涨行情哪个更强势。而借助MACD指标中的柱线，投资者就能很直观地得出结论。

第二，买卖点明确。技术指标中的各种曲线会形成交叉、支撑、背离等形态。通过这些形态变化，投资者可以明确知道应该何时买入、何时卖出。以MACD指标为例，当该指标中的DIFF线突破DEA线时，形成金叉形态，一旦交叉完成，就是十分明确的买点。

第三，多种技术指标配合，综合研判。不同技术指标可以从不同的方面显示股价走向。投资者可以选择几种技术指标配合使用，从不同角度观察当前股价走向，从而更准确地预判未来股价走向。例如，移动平均线指标统计当期股价的运行趋势，MACD指标统计的则是股价涨跌速度快慢及推动股价涨跌的动能大小，投资者将移动平均线指标和MACD指标配合使用，可以从不同角度综合判断市场行情。

利用技术指标判断股价走向是技术分析的基础方法。为了帮助投资者更加快速、简便地掌握这种分析方法，熟悉各种技术指标形态、买卖点和使用技巧，在本书中我们针对每个技术指标的卖点，从以下4个方面进行全方位阐述。

1. 技术特征

要想熟练使用技术指标的卖点，首先应该知道该卖点出现时的市场环境和技术指标的形态特征。在这个部分，我们详细介绍技术形态的细节、走势特征，并用图例加以说明，以方便投资者迅速掌握该形态的技术要点。

2. 卖点出击

每个技术形态出现时，都有一个最佳的卖出时机。在这部分内容里，我们明确给出了卖出时机。通过阅读本书，投资者可以快速掌握该形态的卖点所在，进而更好地应用于实战。

3. 经典案例

对于每个卖点，我们都选取最近两三年内出现的实际经典案例，进一步对形态特点、卖出时机加以解说。投资者通过这些案例，可以更好地理解各个形态的应用，做到理论联系实际，快速地提高自己的实战水平。

4. 实战提高

在这个部分中，我们针对每个卖点在实战中需要格外注意的地方，加以重点强调。通过这些内容，投资者可以更深入、更全面地掌握每个形态的实战要点。

如果您从来没有接触过技术指标分析，那么通过本书，您将从理论到实际、从形态到买卖点，对技术指标分析建立起一个完整的认识。如果您对技术指标分析已经有了一定的认识，那么本书可以作为一本速查手册，在实战中为您提供切实有效的帮助。

股道漫漫，只有那些不断上下求索的投资者，才有可能笑到最后，收获丰收的果实和成功的喜悦。相信本书能够为广大新手投资者的股市求索，提供实实在在的帮助。

目　录

第1章 K线的卖点 ▷ 001

指标概览 003
卖点 1　射击之星：射击之星完成当日卖出 004
卖点 2　上吊线：股价跌破实体部分时卖出 006
卖点 3　大阴线：K 线完成时卖出 008
卖点 4　看跌吞没：后一根阴线完成后卖出 010
卖点 5　乌云盖顶：后一根阴线完成后卖出 012
卖点 6　看跌分离：股价跌破阴线收盘价时卖出 015
卖点 7　下跌强调：股价开始下跌时卖出 017
卖点 8　三只乌鸦：形态完成后卖出 019
卖点 9　黄昏之星：最后一根阴线完成时卖出 021
卖点 10　下降三法：形态完成后卖出 023
卖点 11　看跌孕线：形态完成后股价继续下跌时卖出 025
卖点 12　平头顶：股价跌破第二根 K 线实体时卖出 028

第2章 均线的卖点 ▷ 029

指标概览 031
卖点 13　股价沿 30 日均线上涨：跌破 30 日均线时卖出 032
卖点 14　股价在 60 日均线处受到阻力：股价再次下跌时卖出 034
卖点 15　一阴穿多线：形态形成时卖出 036

卖点 16　均线死叉：死叉形成时卖出　038
卖点 17　长期均线对短期均线构成阻力：短期均线再次下跌时卖出　040
卖点 18　均线空头排列：空头排列出现时卖出　043

第 3 章 成交量的卖点 ▷ 045

指标概览　047
卖点 19　高位的价平量增：成交量骤减时卖出　048
卖点 20　一段涨幅后开始放量下跌：出现第一根放量大阴线时卖出　050
卖点 21　股价涨至前期重要阻力位：放量下跌时卖出　052
卖点 22　股价跌破重要支撑位：跌破支撑线时卖出　054
卖点 23　高位的第一根放量大阴线：在大阴线处卖出　056
卖点 24　5 日均量线与股价顶背离：顶背离后 K 线出现看跌形态时卖出　058

第 4 章 MACD 指标的卖点 ▷ 061

指标概览　063
卖点 25　MACD 指标与股价顶背离：股价明显下跌时卖出　064
卖点 26　MACD 柱线与股价顶背离：股价明显下跌时卖出　067
卖点 27　DIFF 线死叉 DEA 线：死叉日卖出　069
卖点 28　DIFF 线与 DEA 线拒绝金叉：DIFF 线再次下跌时卖出　071

第 5 章 KDJ 指标的卖点 ▷ 073

指标概览　075
卖点 29　KDJ 高位死叉：死叉日卖出　076
卖点 30　指标线 K 与股价顶背离：股价下跌时卖出　078
卖点 31　指标线 K 严重超买：K 线形成看跌形态时卖出　080
卖点 32　指标线 D 严重超买：跌破 80 后卖出　082

第6章 RSI指标的卖点 ▷ 085

指标概览 087
卖点 33 RSI6 高位死叉 RSI12：死叉日卖出 088
卖点 34 RSI 与股价顶背离：股价明显下跌时卖出 090
卖点 35 RSI6 在高位形成双顶形态：指标跌破颈线时卖出 092
卖点 36 RSI6 突破 85，RSI12 未突破 80：RSI6 跌破 85 时卖出 095

第7章 BOLL指标的卖点 ▷ 097

指标概览 099
卖点 37 BOLL 上轨对股价形成阻力：股价遇阻下跌时卖出 100
卖点 38 BOLL 中轨对股价形成阻力：股价遇阻下跌时卖出 102
卖点 39 股价短暂突破 BOLL 上轨：回到通道内时卖出 104
卖点 40 BOLL 喇叭口敞开、股价下跌：中轨下跌时卖出 106

第8章 W%R指标的卖点 ▷ 109

指标概览 111
卖点 41 WR1 跌破 20：突破后卖出 112
卖点 42 WR1 在低位形成三重底：指标突破颈线位时卖出 114

第9章 OBV指标的卖点 ▷ 117

指标概览 119
卖点 43 OBV 指标的高点一浪比一浪低：股价明显下跌时卖出 120
卖点 44 OBV 指标加速上涨遇阻后，再次上涨未超过前期高点：股价下跌时卖出 122
卖点 45 OBV 指标与股价顶背离：股价下跌时卖出 124
卖点 46 OBV 指标由正变负：股价下跌时卖出 126

第 10 章 DMI 指标的卖点 ▷ 129

指标概览 131
卖点 47 ADX 由上升转为下降：ADX 指标掉头向下时卖出 132
卖点 48 PDI 死叉 MDI：死叉日卖出 134
卖点 49 ADX 高位死叉 ADXR，同时 PDI 位于 MDI 下方：死叉日卖出 136
卖点 50 PDI、ADX、ADXR 向下发散：股价下跌时卖出 138

第 11 章 DMA 指标的卖点 ▷ 141

指标概览 143
卖点 51 在零轴下方，DDD 线死叉 AMA 线：死叉完成时卖出 144
卖点 52 DMA 指标与股价顶背离：DDD 线跌破零轴时卖出 146
卖点 53 DDD 线与 AMA 线低位拒绝金叉：DDD 线下跌时卖出 149

第 12 章 ARBR 指标的卖点 ▷ 151

指标概览 153
卖点 54 AR 线跌破 200：跌破后卖出 154
卖点 55 AR 线与股价高位顶背离：AR 线跌破 100 时卖出 156
卖点 56 100 上方 AR 线和 BR 线死叉：死叉完成时卖出 158

第 13 章 CR 指标的卖点 ▷ 161

指标概览 163
卖点 57 CR 线跌破 300：跌破后卖出 164
卖点 58 CR 线跌破地震带：跌破后卖出 166

第 14 章 VR 指标的卖点 ▷ 169

指标概览 171
卖点 59 VR 线跌破 350：跌破日卖出 172
卖点 60 VR 线跌破 150：跌破日卖出 174

卖点 61 VR 线与股价在高位顶背离：VR 线跌破 150 时卖出 176

卖点 62 成交量顶部萎缩，VR 值下降：VR 线跌破 150 时卖出 178

第 15 章 PSY 指标的卖点 ▷ 181

指标概览 183

卖点 63 PSY 线形成双顶：PSY 线跌破双顶颈线时卖出 184

卖点 64 PSY 线跌破 80：跌破后卖出 186

卖点 65 PSY 线与股价高位顶背离：PSY 线跌破 50 时卖出 188

第 16 章 BBI 指标的卖点 ▷ 191

指标概览 193

卖点 66 股价在高位跌破 BBI 线：跌破日卖出 194

卖点 67 BBI 线在高位形成双重顶：跌破颈线时卖出 196

第 17 章 EXPMA 指标的卖点 ▷ 199

指标概览 201

卖点 68 高位股价跌破有支撑作用的 EXPMA 线：跌破日卖出 202

卖点 69 多条 EXPMA 线形成空头排列：空头排列完成时卖出 204

卖点 70 下跌趋势中 EXPMA 指标拒绝金叉：短期 EXPMA 线遇阻下跌时卖出 206

第 18 章 TRIX 指标的卖点 ▷ 209

指标概览 211

卖点 71 TRIX 指标低位死叉：死叉日卖出 212

卖点 72 TRIX 线与股价高位顶背离：出现 K 线看跌形态时卖出 214

第 19 章 SAR 指标的卖点 ▷ 217

指标概览 219

卖点 73 股价向下跌破 SAR 线：股价跌破时卖出 220

卖点 74 股价在 SAR 线位置遇到阻力：遇阻后下跌时卖出 222

第 20 章 ASI 指标的卖点 ▷ 225

指标概览 227

卖点 75 ASI 线跌破前期 N 形转折点：跌破日卖出 228

卖点 76 ASI 线与股价顶背离：出现 K 线看跌形态时卖出 230

第 21 章 BIAS 指标的卖点 ▷ 233

指标概览 235

卖点 77 BIAS 指标 3 条曲线同时超买：跌出超买区间时卖出 236

卖点 78 6 日 BIAS 线跌破零轴：跌破日卖出 238

第 22 章 EMV 指标的卖点 ▷ 241

指标概览 243

卖点 79 EMV 线在 EMVA 线位置遇到阻力：EMV 线再次下跌时卖出 244

卖点 80 EMV 线在高位与股价形成顶背离：跌破零轴时卖出 246

第 23 章 ROC 指标的卖点 ▷ 249

指标概览 251

卖点 81 ROC 线向下跌破零轴：跌破日卖出 252

卖点 82 ROC 线在高位与股价顶背离：股价开始下跌时卖出 254

卖点 83 ROC 线与 ROCMA 线在零轴附近死叉：死叉日卖出 256

第24章
TAPI指标的卖点
▷ 259

指标概览 261
卖点 84 TAPI 线在 TAPIMA 线处受阻：TAPI 线再次下跌时卖出 262
卖点 85 TAPI 线双顶：跌破双顶颈线时卖出 264
卖点 86 TAPI 线与股价顶背离：股价明显下跌时卖出 266

第25章
宝塔线指标的卖点
▷ 269

指标概览 271
卖点 87 宝塔线高位三平顶翻绿：翻绿时卖出 272
卖点 88 宝塔线出现连续 8 根及以上红线：出现长绿时卖出 274
卖点 89 宝塔线高位连续绿线：第 3 根绿线出现时卖出 276
卖点 90 宝塔线长红短红一线红：翻绿时卖出 278

第26章
分水岭指标的卖点
▷ 281

指标概览 283
卖点 91 SW1 线跌破 SW 线：跌破日卖出 284
卖点 92 股价在 SW 线处遇到阻力：股价遇阻下跌时卖出 286

第27章
散户线指标的卖点
▷ 289

指标概览 291
卖点 93 股价高位盘整，散户线上升：股价下跌时卖出 292
卖点 94 下跌行情中股价反弹，散户线上升：股价跌破反弹趋势线时卖出 294

第28章
主力进出指标的卖点
▷ 297

指标概览 299
卖点 95 JCS 线向下跌破 JCM 线、JCL 线：跌破时卖出 300
卖点 96 JCS 线在 JCM 线、JCL 线处受阻：股价再次下跌时卖出 302

第 29 章 主力买卖指标的卖点 ▷ 305

指标概览 307
卖点 97 三条曲线形成空头排列：空头排列形成时卖出 308
卖点 98 MMS 线上升遇到 MMM 线阻力：遇阻下跌时卖出 310
卖点 99 MMS 线在高位与股价顶背离：MMS 线跌破零轴时卖出 313

第 1 章

K 线的卖点

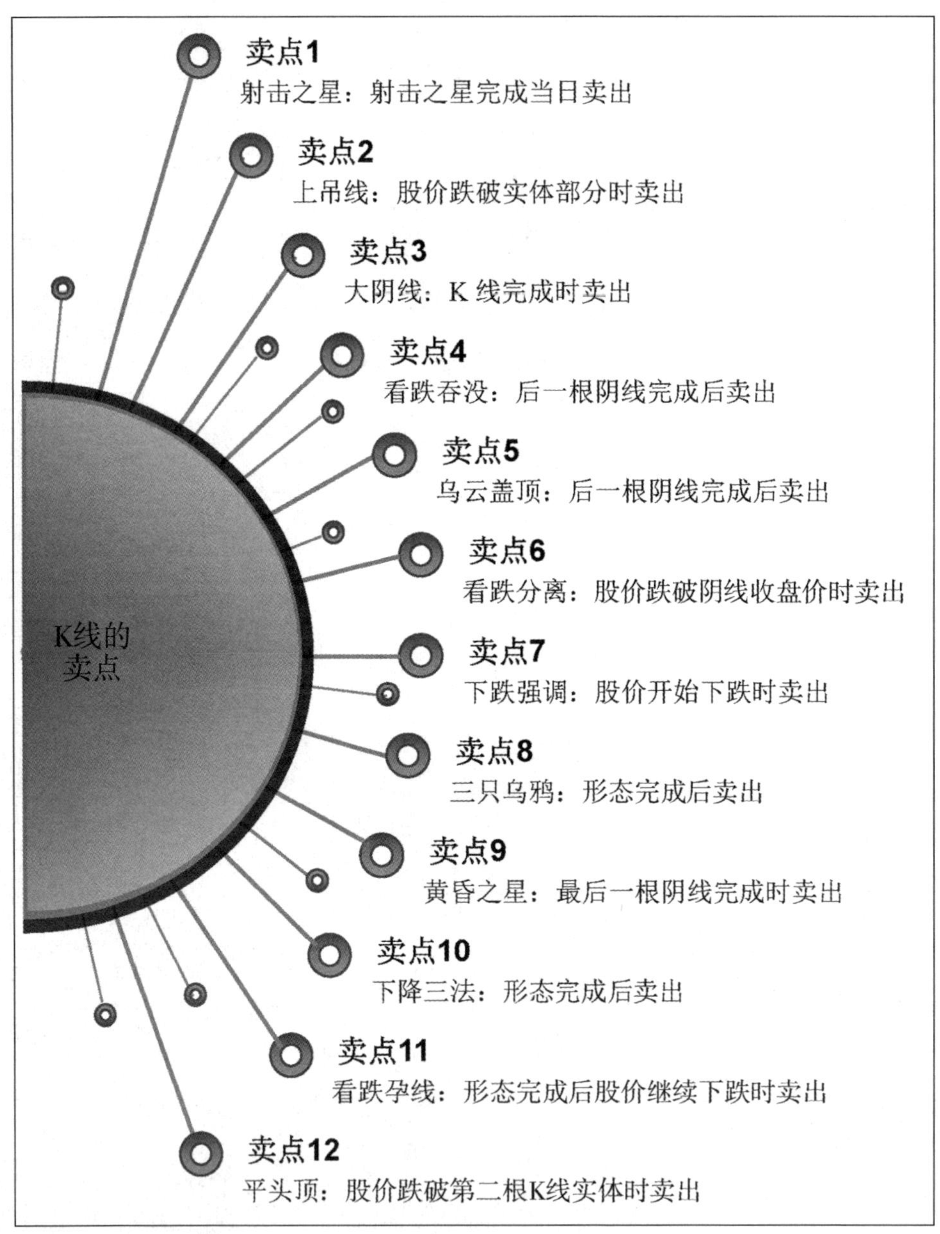
卖点1
射击之星：射击之星完成当日卖出
卖点2
上吊线：股价跌破实体部分时卖出
卖点3
大阴线：K 线完成时卖出
卖点4
看跌吞没：后一根阴线完成后卖出
卖点5
乌云盖顶：后一根阴线完成后卖出
卖点6
看跌分离：股价跌破阴线收盘价时卖出
K线的
卖点
卖点7
下跌强调：股价开始下跌时卖出
卖点8
三只乌鸦：形态完成后卖出
卖点9
黄昏之星：最后一根阴线完成时卖出
卖点10
下降三法：形态完成后卖出
卖点11
看跌孕线：形态完成后股价继续下跌时卖出
卖点12
平头顶：股价跌破第二根K线实体时卖出

指标概览

K线图，也称蜡烛图，是目前股市中使用最广泛的价格表现形式，也是多数投资者最为关注的技术图形。

如图1–1所示，一根K线可分为中间的实体，以及上方的上影线和下方的下影线。实体的上下两端代表了当天的开盘价和收盘价。如果当天的收盘价高于开盘价，K线为“阳线”；如果当天的收盘价低于开盘价，那么K线为“阴线”。

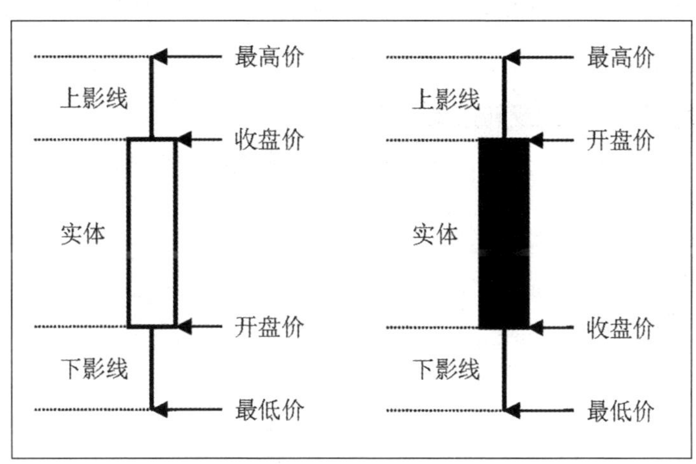

图1–1　K线

单根K线或者K线组合所发出的信号，更多的属于短期买卖信号。因为在临近收盘时股价可能会大幅波动，只有收盘后当天的K线形态才能最终确定。如果投资者希望赶在收盘前交易，可以结合大盘走向和60分钟K线的形态做出综合判断。

卖点1　射击之星：射击之星完成当日卖出

● 技术特征

1. 射击之星的实体部分可以是阳线，也可以是阴线，而且实体部分位于全天价格的底端。

2. 射击之星的上影线较长，其长度是实体部分的两倍或两倍以上。

3. 射击之星没有下影线，即使有的话也非常短。

4. 射击之星往往出现在一段上涨行情后。

5. 股价在高位出现射击之星，说明股价在上涨过程中，多方力量逐渐衰竭，而空方开始发动反击，至收盘时空方强力将股价打压至接近股价开盘价位，使得行情开始出现反转迹象。

如图1-2所示，这种在上涨行情末期出现，外形像“流星”一样的K线形态即为射击之星。

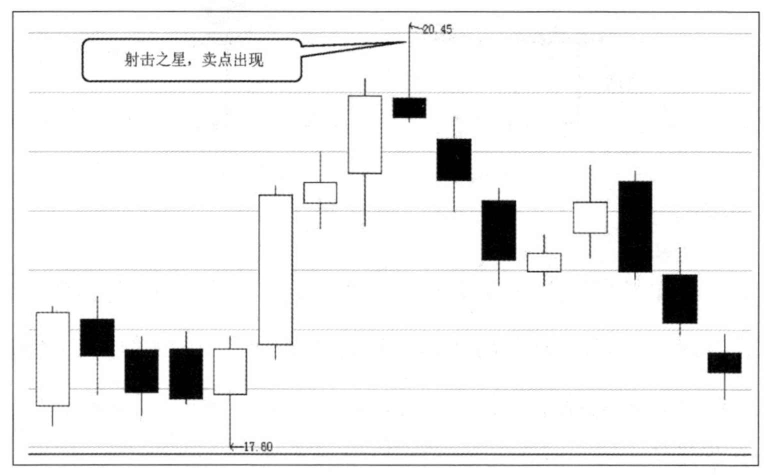

图1-2　射击之星

● 卖点出击

当K线走势中出现射击之星且形态将要完成时，卖点出现，投资者可以卖出股票。谨慎型的投资者还可以在下一个交易日观察走势，伺机卖出。

● 经典案例

如图1–3所示，人福医药（600079）的股价经过一波上涨后，在2022年8月12日出现了射击之星形态，这表明空方开始发力打压股价，股价即将进入下跌行情。

8月12日尾盘，股价继续下跌，人福医药的射击之星基本完成，此时卖点出现。投资者应及时卖出股票。

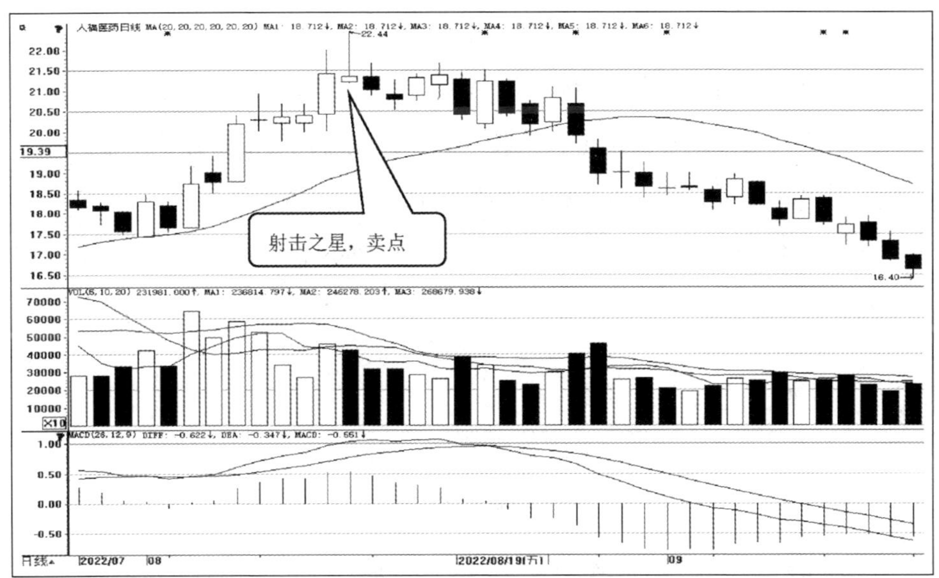

图1–3　人福医药日K线

实战提高

1. 在射击之星形态中，若其实体部分为阴线，其发出的卖出信号更强烈。
2. 射击之星的上影线长度与实体之间相差越大，其发出的卖出信号越强烈。
3. 如果射击之星的实体部分为星线，则其看跌信号大大增强。

卖点2　上吊线：股价跌破实体部分时卖出

● 技术特征

1．上吊线又称吊颈线。其实体部分可以是阳线，也可以是阴线，而且实体部分位于全天价格的顶端。

2．上吊线的下影线较长，其长度是实体部分的两倍或两倍以上。

3．上吊线没有上影线，即使有的话也非常短。

4．上吊线往往出现在一段上涨行情末期。

5．股价在高位出现上吊线，说明股价在上涨过程中，多方力量逐渐枯竭，而空方力量开始发动反击，至收盘时多方虽然将股价勉强拖至接近开盘价位，但仍改变不了变弱的事实。这使得行情开始出现反转迹象。

如图1–4所示，这种在上涨行情末期出现，外形像上吊形态一样的K线即为上吊线。

图1–4　上吊线

● 卖点出击

如果K线走势中出现上吊线，在股价跌破实体部分时，卖点出现。谨慎的投资者可在下一个交易日伺机卖出。

● 经典案例

如图1-5所示，云鼎科技（000409）的股价经过一波上涨后，在2023年3月27日出现了上吊线形态，这表明多方力量衰竭，空方力量增强，由此发出看跌卖出信号。

3月28日，股价低开，这说明多方力量枯竭，投资者需要尽快将手中的股票卖出。

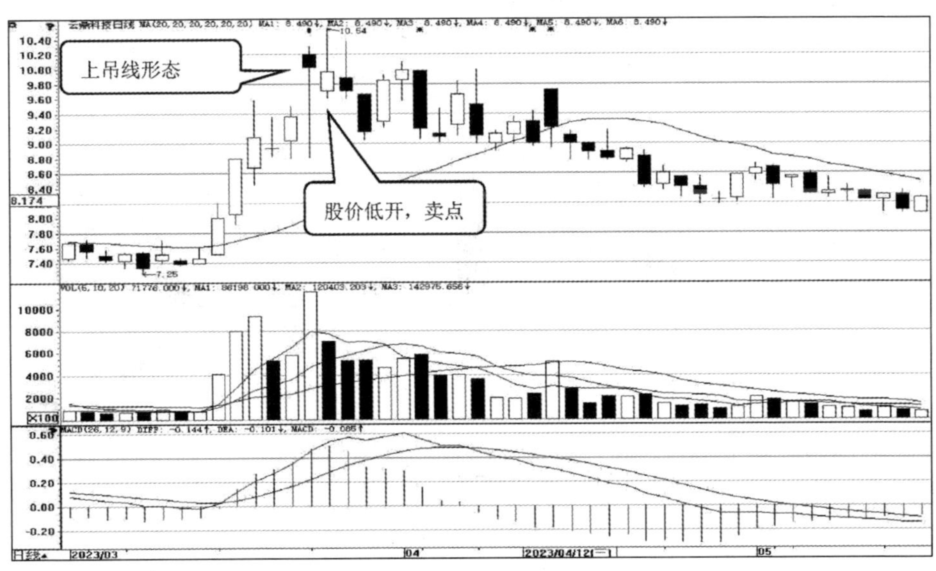

图1-5 云鼎科技日K线

实战提高

1. 在上吊线形态中，若其实体部分为阴线，则其发出的卖出信号更强烈。

2. 上吊线的下影线长度与实体之间相差越大，其发出的卖出信号越强烈。

3. 如果上吊线的实体部分为星线，则其看跌信号大大增强。

卖点3　大阴线：K线完成时卖出

● 技术特征

1．大阴线的实体部分较长。

2．大阴线一般没有上下影线，或者只有很短的上下影线。

3．如果在股价刚刚出现下跌势头时就出现大阴线，表示股价后市可能有一波加速下跌。

4．如果在股价持续上涨的过程中出现大阴线，表示股价有见顶下跌的势头。

5．如果在震荡行情中出现大阴线，则多为主力诱空动作，难见较大跌幅。

如图1–6所示，该图即为大阴线。

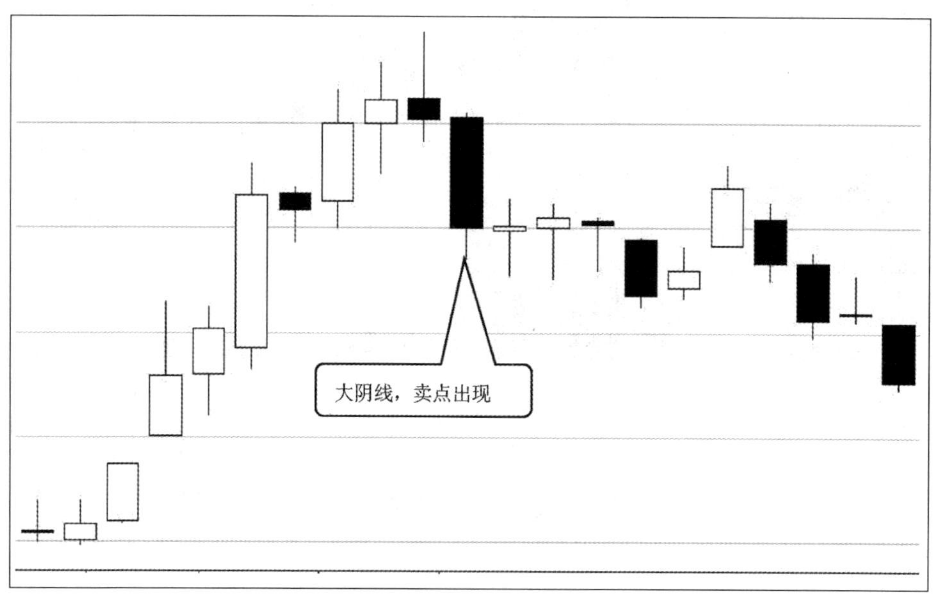

图1–6　大阴线

● 卖点出击

当股价在高位出现大阴线时，说明空方力量强势，卖点出现。此时，投资者应及时卖出股票。

● 经典案例

如图 1–7 所示，国金证券（600109）的股价经过一波上涨后，在 2023 年 2 月 2 日，收出一根高位大阴线，这表明空方力量极其强势，打压股价下跌，并发出卖出信号。投资者可在尾盘时伺机卖出股票。

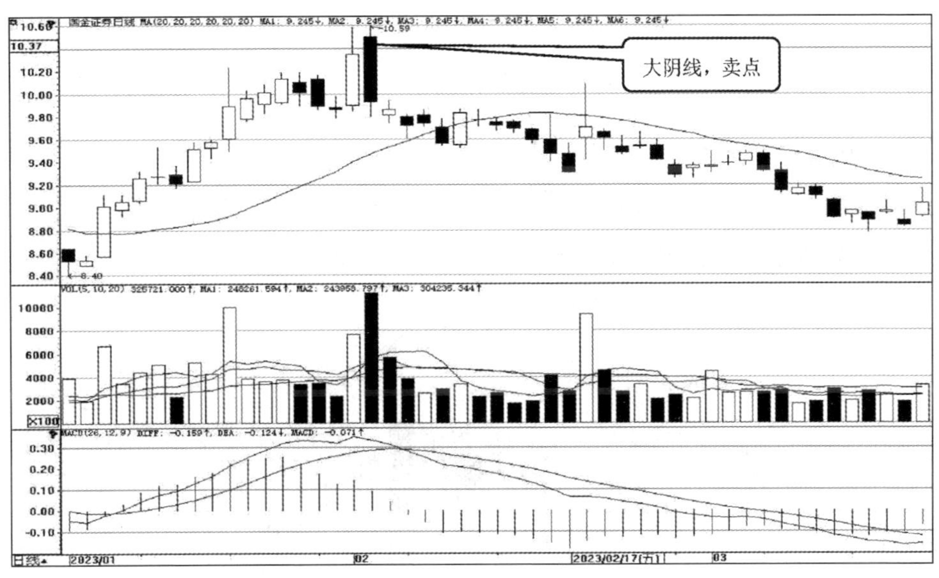

图 1–7　国金证券日 K 线

1．如果在出现大阴线之前股价的涨幅很大，大阴线发出的卖出信号更加强烈。

2．如果大阴线出现在高位且伴有成交量放量，则说明空方力量极其强势，虽然多方力量有接盘，但力量要明显小于空方力量，这预示着其所发出的卖出信号更加强烈。

3．高位出现大阴线时，若伴有其他指标的卖出信号，则其发出的卖出信号更加强烈。

卖点4　看跌吞没：后一根阴线完成后卖出

● 技术特征

1．看跌吞没是由一阳一阴两根K线组成的，阳线在前，阴线在后。

2．其中阴线将阳线完全吞没，阴线的实体完全包裹阳线的实体。两根K线可以有上下影线，也可以没有。

3．看跌吞没往往发生在上涨行情末期。

4．看跌吞没形态的阳线表示在股价高位，多方力量强势，随后出现一根阴线，将阳线完全吞没，表示此时多方力量一下子就消失了，而空方力量极其强势，不断打压股价下跌。这预示着股价进入下跌行情，卖点形成。

看跌吞没形态如图1-8所示。

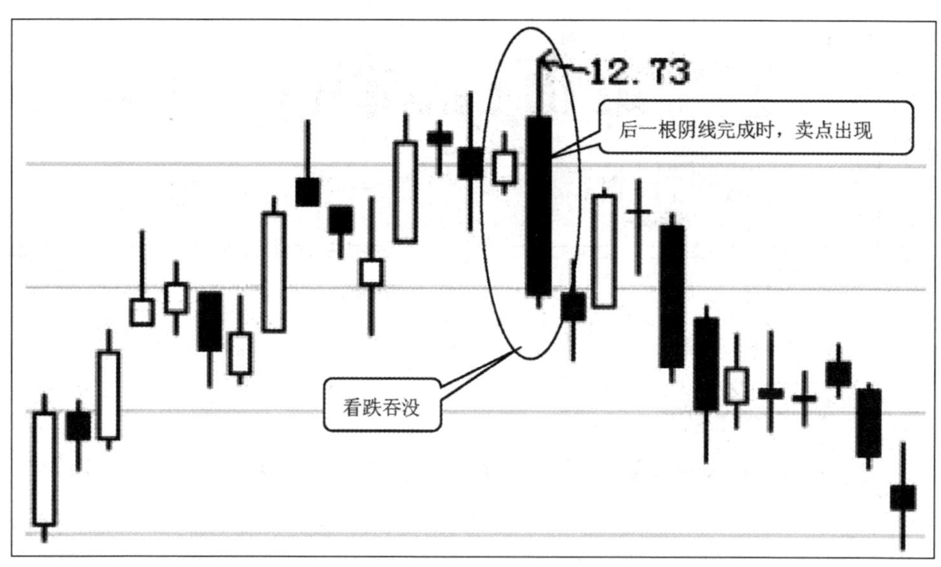

图1-8　看跌吞没

● 卖点出击

在上涨行情末期，当看跌吞没形态后一根阴线形成时，卖点出现。谨慎的投资者可在形态中的阴线完成后，确定股价下跌时再卖出。

● 经典案例

如图1-9所示，郑州煤电（600121）的股价经过一波快速上涨后，在2022年11月30日至12月1日，出现了看跌吞没形态，这表示多方力量衰竭，空方力量占据主动，股价即将下跌。次日，股价跳空低开并持续下跌，卖点出现，投资者应及时卖出股票。

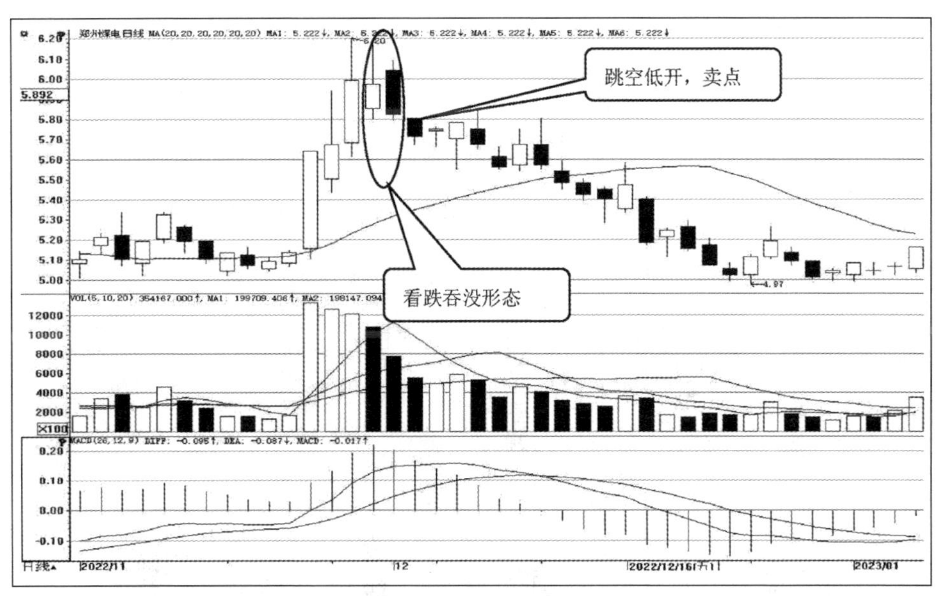

图1-9　郑州煤电日K线

实战提高

1．在看跌吞没形态中，如果前一根阳线的上下影线也被后一根阴线的实体吞没，则其所发出的卖出信号更加强烈。

2．投资者据此卖出股票后，如果股价突破看跌吞没形态顶部继续上涨，则说明这是主力诱空制造的假形态，投资者可逢低买入股票。

卖点5　乌云盖顶：后一根阴线完成后卖出

● 技术特征

1．乌云盖顶形态由一阳一阴两根K线组成。

2．在上涨行情中，首先出现一根阳线，紧接着出现一根跳空高开的阴线，该阴线实体插入前一根阳线实体一半以上。

3．乌云盖顶发生在上涨行情末期。

4．乌云盖顶形态表示一开始多方强势，拉升股价上涨，并收出阳线。随后出现的大阴线表示多方拼尽最后一丝力量将股价拉至高位后，即受到空方力量的袭击，多方无力抵抗，空方肆虐，打压股价下跌。这也预示着股价进入下跌行情。

乌云盖顶形态如图1-10所示。

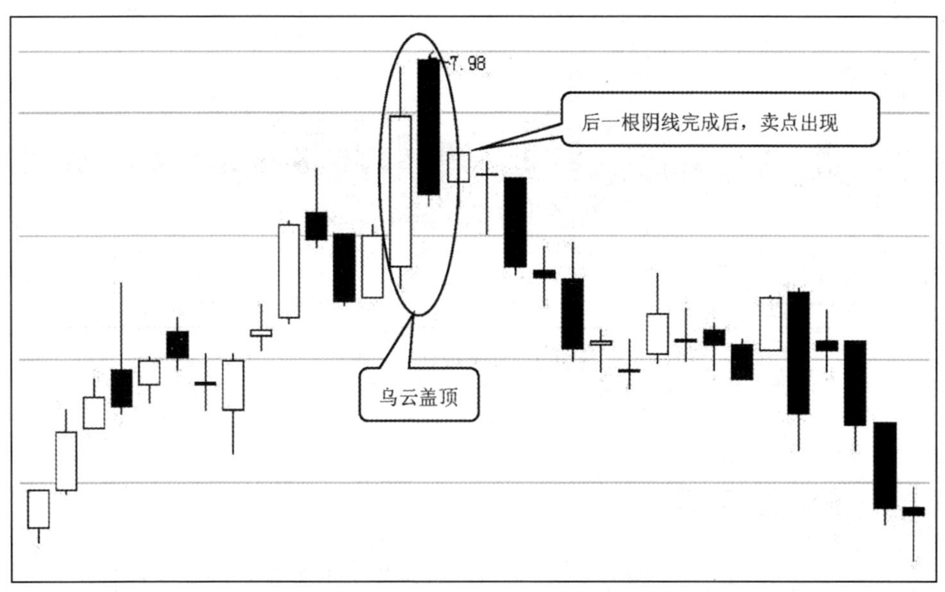

图1-10　乌云盖顶

● 卖点出击

在上涨行情末期，当乌云盖顶形态后一根阴线完成后，卖点出现。激进型的投资者可在形态完成的当天就伺机卖出。

● 经典案例

如图1-11所示，铁龙物流（600125）的股价经过一波大幅上涨后，在2023年5月8日至9日出现了乌云盖顶形态，这表明多方力量急剧减弱，空方力量大幅增强，打压股价下跌，后市看跌。尤其尾盘加速下跌，更增加了看跌意义，激进型的投资者可在当日就卖出持股。次日，股价继续下跌，卖点正式形成，还没有卖出的投资者要注意及时出场。

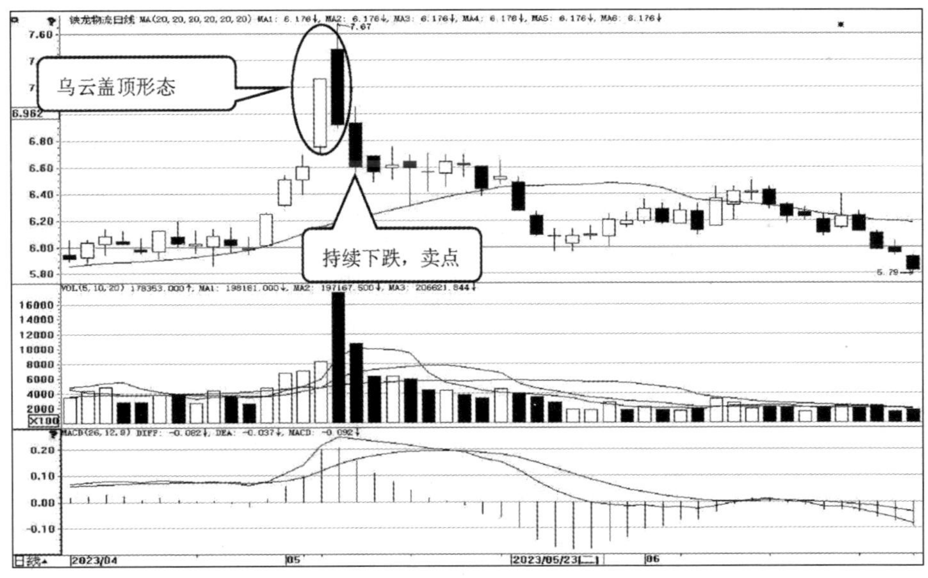

图1-11　铁龙物流日K线

实战提高

1. 在乌云盖顶形态出现之前，股价的涨幅越大，则其发出的卖出信号越强烈。

2. 在乌云盖顶形态中，后一根K线的股价跳空高开的程度越大，则其所发出的卖出信号越强烈。

3. 出现乌云盖顶形态后，如果股价再次突破形态顶部，则说明这是主力诱空而做出的骗局。此后，投资者可逢低继续买入股票。

卖点6　看跌分离：股价跌破阴线收盘价时卖出

● 技术特征

1. 看跌分离由一阳一阴两根K线组成，阳线在前，阴线在后。

2. 在下跌过程中，出现了两根开盘价相同的K线，但其涨跌方向却完全相反。

3. 看跌分离往往出现在下跌行情初期。

4. 看跌分离表示在下跌行情初期，多方力量组织短暂反弹后，再次受到空方力量的打压。这也表明股价已经处于空头行情，后市仍将下跌。

看跌分离形态如图1-12所示。

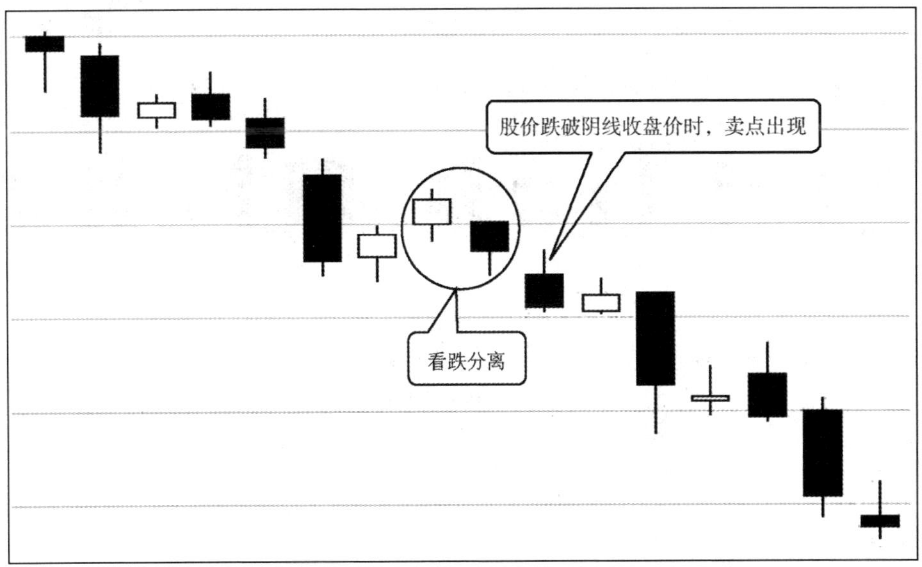

图1-12　看跌分离

● 卖点出击

看跌分离形成之后，股价跌破阴线收盘价时，卖点出现。此时，投资者应及时卖出股票。

● 经典案例

如图1-13所示，万向德农（600371）的股价经过一波下跌后，在2023年3月29日出现了看跌分离的走势，这表明多方在集结力量发动了一次小规模的反弹之后，再次被空方力量吞没。次日，股价低开，卖点出现，投资者应及时卖出股票。

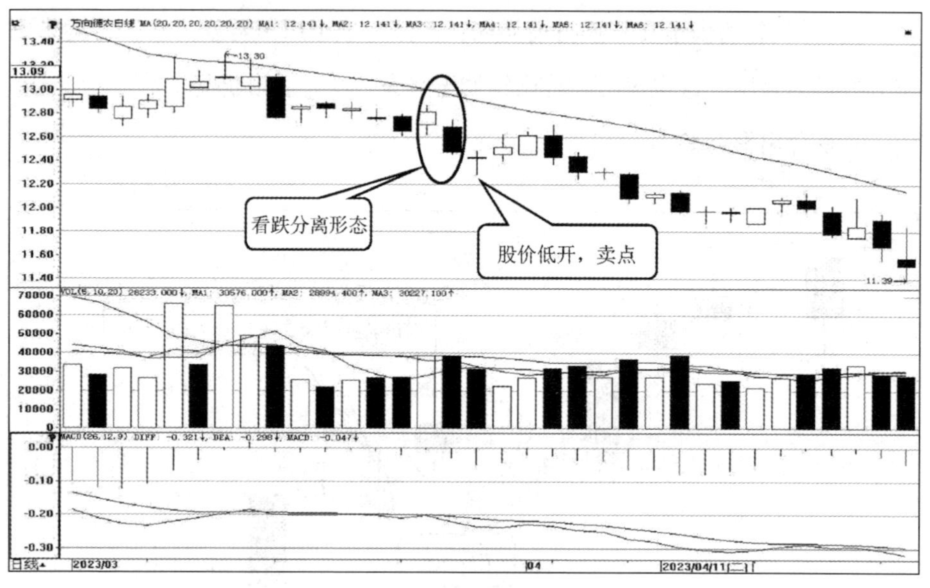

图1-13　万向德农日K线

1．看跌分离形态是下跌中继形态。在形态出现前需要有一段明显的下跌行情，无论这段下跌行情是长是短，在此之后出现该形态才是有效的看跌信号。

2．看到看跌分离形态后，空仓的投资者应该继续观望，而持有股票的投资者应该尽快将股票卖出止损。

卖点7　下跌强调：股价开始下跌时卖出

● 技术特征

1．下跌强调由两根阴K线组成。

2．这两根阴线实体大小相当，且其开盘价、收盘价也基本相等。

3．下跌强调往往出现在下跌行情的初期或者震荡行情中。

4．下跌强调表示虽然多方能对股价形成一定支撑，但空方力量更强，股价有很强的下跌动力。因此，该形态是股价即将下跌的信号。

下跌强调形态如图1–14所示。

图1–14　下跌强调

● 卖点出击

在下跌行情初期或震荡行情中，当出现下跌强调后，股价开始下跌时，卖点出现。此时，投资者应及时卖出股票。

● 经典案例

如图1-15所示，狮头股份（600539）的股价经过小幅下跌整理后再次上涨，在2023年3月2日至3日出现了下跌强调形态，这表明多方对股价形成一定支撑，但是空方力量仍旧很强，股价仍有很强的下跌动力。

3月4日，狮头股份的股价继续下跌，卖点出现。此时，投资者应及时卖出股票。

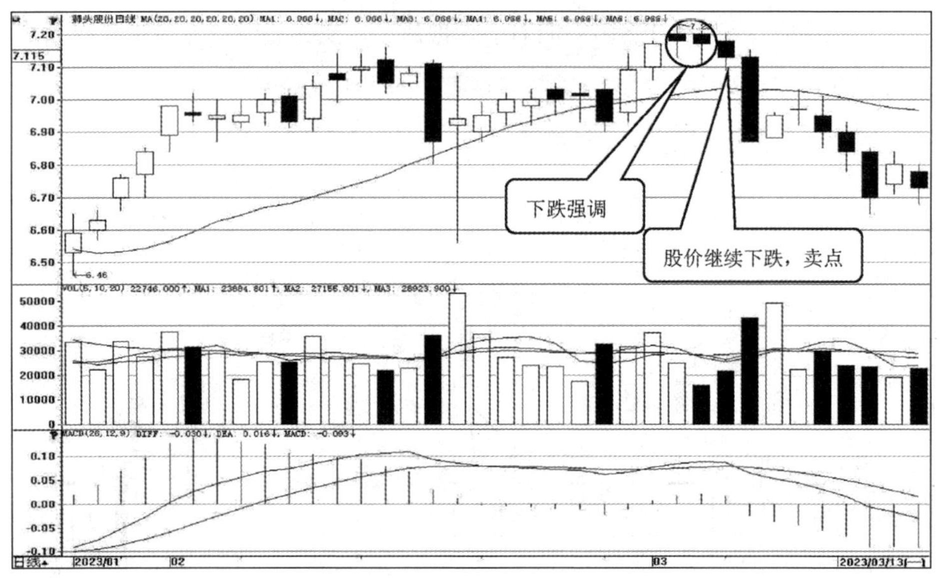

图1-15 狮头股份日K线

实战提高

1. 在下跌强调形态中，两根K线的实体大小越相近，且上影线越短，则其发出的卖出信号越强烈。

2. 在该形态中，如果其成交量逐渐增大，说明空方抛盘力量大，其后市下跌的可能性更高。

3. 如果下跌强调形态出现在周K线图中，则形态的看跌信号会更加准确。

卖点8　三只乌鸦：形态完成后卖出

● 技术特征

1. 三只乌鸦是由三根阴线组成的K线组合。

2. 这三根阴线的收盘价逐次下跌，其可以有上下影线，也可以没有上下影线。

3. 三只乌鸦往往出现在上涨行情末期。

4. 三只乌鸦形态表示空方力量逐渐聚集，虽然股价暂时没有大幅下跌，但跌势已经形成。因此，该形态是看跌卖出信号。

三只乌鸦形态如图1–16所示。

图1–16　三只乌鸦

● 卖点出击

在上涨行情末期出现三只乌鸦时，说明市场将进入下跌行情。在形态完成后，股价继续下跌，卖点出现。此时，投资者应及时卖出股票。

● 经典案例

如图1-17所示，圣湘生物（688289）的股价经过一波上涨后，在2023年4月14日至18日出现了三只乌鸦的K线形态，这表明空方力量突然强势，开始打压股价。4月19日，股价高开低走，卖点出现。

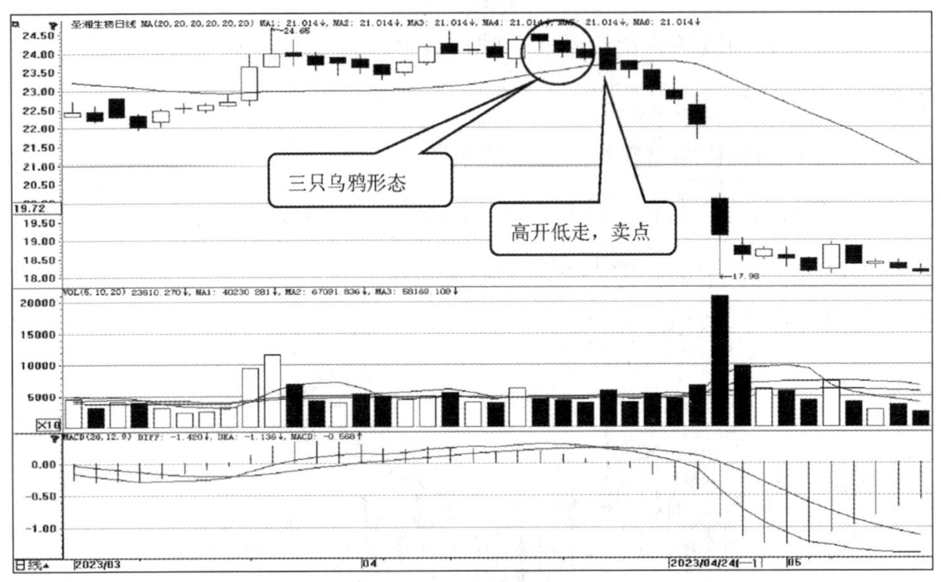

图1-17　圣湘生物日K线

实战提高

1．在三只乌鸦形态中，若成交量依次增大，说明抛盘压力越来越大，则其发出的卖出信号也越来越强烈。

2．三根小阴线的下跌幅度越大，其看跌信号就越强烈。如果三根小阴线都是跳空下跌，说明空方力量十分强大，这种情况下的卖点更可靠。

3．三只乌鸦中的三根小阴线如果有较长的下影线，说明多方还有较强的力量支撑股价，未来股价还有止跌反弹的可能。

卖点 9　黄昏之星：最后一根阴线完成时卖出

● 技术特征

1. 黄昏之星由三根K线组成，分别是阳线、小星线和阴线。

2. 阳线必须是中阳线或者大阳线；小星线可以是小阳线，也可以是小阴线，还可以是十字星；阴线必须是中阴线或者大阴线。

3. 黄昏之星往往发生在上涨行情中。

4. 黄昏之星反映了市场行情由多方占据主动逐渐转变为多空双方僵持，再变成空方占据主动的过程，这预示着股价即将下跌，是看跌卖出信号。

黄昏之星形态如图 1–18 所示。

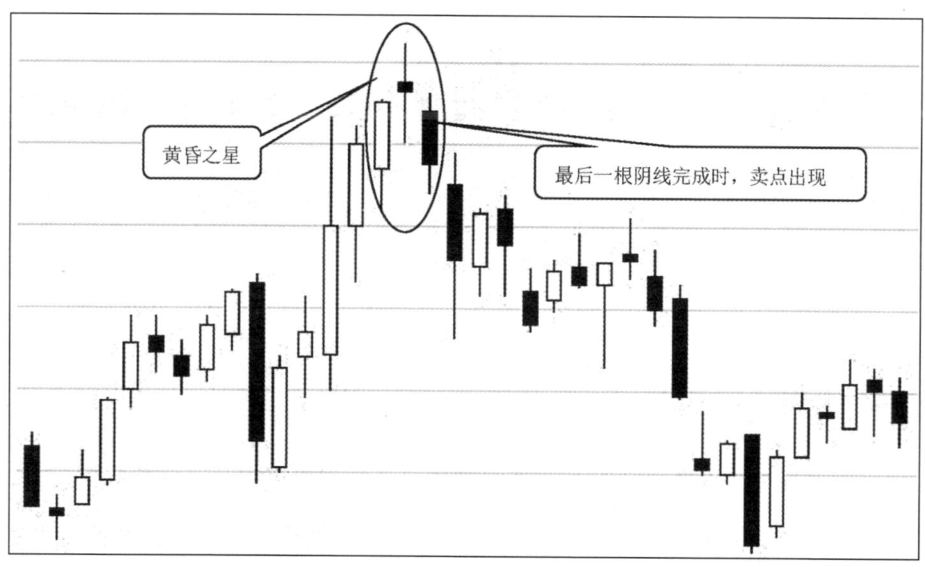

图 1–18　黄昏之星

● 卖点出击

在上涨行情中，当出现黄昏之星形态，在最后一根阴线完成时，卖点出现。此时，投资者应及时卖出股票。

● 经典案例

如图1-19所示，中成股份（000151）的股价经过一波上涨后，在2023年3月16日至20日K线形成了黄昏之星形态，这表明市场已经由多方主导的上涨行情，逐渐转变为空方主导的下跌行情，并发出卖出信号。投资者可在3月20日下午形态逐渐明朗时卖出股票。

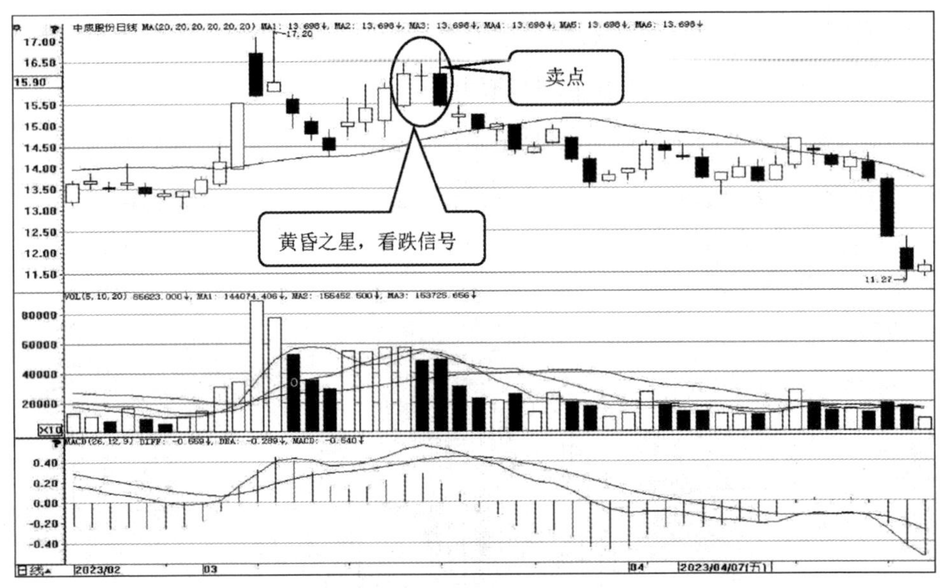

图1-19　中成股份日K线

实战提高

1. 在黄昏之星形态中，若小星线跳空高开，则其发出的看跌信号更强烈。

2. 在黄昏之星形态中，阳线和阴线的上影线越长，说明上方抛盘压力越大，则其发出的看跌卖出信号就越强烈。

3. 黄昏之星中的最后一根阴线深入第一根阳线越多，该形态的看跌信号就越强烈。如果这根阴线的收盘价低于阳线的开盘价，则形成十分强烈的卖出信号。

卖点10　下降三法：形态完成后卖出

● 技术特征

1. 下降三法由五根K线组成，其中包括两根阴线和三根阳线。

2. 三根阳线在两根大阴线中间，并且被大阴线的实体包围。三根阳线呈现递升走势。

3. 下降三法往往出现在下跌行情中。

4. 下降三法表示在下跌过程中股价虽然小幅反弹，但多方力量不足，空方仍占据主动。这也预示着股价仍将沿原轨道下跌，是行情继续下跌的信号。

下降三法形态如图1–20所示。

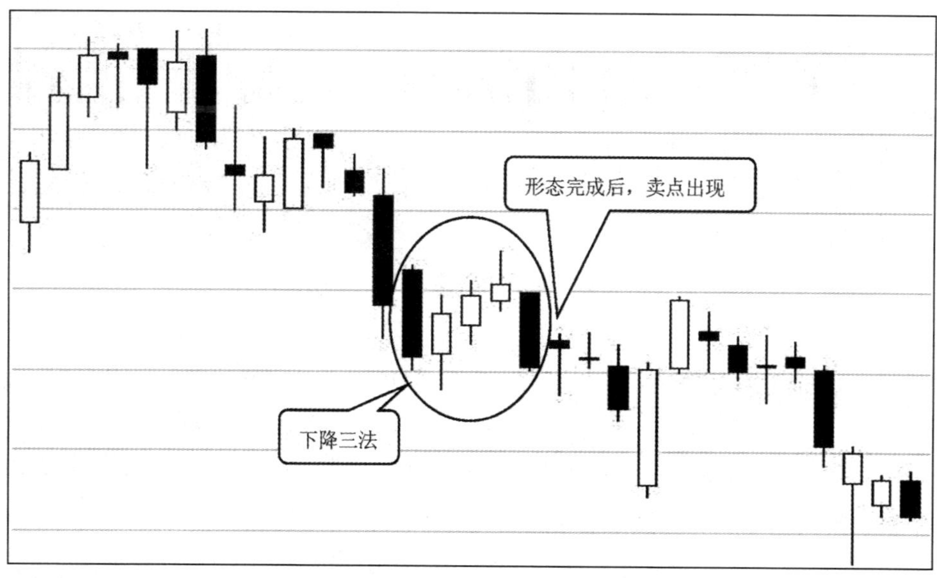

图1–20　下降三法

● 卖点出击

在下跌行情中，当出现下降三法时，说明市场将继续下跌行情。在下降三法形态完成后，股价反弹乏力，卖点出现。此时，投资者应及时卖出股票。

● 经典案例

如图1-21所示，维科技术（600152）的股价正处于下跌行情中，在2023年2月17日至27日出现了K线下降三法的变形形态。这表明市场经过多方力量组织的小幅反弹后，再次进入下跌行情。

2月28日，股价反弹乏力，投资者要注意把握这个卖点。

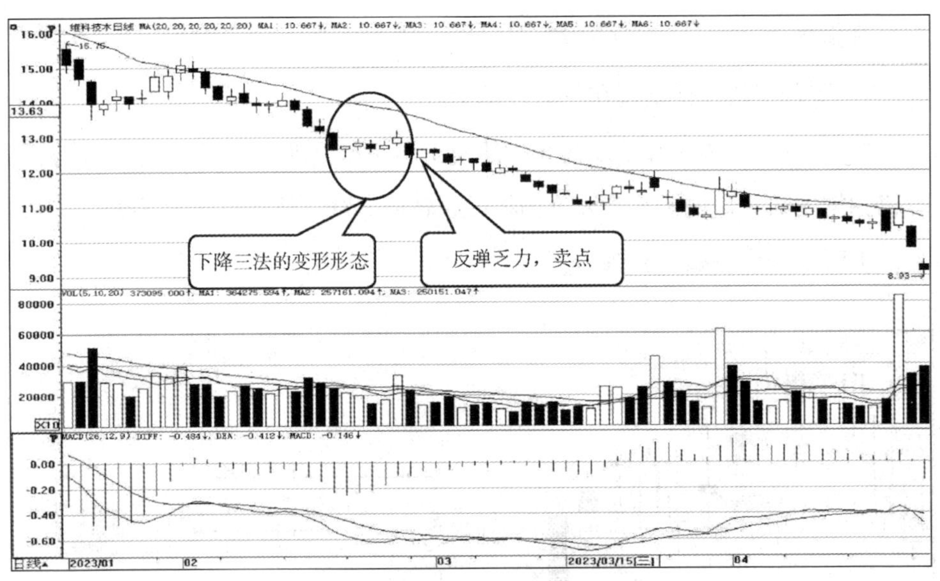

图1-21　维科技术日K线

实战提高

1. 在下降三法形态中，最后一根阴线的跌幅越大，说明空方的下跌动能越强，则其发出的看跌卖出信号也就越可靠。

2. 如果中间三根阳线都带有较长的上影线，说明上方的抛盘压力很大，则其发出的看跌卖出信号更强烈。

3. 如果在三根阳线形成过程中成交量逐渐萎缩，说明多方力量不足，这样的情况下该形态的看跌信号会更加强烈。

卖点11　看跌孕线：形态完成后股价继续下跌时卖出

● 技术特征

1．看跌孕线由两根K线组成，其中后一根K线完全孕育在前一根K线的实体之内。

2．只要前一根K线的实体将后一根K线的实体完全吞没，对上下影线并无特别要求。

3．看跌孕线往往发生在上涨行情末期。

4．看跌孕线表示市场行情由多方主导变成多空僵持，为股价见顶的信号。此时投资者应该卖出股票，清仓离场。

看跌孕线形态如图1–22所示。

图1–22　看跌孕线

● 卖点出击

在上涨行情末期，如果出现了看跌孕线，当形态完成后股价继续下跌时，卖点出现。此时，投资者应及时卖出股票。

● 经典案例

如图1-23所示，巨化股份（600160）的股价经过一波上涨后，在2022年11月10日至11日形成了K线看跌孕线形态，这表明市场已经进入由空方主导的下跌行情。次日，股价低开低走，继续下跌，卖点出现，此时，投资者应及时卖出股票。

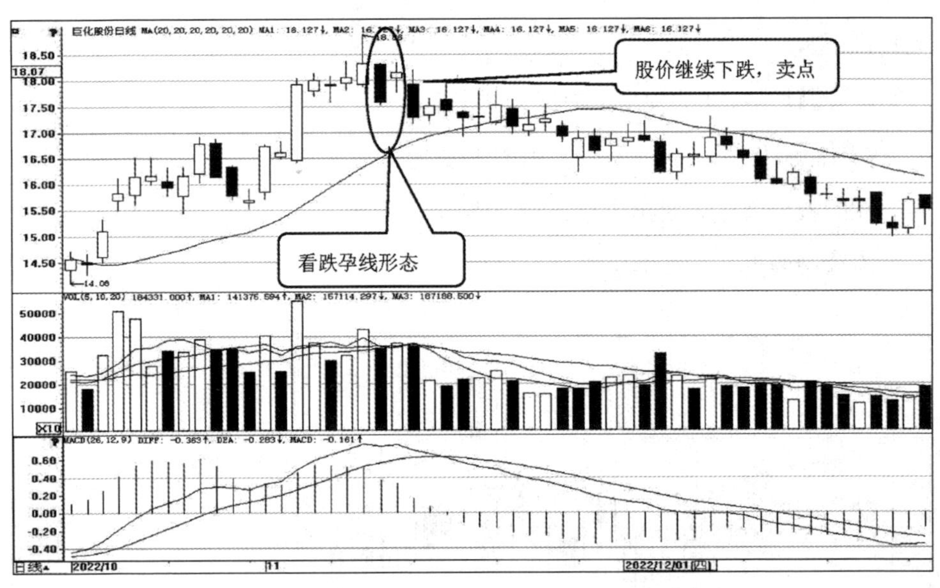

图1-23　巨化股份日K线

实战提高

1．在看跌孕线中，如果后一根K线为十字星，则其发出的看跌卖出信号更强烈。

2．在看跌孕线中，若后一根K线实体较长，则其即便被前一根K线孕育，也难以构成有效的看跌卖出信号。

3．看跌孕线形态的两根K线可以是一阳一阴，也可以都是阳线。在实战中，前阳后阴的K线组成的看跌孕线形态的看跌信号更强。

卖点 12　平头顶：股价跌破第二根 K 线实体时卖出

● 技术特征

1. 平头顶形态由两根K线组成。

2. 这两根K线可以都是阳线，也可以都是阴线，还可以是一阴一阳的K线。

3. 平头顶顾名思义，只发生在上涨行情中，是在高位区间形成几乎相同最高价的K线组合。

4. 平头顶表示股价上涨到此价位后遇到阻力，是见顶下跌的信号。

平头顶形态如图 1–24 所示。

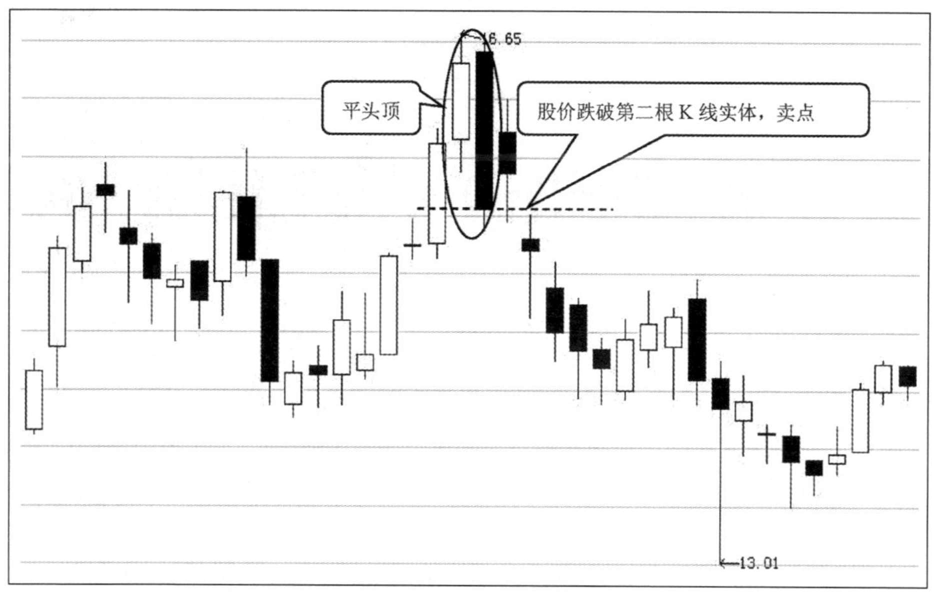

图 1–24　平头顶

● 卖点出击

在上涨行情中，如果出现了平头顶形态，当股价跌破形态第二根K线实体时，卖点出现。此时，投资者应及时卖出股票。

● 经典案例

如图1–25所示，东望时代（600052）的股价经过一波上涨后，在2023年5月11日至12日形成平头顶的K线形态，这表明股价上涨至同一水平价位受到阻力，在此价位有强大的空方力量，随后，空方打压股价开始下跌，并发出看跌信号。

5月15日，股价低开低走，跌破形态第二根K线实体，卖点出现。此时，投资者应及时卖出股票。

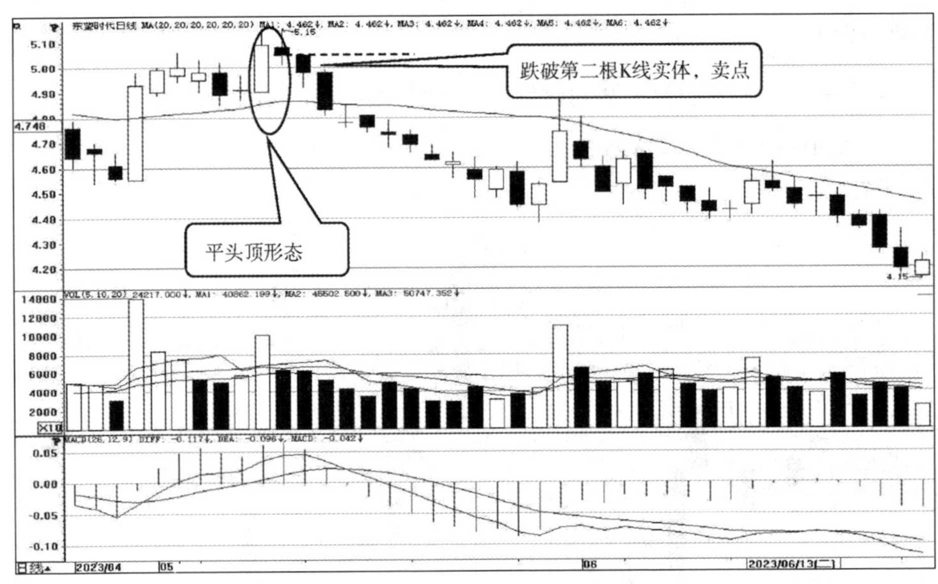

图1–25　东望时代日K线

实战提高

1．在平头顶形态中，如果其带有很长的上影线，说明顶部空方力量很强，则形态形成后，其所发出的看跌信号更加强烈。

2．如果两根K线组成平头顶形态的同时，也形成了黄昏之星、看跌孕线等形态，则其发出的看跌信号更加强烈。

3．如果平头顶形态形成的同时成交量逐渐放大，说明上方抛盘压力较大，这种情况下的看跌信号会更加强烈。

第 2 章

均线的卖点

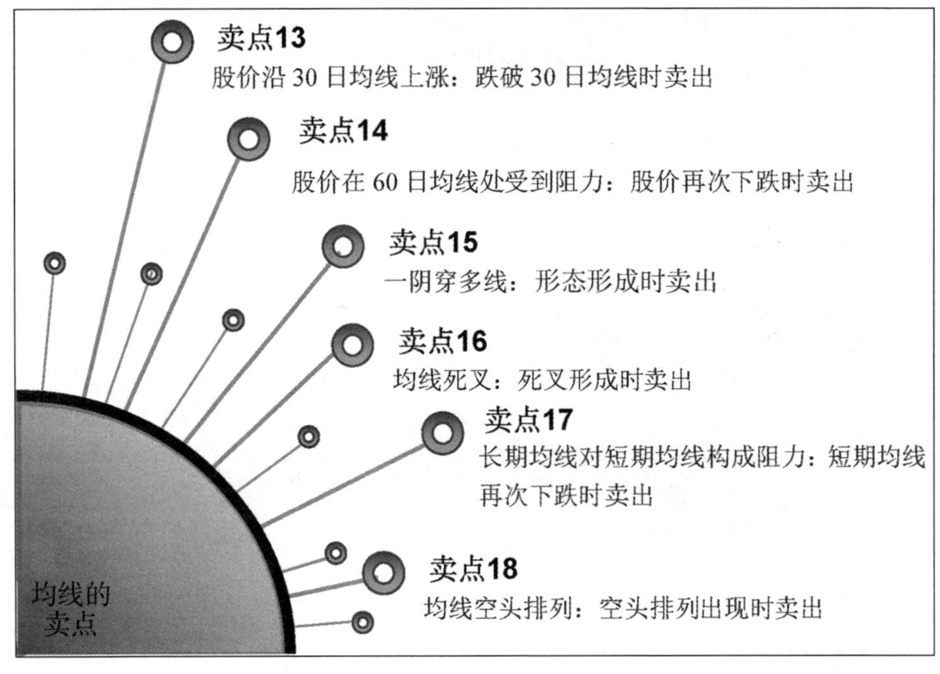

卖点13
股价沿 30 日均线上涨：跌破 30 日均线时卖出
卖点14
股价在 60 日均线处受到阻力：股价再次下跌时卖出
卖点15
一阴穿多线：形态形成时卖出
卖点16
均线死叉：死叉形成时卖出
卖点17
长期均线对短期均线构成阻力：短期均线再次下跌时卖出
卖点18
均线空头排列：空头排列出现时卖出
均线的卖点

指标概览

均线指标是移动平均线的简称，可简写为MA。它是一种趋向型技术指标，均线指标见图2–1。

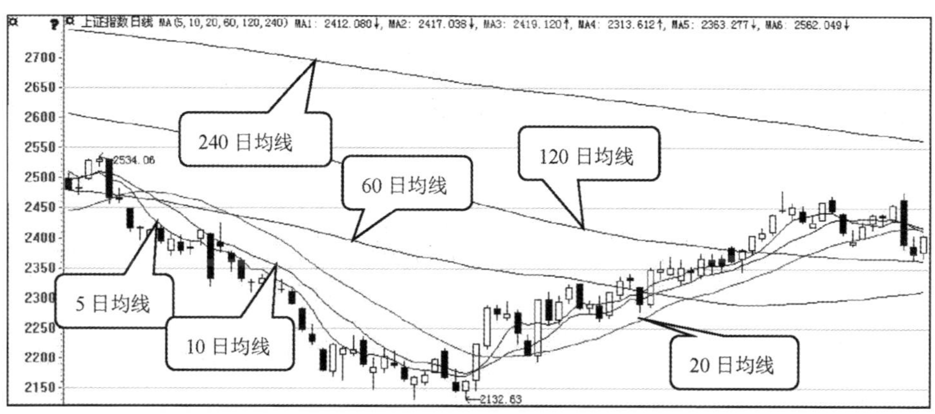

图 2–1　均线指标

按照周期的不同，投资者可以将均线分为短期均线、中期均线和长期均线。一般来说，30 日以内的均线为短期均线，60 日均线为中期均线，120 日以及更长周期的均线为长期均线。在实际使用中，投资者还可以根据实际情况或个人爱好，对均线日期参数进行调整，例如调整为 8 日 、13 日 、21 日 、34 日 、55 日等。

均线对股价起到助涨助跌的作用。均线的使用范围很广，一旦均线发出买卖信号，会反过来影响股价的涨跌。例如股价突破均线，形成看涨信号后，会有大量的投资者买入推动股价的上涨。

均线的趋势运行所形成的高点或低点又分别具有阻挡或支撑作用，因此均线指标所在的点位往往是十分重要的支撑位或阻力位，这就为我们提供了买进或卖出的有利时机，均线系统的价值也正在于此。

卖点13　股价沿30日均线上涨：跌破30日均线时卖出

● 技术特征

1．股价沿30日均线上涨，每当股价跌至30日均线时，都会获得30日均线支撑，随后继续上涨。

2．从中长期看，股价与30日均线都呈现上升趋势。

3．股价沿30日均线上涨表示在均线价位有多方力量的强烈支撑，每当股价跌至此价位，多方力量都会将空方力量消耗掉，继而再次拉升股价。而一旦空方力量将均线处的多方力量消耗掉，往往预示着股价即将进入下跌行情。

股价沿30日均线上涨的形态如图2-2所示。

图2-2　股价沿30日均线上涨

● 卖点出击

在股票K线上涨走势中，股价往往沿30日均线上涨，一旦股价跌破30日均线，则卖点出现。此时，投资者应及时卖出股票。

● 经典案例

如图 2–3 所示，中国医药（600056）的股价在 2022 年 11 月至 12 月下旬出现了沿 30 日均线上涨的走势，这表明多方力量在均线处支撑着股价上涨。

12 月 30 日，中国医药的股价跌破 30 日均线，这表明空方力量将均线处的多方力量吞噬殆尽，股价进入下跌行情，此时卖点出现，投资者应及时卖出股票。

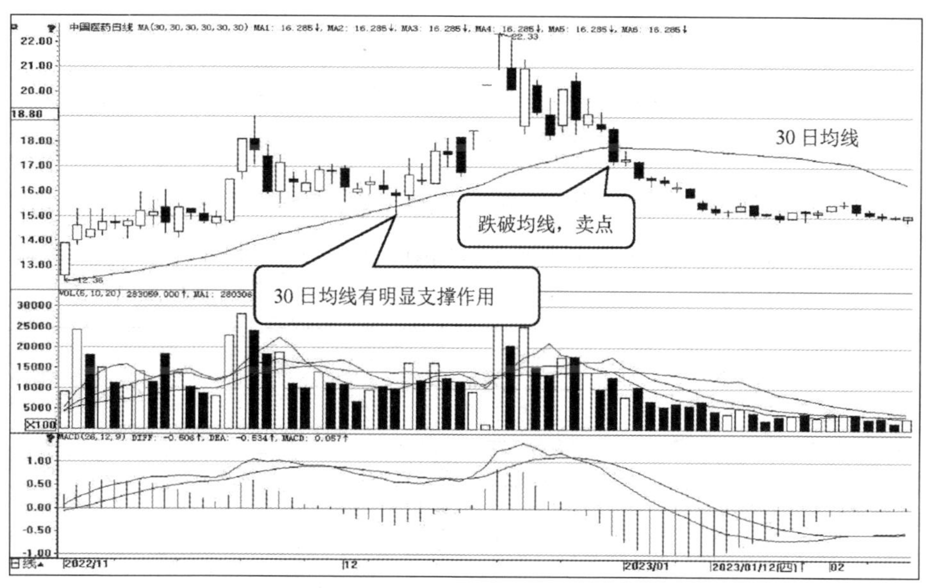

图 2–3　中国医药日 K 线

1．股价沿 30 日均线上涨幅度越大，则一旦跌破 30 日均线后，其下跌空间也就会越大。

2．股价沿 30 日均线上涨，高位出现跌破 30 日均线的 K 线下跌幅度越大，则其发出的卖出信号越强烈。

3．股价跌破 30 日均线若为假跌破，则是主力诱空的动作。待股价重新站上 30 日线后，投资者可寻机逢低买入。

卖点14　股价在60日均线处受到阻力：股价再次下跌时卖出

● 技术特征

1．在股价波段下跌走势中，股价上涨触及60日均线时，受到60日均线的强阻力，随后股价出现调头向下的走势。

2．这样的形态往往发生在持续下跌行情中。

3．股价在60日均线处受到阻力，表示在60日均线处有强大的空方力量。当多方力量拉升股价至60日均线处时，股价受到空方的打压，多方力量被空方力量吞噬。后市一旦股价开始下跌，则预示着股价进入下跌行情。

股价在60日均线处受到阻力的走势如图2-4所示。

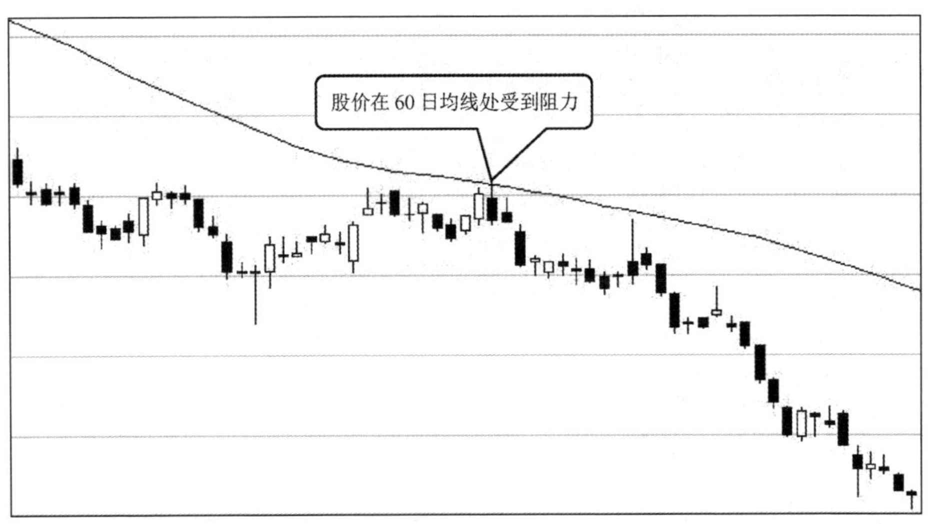

图2-4　股价在60日均线处受到阻力

● 卖点出击

在股票K线走势中，股价在60日均线处受到阻力时，一旦股价再次下跌，则卖点出现。此时，投资者应及时卖出股票。

● 经典案例

如图2-5所示，香江控股（600162）经过一小波反弹走势后，在2022年7月1日出现了股价在60日均线处受到阻力的走势，这表明空方力量在阻碍股价的上涨，股价将继续下跌。

7月4日，香江控股的股价低开低走，这表明空方力量在均线处将多方力量吞噬殆尽，股价延续下跌行情。此时，卖点出现。投资者应及时卖出股票。

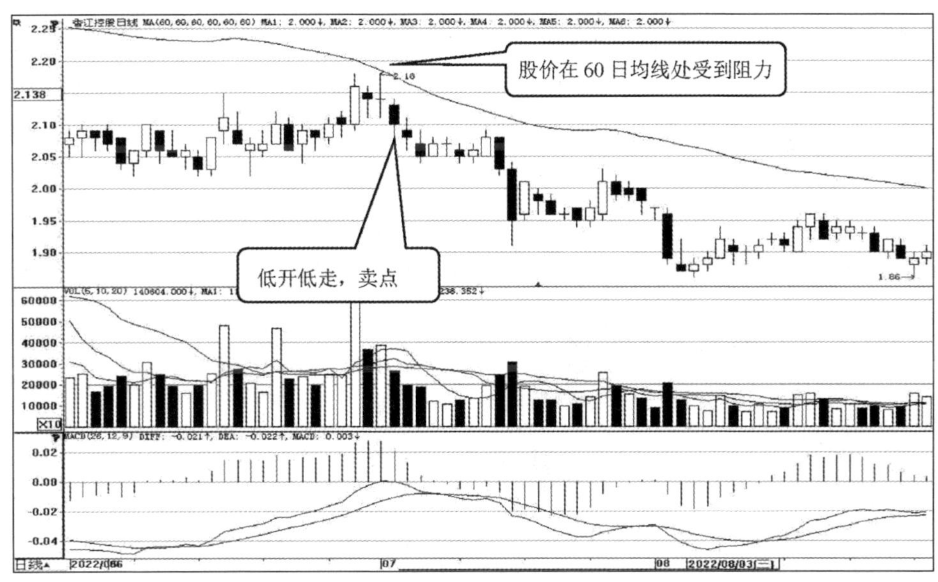

图2-5　香江控股日K线

实战提高

1．股价在60日均线处受到阻力，如果股价再次下跌时，出现别的见顶看跌形态，则其发出的卖出信号更强烈。

2．均线的周期越长，该均线对股价的阻力作用就越明显。

3．股价再次下跌时，所形成的阴线下跌幅度越大，则其发出的卖出信号越强烈。

卖点15　一阴穿多线：形态形成时卖出

● 技术特征

1．一阴穿多线形态较常见于下跌行情初期，由一根阴线和多条均线组成。该阴线可以是小阴线、中阴线或者大阴线。

2．在一阴穿多线走势中，阴线跌穿均线，且均线呈现下跌走势，投资者根据均线的周期可判断股价下跌周期长短。

3．一阴穿多线表示空方力量强势，股价跌势猛烈。预示着股价已经见顶，即将展开下跌行情。

一阴穿多线的走势如图2–6所示。

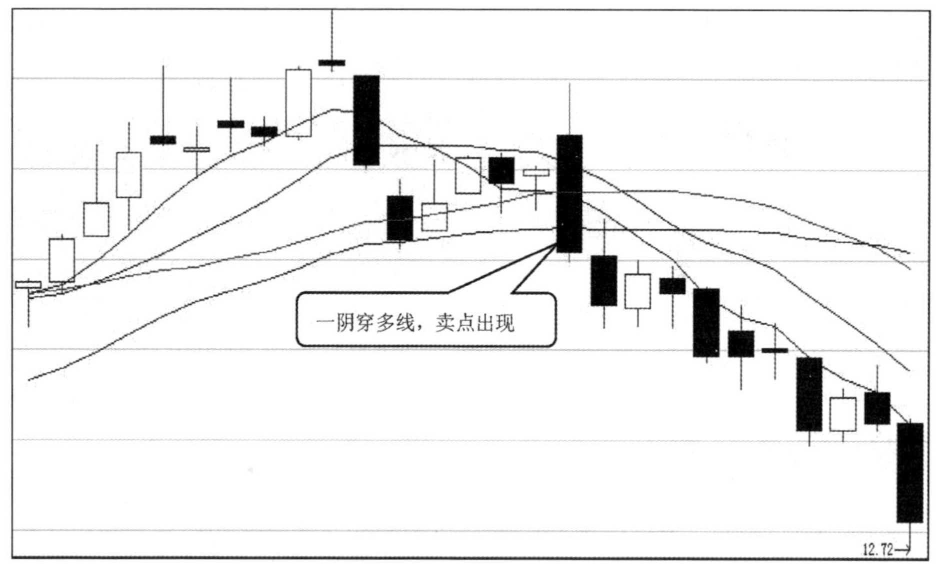

图2–6　一阴穿多线

● 卖点出击

当出现一阴穿多线的走势时，在该形态形成时，卖点出现。此时，投资者应及时卖出股票。

● 经典案例

如图 2-7 所示，金花股份（600080）的股价经过一波反弹走势后，在 2023 年 3 月 7 日出现了一阴穿多线的走势，这表明空方力量开始发力打压股价，股价进入下跌行情。投资者可在当日形态即将完成时及时卖出股票。

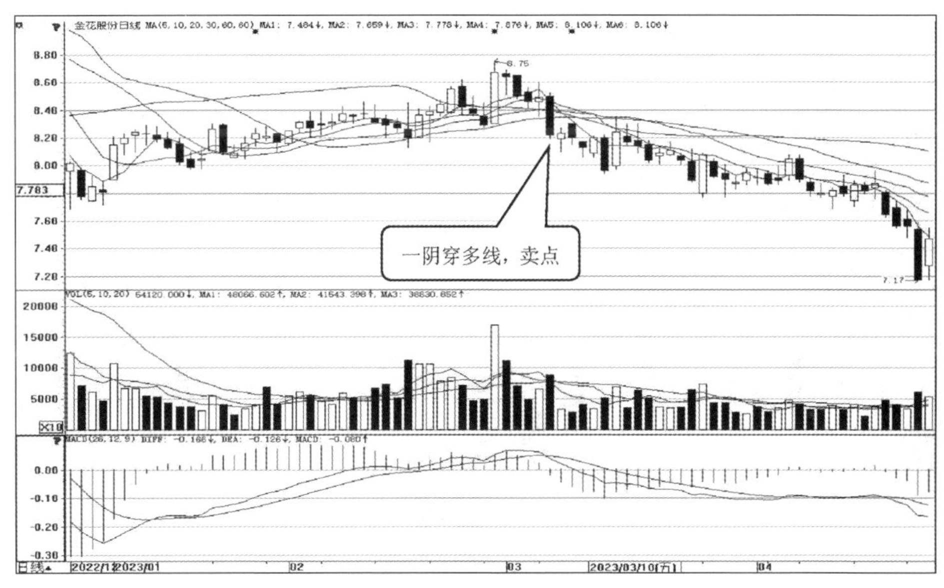

图 2-7　金花股份日 K 线

1．当出现一阴穿多线时，股价跌穿的均线周期越长，则其后市看跌信号就越强烈。

2．在出现一阴穿多线之前，股价的整体涨幅越大，则在一阴穿多线之后，股价的下跌幅度就越大。

卖点16　均线死叉：死叉形成时卖出

● 技术特征

1．短期均线向下击穿长期均线时，所形成的交叉即死叉。

2．死叉形成时，短期均线呈现下跌走势，长期均线可以是走平，也可以是下跌走势。

3．均线死叉往往发生在下跌行情初期。

4．均线死叉表示股价短期受到空方力量的打压，开始出现下跌走势。由于股价的短期下跌引起了场内持股者的恐惧，他们加入空方阵营，继续打压股价进入长期下跌。均线死叉是一个看跌卖出信号。

均线死叉走势如图2-8所示。

图2-8　均线死叉

● 卖点出击

当股票K线图上出现均线死叉走势时，在均线死叉形成时，卖点出现。此时，投资者应及时卖出股票。

● 经典案例

如图2-9所示，海泰发展（600082）的股价经过短暂下跌后，在2023年3月16日出现了均线死叉的走势，这表明空方力量逐渐增强，股价进入弱势下跌行情，卖点出现。此时，投资者应及时卖出股票。

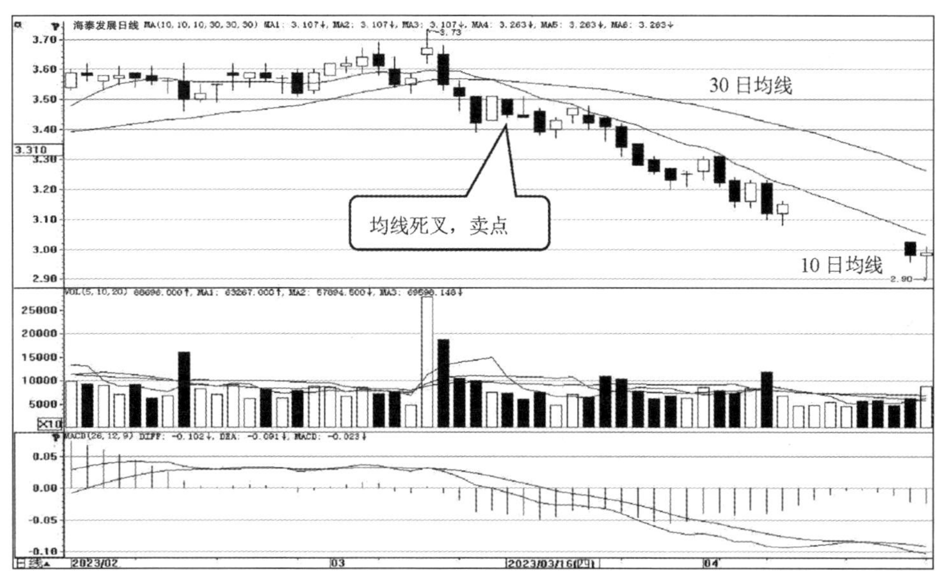

图2-9　海泰发展日K线

实战提高

1. 在均线死叉走势中，如果之前股价涨幅较大，则其发出的看跌卖出信号更加强烈。

2. 在均线死叉走势中，如果下跌初期的下跌幅度较小，则其发出的下跌卖出信号更强烈。

3. 在均线死叉的同时出现大阴线下跌走势时，说明空方力量极其强势，这时的卖出信号也更加强烈。

4. 实践中要注意均线参数的设置，另一组常用的均线参数为（5，20）。

卖点17　长期均线对短期均线构成阻力：短期均线再次下跌时卖出

● 技术特征

1. 短期均线在上升中遇到长期均线时，无法突破或不能有效突破长期均线，进而掉头向下，再次进入下跌行情。

2. 短期均线遇阻的同时，股价可能会突破长期均线，但是并不能完成有效突破。

3. 长期均线对短期均线构成阻力表示多方力量不够强大，在触及空方力量密集区时，终因无法同强大的空方力量对抗，而被空方吞噬，股价掉头进入下跌行情。

长期均线对短期均线构成阻力的走势如图2-10所示。

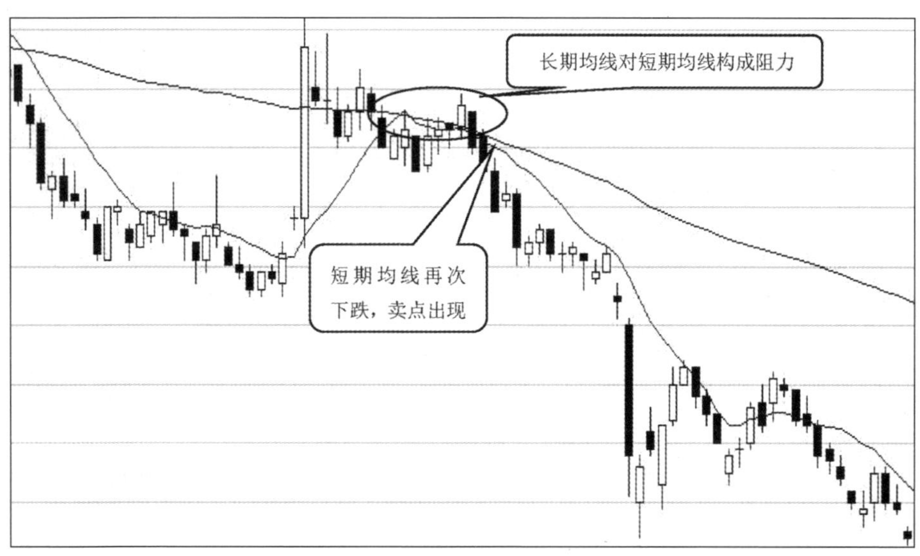

图2-10　长期均线对短期均线构成阻力

● 卖点出击

如果长期均线对短期均线构成阻力，当短期均线再次下跌时，卖点出现。此时，投资者应该及时卖出股票。

● 经典案例

如图2-11所示，从2023年3月开始，廊坊发展（600149）股价进入下跌趋势。3月8日和28日，股价两次反弹但都没有彻底转势，均线也随之两次出现“20日均线对5日均线构成阻力”的走势。这表明多方力量被20日均线处的空方力量吞噬殆尽，随后股价进入空方主导的下跌行情，并发出下跌卖出信号。此时，投资者应及时卖出股票。

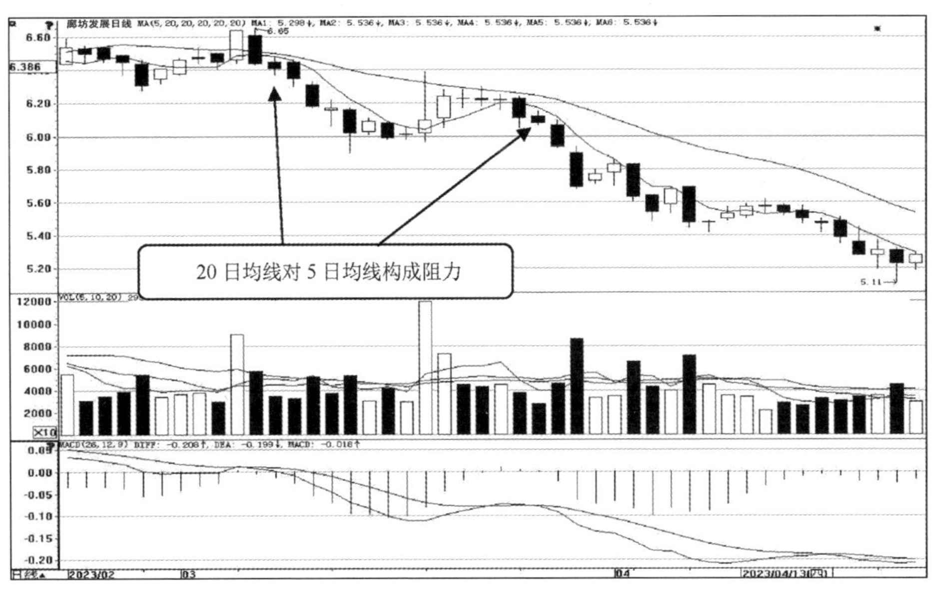

图2-11　廊坊发展日K线

1．在长期均线对短期均线构成阻力后，如果短期均线再次下跌时，股价

收大阴线，则更增加卖点的准确性。

2. 投资者需要注意，在本卖点中，短期均线先上后下，而长期均线的方向则一直是向下的。

3. 有时短期均线会短暂、小幅度地突破长期均线，但是幅度很小，同时很快又重新跌穿，这种情形仍可视为阻力有效。

卖点18　均线空头排列：空头排列出现时卖出

● 技术特征

1．当短期均线在中期均线以下，中期均线在长期均线以下时，就形成了均线的空头排列形态。

2．均线空头排列表示空方力量逐渐增强，多方节节败退，股价即将进入新一波下跌行情。均线空头排列发出强烈的看跌卖出信号。

均线空头排列形态如图2-12所示。

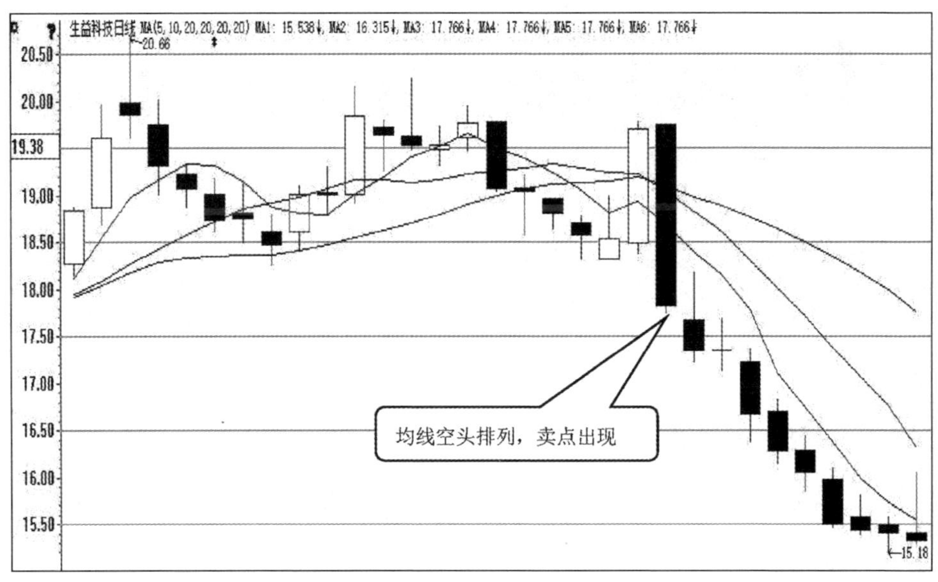

图2-12　均线空头排列

● 卖点出击

当股票K线走势中出现均线空头排列时，在均线空头排列出现时，卖点出现。此时，投资者应及时卖出股票。

● 经典案例

如图2-13所示，创兴资源（600193）的股价经过见顶徘徊调整后，于2023年3月27日出现了均线空头排列的形态，这表明市场已经进入空方主导的下跌行情。此时，卖点出现，投资者应及时卖出股票。

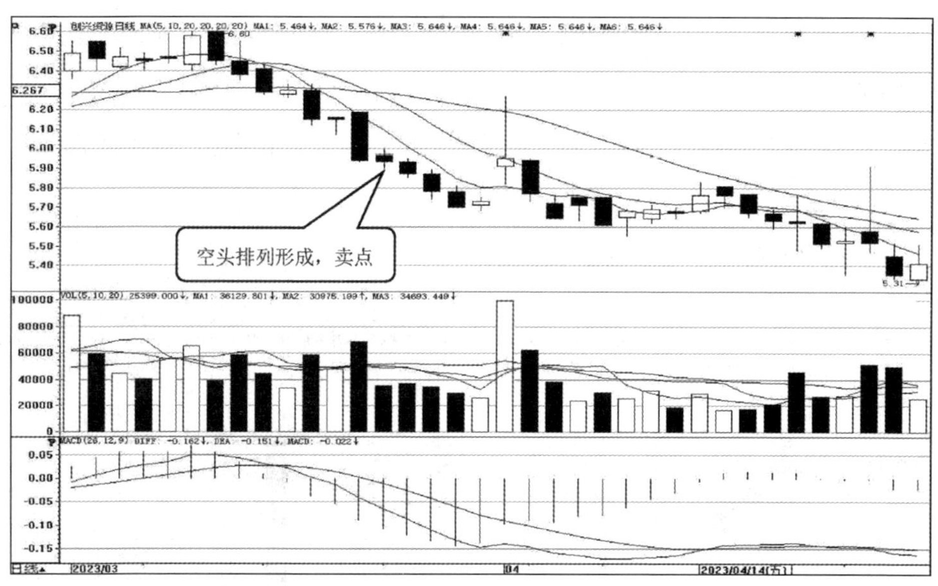

图2-13 创兴资源日K线

实战提高

1. 如果均线空头排列形成的当日，股价收大阴线，则其发出的看跌卖出信号更加强烈。

2. 如果股价在高位受到长期均线的强阻力，则随后出现的均线空头排列发出的看跌卖出信号更强烈。

3. 投资者在卖出股票后，如果股价并未出现大幅下跌，极有可能是主力的诱空动作。投资者可在均线呈现多头排列时，再次逢低买入股票。

第 3 章

成交量的卖点

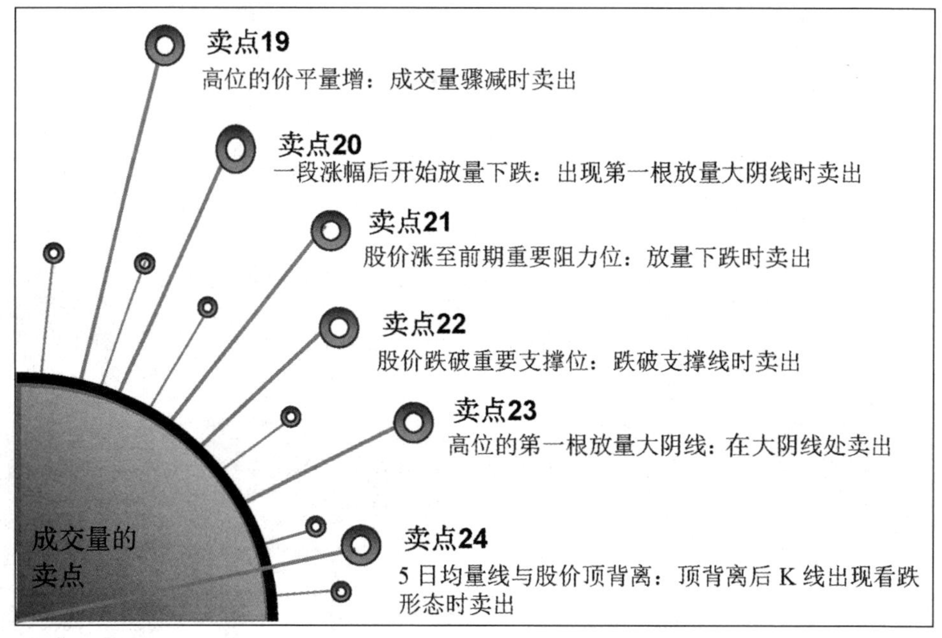
卖点19
高位的价平量增：成交量骤减时卖出
卖点20
一段涨幅后开始放量下跌：出现第一根放量大阴线时卖出
卖点21
股价涨至前期重要阻力位：放量下跌时卖出
卖点22
股价跌破重要支撑位：跌破支撑线时卖出
卖点23
高位的第一根放量大阴线：在大阴线处卖出
卖点24
5 日均量线与股价顶背离：顶背离后 K 线出现看跌形态时卖出
成交量的卖点

指标概览

成交量是测量股市行情变化的温度计和晴雨表，股价的上升或下降，无时无刻不受到成交量的制约和影响。

成交量显示为一根根柱状线（见图 3–1），当收盘价低于开盘价时，成交量为绿色实体。当收盘价高于开盘价时，成交量为红色实体。

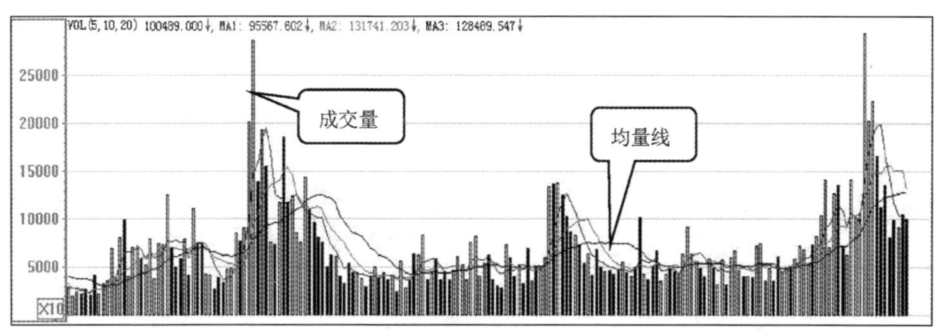

图 3–1　成交量指标

成交量是一个非常重要的辅助类分析指标。股价上涨时需要成交量的配合，但是下跌时则不需要。就好比推石头上山，上山时需要不断用力推动，而下山时则不必费力，凭重力石头就能向下滚动。

因此，看成交量指标要结合股价的位置来综合分析。

卖点 19　高位的价平量增：成交量骤减时卖出

● 技术特征

1. 股价经过一波加速上涨至高位出现横盘震荡，却维持较高成交量或呈现放量的走势。

2. 高位的价平量增表明多方力量拉升股价至高位后，上方的抛盘压力和空方力量不断消耗多方的力量，多方在经过短暂拉升股价后，力量逐渐衰弱。这预示着股价将进入下跌走势。

高位的价平量增走势如图 3–2 所示。

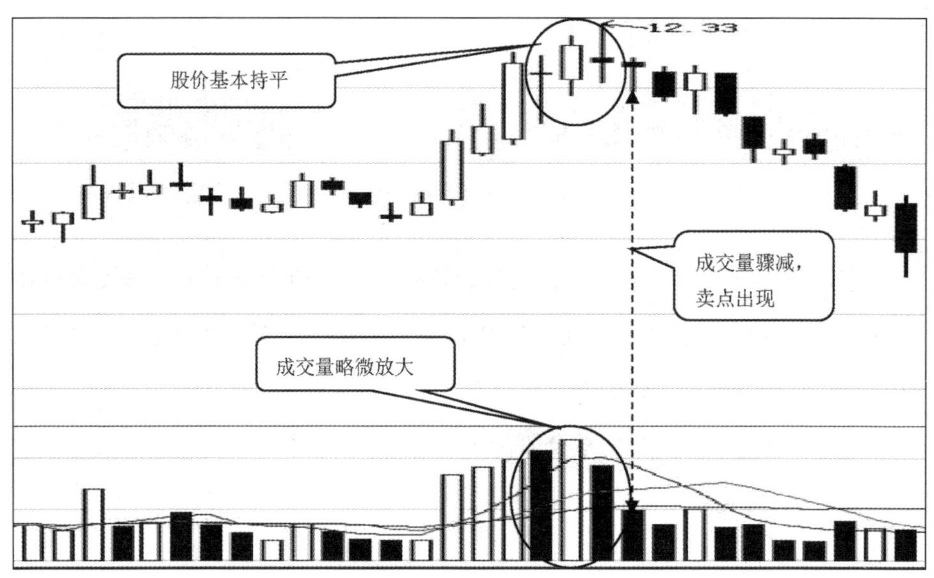

图 3–2　高位的价平量增

● 卖点出击

在出现高位的价平量增走势时，当成交量骤减时，卖点出现。此时，投资者应及时卖出股票。

● 经典案例

如图3-3所示，山东高速（600350）的股价经过一波加速上涨后，在2023年5月4日至8日出现了价平量增走势，这表明多方力量正在被空方力量吞噬，股价即将进入下跌行情。

5月9日，山东高速的股价仍旧走平，但成交量明显降低，此时卖点出现，投资者应及时卖出股票。

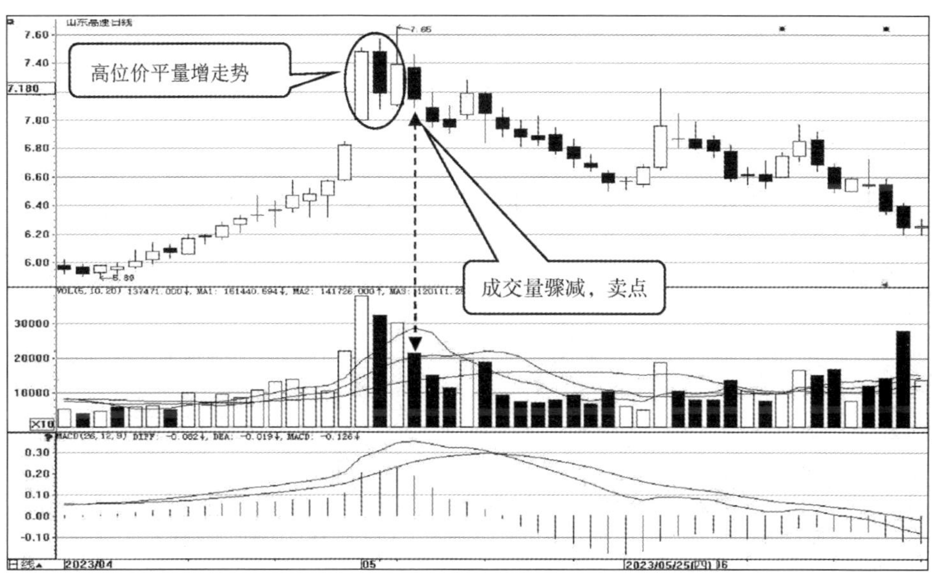

图3-3　山东高速日K线

实战提高

1. 股价出现高位的价平量增走势，其横盘整理时间越长，则形成的看跌卖出信号越强烈。

2. 股价在高位的横盘震荡整理中，如果出现其他见顶卖出信号，则其发出的卖出信号更加强烈。

3. 投资者可以用均量线指标作为判断放量的标志。如果多条均量线成多头排列且逐渐发散，则说明成交量持续放大。

卖点 20　一段涨幅后开始放量下跌：出现第一根放量大阴线时卖出

● 技术特征

1. 股价先是呈现缓慢爬升走势，经过一段上涨后，股价开始出现放量下跌的走势。

2. 一段涨幅后开始放量下跌，顾名思义，往往发生在上涨行情末期。

3. 一段涨幅后开始放量下跌走势表示多方力量逐渐减弱，空方力量趁势袭来，将多方力量吞噬，并进一步开始打压股价进入下跌行情。

股价一段涨幅后开始放量下跌的走势如图 3–4 所示。

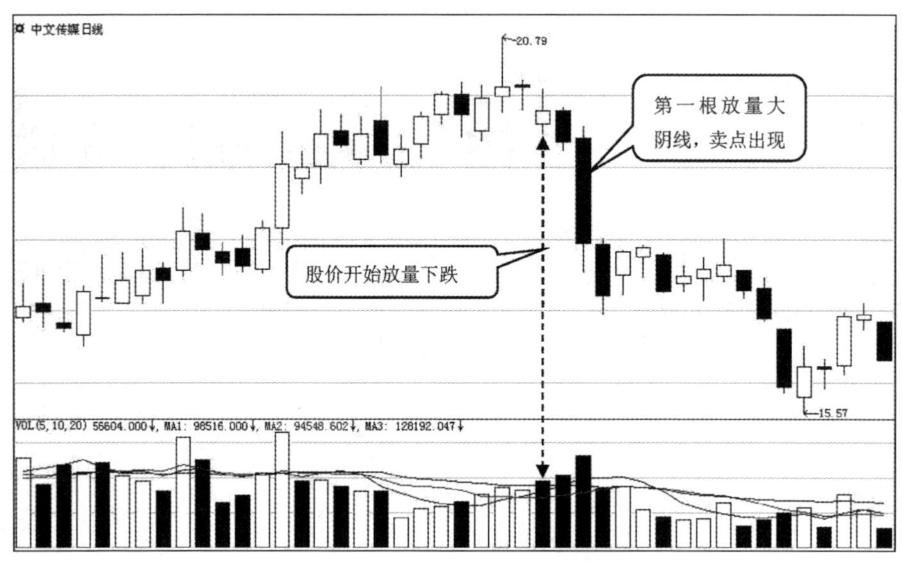

图 3–4　一段涨幅后开始放量下跌

● 卖点出击

股价在一段涨幅后开始放量下跌，如果出现第一根放量大阴线，则卖点出现。此时，投资者应及时卖出股票。

● 经典案例

如图3-5所示，昆药集团（600422）的股价经过一波上涨走势后，在2023年5月29日开始放量下跌，但跌幅有限。这表明空方已经占据主动，并开始打压股价。之后，该股在高位缓缓震荡，欲振乏力。

6月8日，昆药集团的股价大幅下跌，收出一根大阴线，盘中一度接近跌停，同时成交量也明显放大，这是下跌行情形成的标志。此时卖点出现，投资者应及时卖出股票。

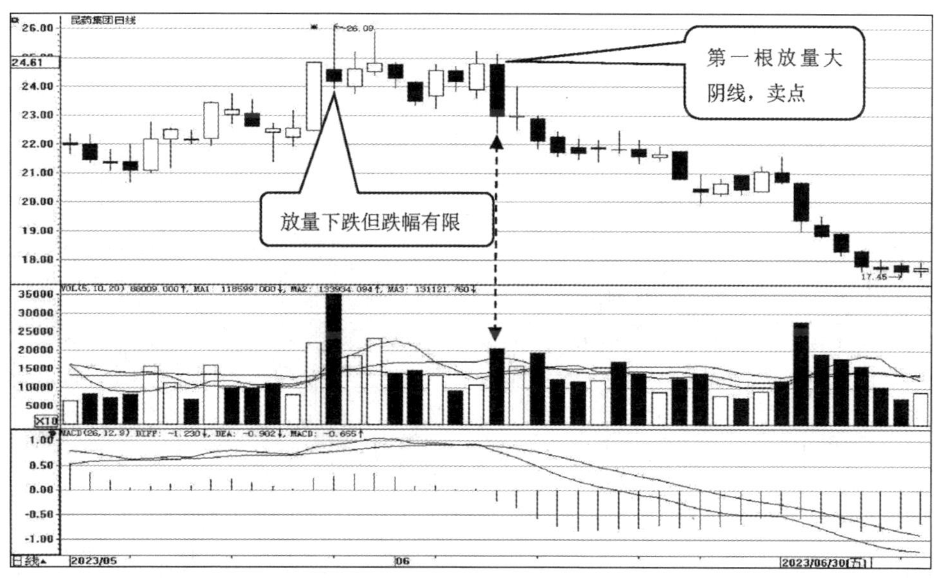

图3-5 昆药集团日K线

实战提高

1．在一段涨幅后开始放量下跌的走势中，涨幅越大，第一根放量大阴线所释放的下跌卖出信号越强烈。

2．大阴线的跌势越猛烈，则其看跌卖出信号越强烈。

3．在一段涨幅后开始放量下跌的走势中，如果下跌的成交量很大，则说明空方力量极强，打压股价较猛烈，则其后市下跌卖出的信号也就更加强烈。

卖点 21　股价涨至前期重要阻力位：放量下跌时卖出

● 技术特征

1. 股价在经过一波下跌后，出现反弹走势，如果股价不能有效突破前期重要阻力位，则股价还将会进入新一波下跌行情。

2. 股价在前期重要阻力位附近徘徊，成交量放大。

3. 股价涨至前期重要阻力位表示多方力量拉升股价进入短暂上涨行情，之后在阻力位承压。此时，如果多方力量胜出，则股价进入上涨行情。如果多方力量败退，则股价将进入新一波下跌行情。

股价涨至前期重要阻力位的走势如图 3-6 所示。

图 3-6　股价涨至前期重要阻力位

● 卖点出击

股价涨至前期重要阻力位之后，如果股价放量下跌，则卖点出现。此时，投资者应及时卖出股票。

● 经典案例

如图3-7所示，2023年2月至3月，连云港（601008）股价经过一波上涨后回落震荡，在持续震荡过程中，股价在4.89元附近多次获得明显支撑。之后，股价跌破4.89元并反弹确认，该位置就成为股价的“前期重要阻力位”。

5月9日，股价再次反弹向上，在前期重要阻力位附近遭遇阻力作用，K线形成放量射击之星的看跌信号。这表明在前期重要阻力位附近有强势空方力量，多空在经过激烈的争夺后空方胜出，股价即将进入下跌行情。此时卖点出现，投资者应及时卖出股票。

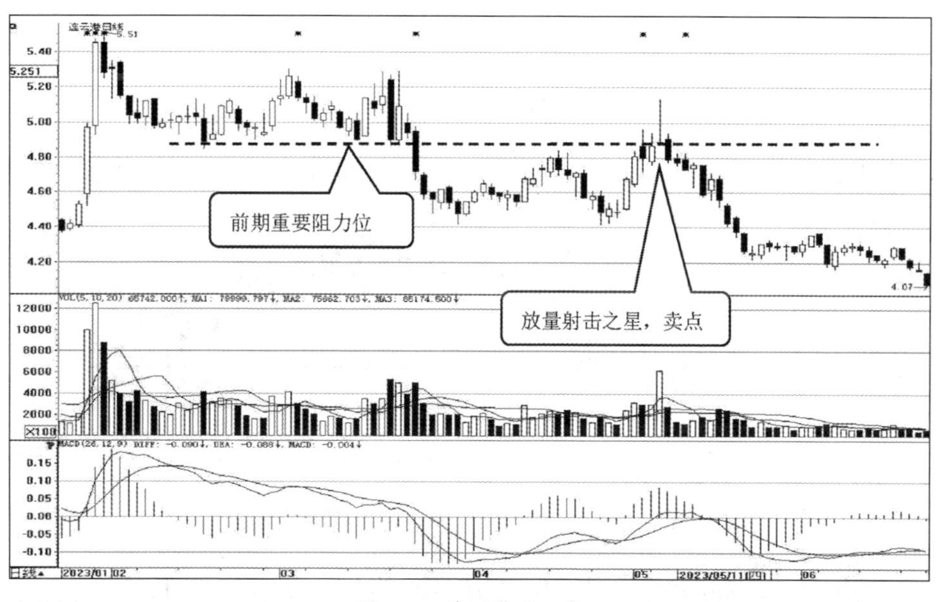

图3-7　连云港日K线

1．当股价涨至前期重要阻力位时，其成交量越大，则看跌卖出信号越强烈。

2．股价在前期重要阻力位徘徊的时间越长，则说明阻力位的空方力量越强，其后市的下跌卖出信号也就越强烈。

3．如果投资者据此卖点卖出股票后，股价再次突破阻力位继续上涨，则可能是主力的诱多动作，投资者应谨慎对待，不可盲目追涨。

卖点22　股价跌破重要支撑位：跌破支撑线时卖出

● 技术特征

1．在下跌行情中的反弹阶段末期，股价在重要支撑位徘徊调整后跌破支撑位。

2．股价跌破重要支撑位表示空方力量强势，重要支撑的多方力量已经被空方吞噬殆尽，股价即将进入加速下跌阶段。

股价跌破重要支撑位的走势如图3-8所示。

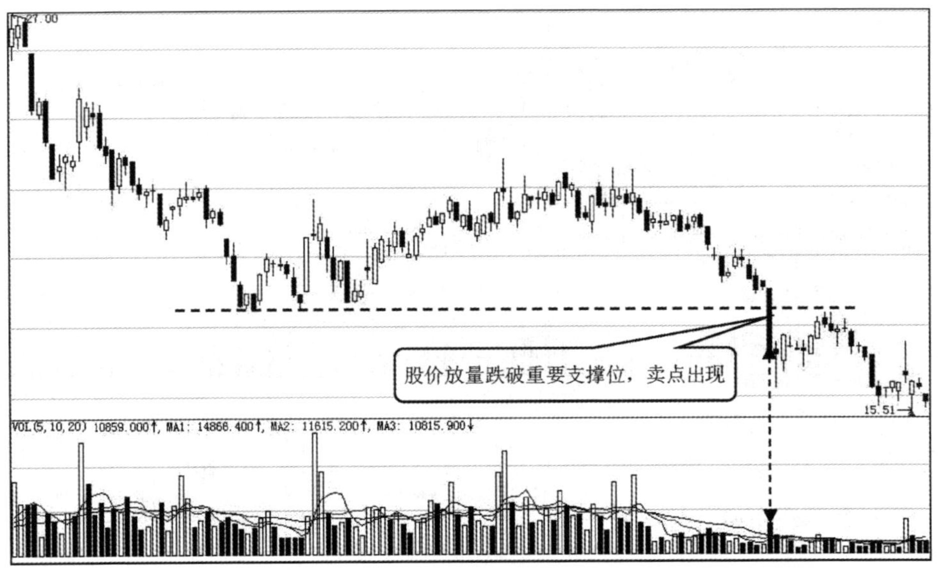

图3-8　股价跌破重要支撑位

● 卖点出击

当股价跌破重要支撑位，即跌破支撑线时，卖点出现。此时，投资者应及时卖出股票。

● 经典案例

如图3-9所示，从2022年7月下旬开始，节能风电（601016）的股价在经过一波上涨后冲高回落，之后股价持续震荡，多次在4.88元附近受到支撑。

2022年9月15日，股价跌破了前期获得支撑的价位。这表明空方力量极其强势，将支撑位上残留的多方力量吞噬殆尽，并发出看跌卖出信号。此时，投资者应及时卖出股票。

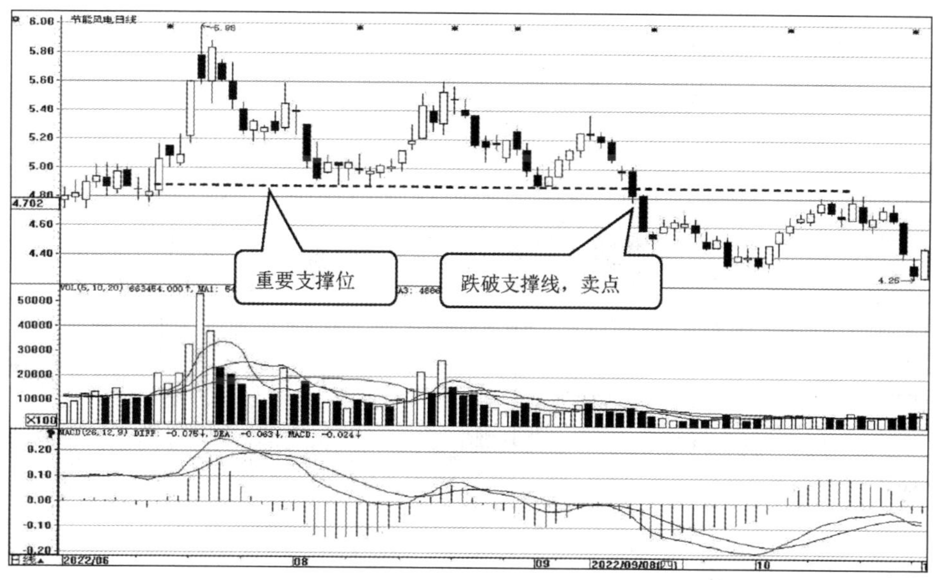

图3-9　节能风电日K线

1．股价跌破重要支撑位时，如果出现其他K线反转形态，则其放量跌破时发出的卖出信号更加强烈。

2．股价跌破重要支撑位前，如果股价的下跌幅度很小，或者刚开始下跌，则股价在放量跌破重要支撑位时发出的卖出信号更加强烈。

3．在股价跌破重要支撑位时，如果其放量下跌的阴线为大阴线，则其发出的看跌卖出信号更加强烈。

卖点23　高位的第一根放量大阴线：在大阴线处卖出

● 技术特征

1．股价上涨至高位后，或缓慢爬升，或横盘震荡。此时，如果出现一根放量大阴线，预示着股价即将下跌。

2．高位的第一根放量大阴线表示空方力量逐渐增强，并主导了市场进入下跌行情，由此发出看跌卖出信号。

高位的第一根放量大阴线如图3–10所示。

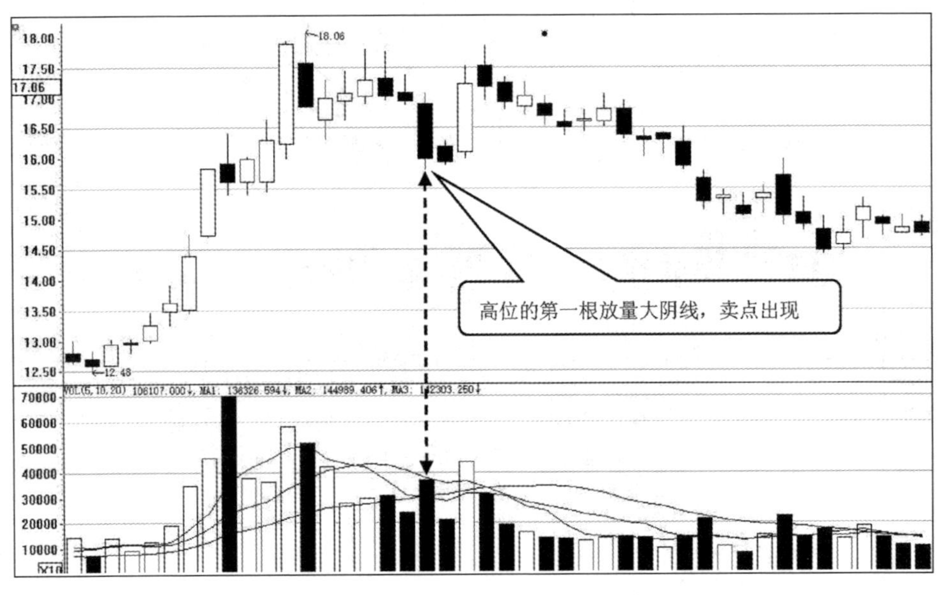

图3–10　高位的第一根放量大阴线

● 卖点出击

当出现高位的第一根放量大阴线走势时，卖点出现。此时，投资者应及时卖出股票。

● 经典案例

如图3-11所示，林洋能源（601222）的股价经过持续爬升后，在2022年12月5日出现了高位第一根放量大阴线，这表明空方力量逐渐增强，由一开始的慢慢释放力量到集中力量打压股价，致使股价放量收大阴线，这预示着股价将进入下跌行情。与此同时，12月2日和5日K线形成看跌吞没形态。这两个看跌信号叠加，卖出意义更为强烈，投资者要注意及时卖出股票。

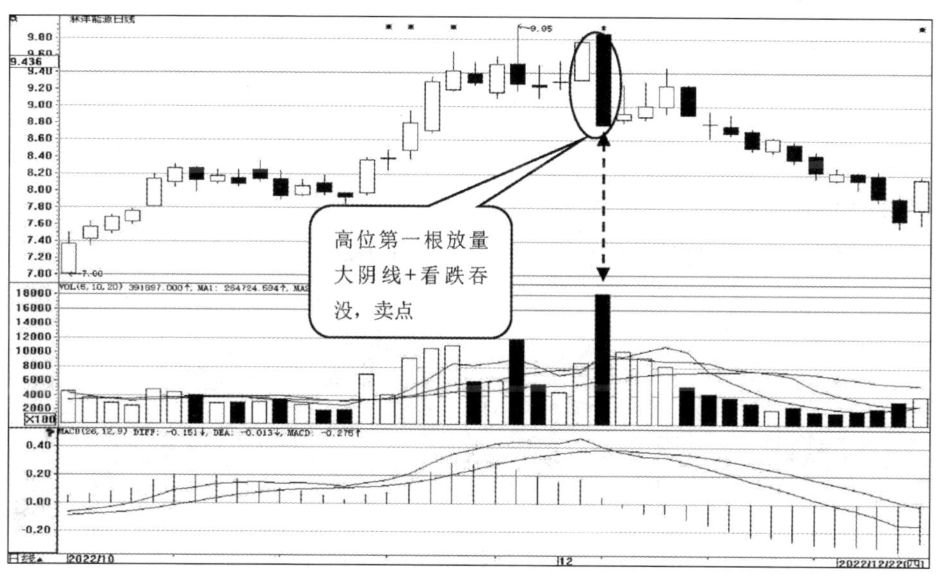

图3-11　林洋能源日K线

实战提高

1．在高位的第一根放量大阴线走势中，如果大阴线结合其他K线组合成见顶反转形态，则其发出的卖出信号更强烈。

2．在出现高位的第一根放量大阴线之前，如果股价涨幅巨大，则这个形态的出现所发出的看跌卖出信号更强烈。

3．在高位的第一根放量大阴线走势中，当日成交量越大，说明空方力量越强势，其发出的看跌卖出信号越强烈。

卖点24　5日均量线与股价顶背离：顶背离后K线出现看跌形态时卖出

● 技术特征

1. 上涨行情中，股价呈现波段上涨趋势，在股价创出新高的同时，5日均量线却没有创出新高。

2. 股价的上涨走势由强势上涨逐渐转变为弱势上涨。

3. 5日均量线与股价顶背离往往发生在上涨行情末期。

4. 5日均量线与股价顶背离表示股价在上涨过程中受到空方的强阻力，多方力量在上涨过程中逐渐衰竭。后市股价将进入由空方主导的下跌行情。

5日均量线与股价顶背离的走势如图3-12所示。

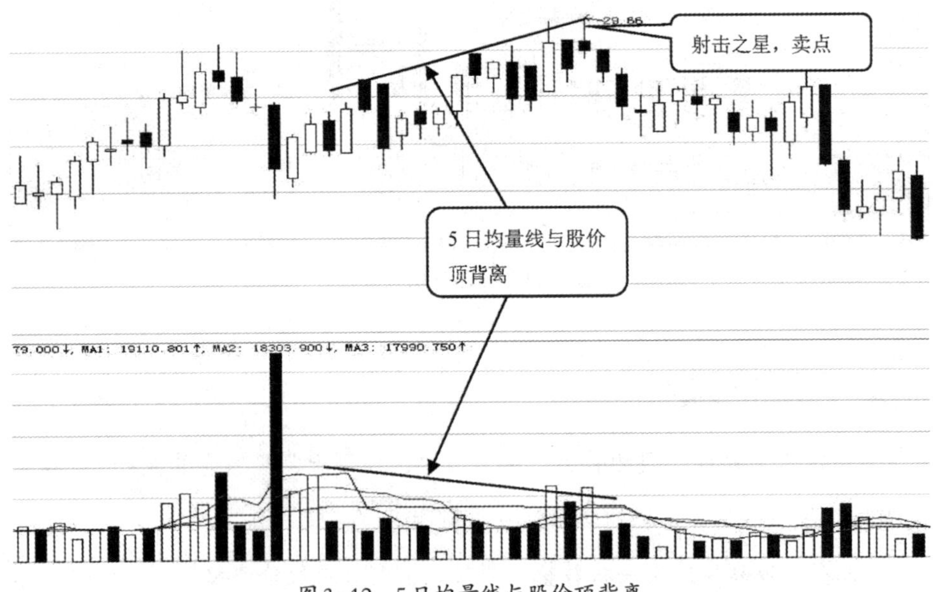

图3-12　5日均量线与股价顶背离

● 卖点出击

当出现5日均量线与股价顶背离的走势后，如果K线形成看跌形态，卖点出现。此时，投资者应及时卖出股票。

● 经典案例

如图3-13所示，百隆东方（601339）的股价经过连续上涨后，在2023年3月下旬出现了5日均量线与股价顶背离的形态，这表明多方力量衰竭，空方力量增强，并由空方开始主导股价的趋势。

3月24日，顶背离后，股价K线形成看跌孕线形态，卖点出现。此时，投资者应及时卖出股票。

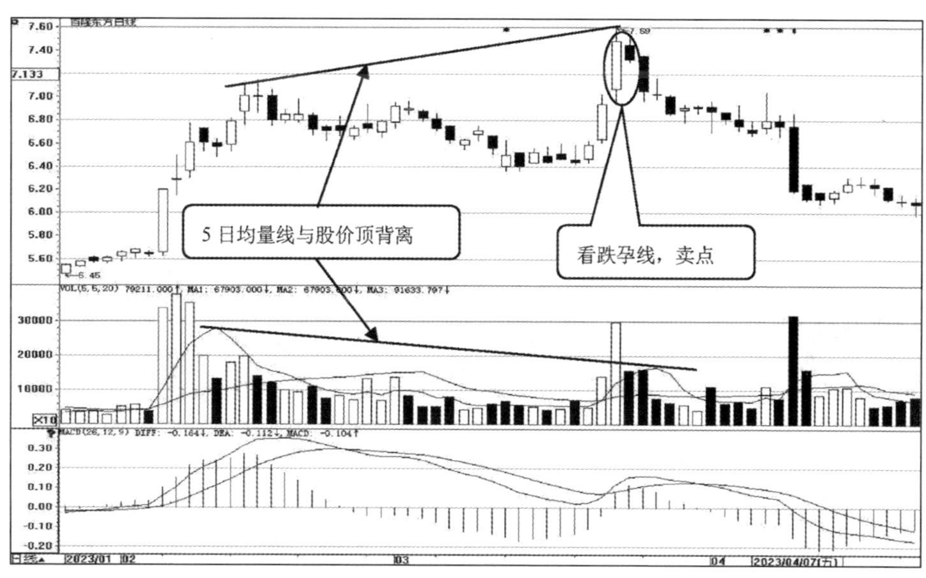

图3-13 百隆东方日K线

实战提高

1. 5日均量线与股价顶背离持续时间越长，则该形态的看跌信号就越强烈。

2. 为了尽量规避风险，投资者可以在背离过程中就逐渐卖出股票，确定背离完成后清仓。

3. 在发生5日均量线与股价顶背离后，如果走势中同时出现其他见顶下跌信号，如股价跌破均线等，则其发出的卖出信号更强烈。

第 4 章

MACD 指标的卖点

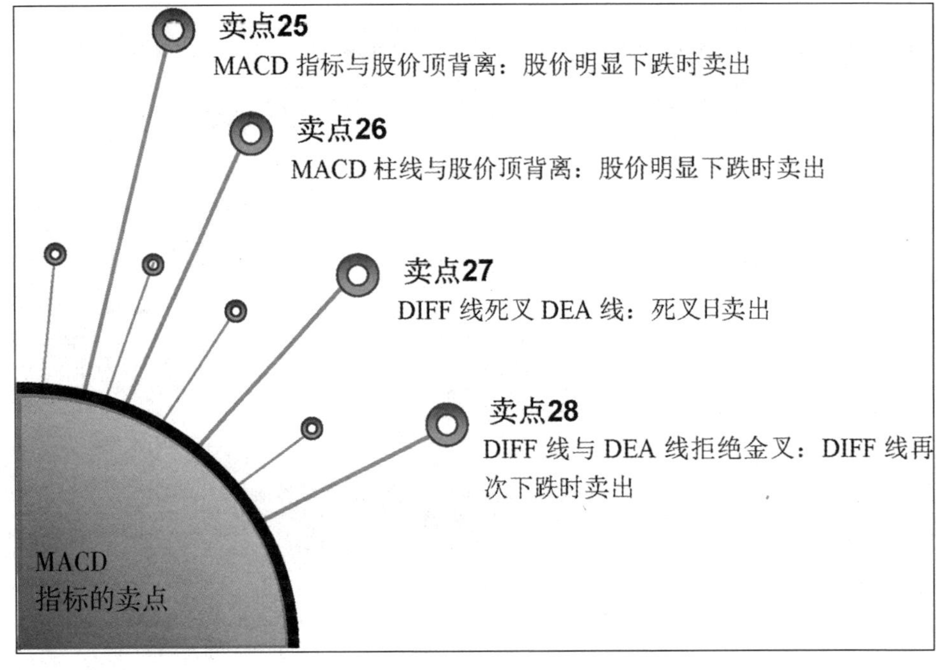
卖点25
MACD 指标与股价顶背离：股价明显下跌时卖出
卖点26
MACD 柱线与股价顶背离：股价明显下跌时卖出
卖点27
DIFF 线死叉 DEA 线：死叉日卖出
卖点28
DIFF 线与 DEA 线拒绝金叉：DIFF 线再次下跌时卖出
MACD
指标的卖点

指标概览

MACD指标是指数平滑移动平均线指标的简称，是一种趋向型技术指标。MACD指标由两条曲线和一组红绿柱线构成。两条曲线中，波动较快的是DIFF线，波动较慢的是DEA线（见图4-1）。

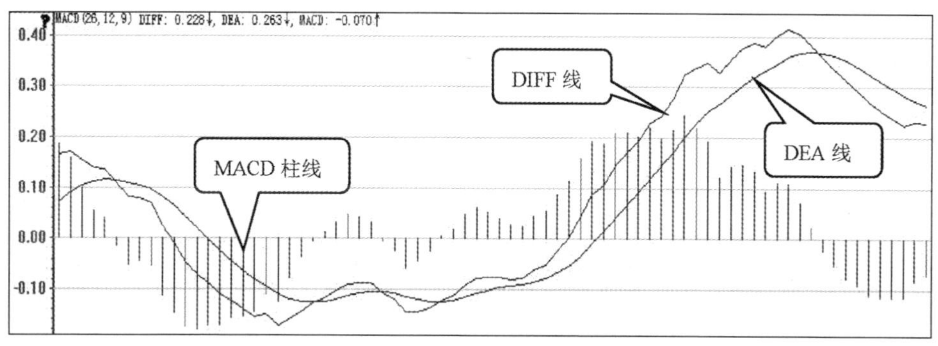

图 4-1　MACD 指标

MACD指标中的DIFF指标线表示收盘价短期、长期指数平滑移动平均线间的差。DEA指标线表示DIFF线的*n*日指数平滑移动平均线。当DIFF和DEA都大于零时，说明市场正处于多方主导的上涨行情。当两者都小于零时，则处于空方主导的下跌行情。

MACD柱线表示DIFF线与DEA线的差，该差值为正时，表现为红色柱线，说明多方力量强势。该差值为负时，则为绿色柱线，说明空方力量强势。

卖点25　MACD指标与股价顶背离：股价明显下跌时卖出

● 技术特征

1. MACD指标与股价顶背离通常是指DIFF线与股价的顶背离。当股价上升至高位时，接连形成两个顶部，而且这两个顶部呈现上升走势。此时，两个顶部对应的DIFF线却呈现下降走势。将这两者结合来看，就是MACD指标与股价顶背离。

2. 在MACD指标与股价顶背离中，通常第一个顶的成交量要较第二个顶的成交量略大。

3. MACD指标与股价顶背离表示股价将要见顶，后市将进入由空方主导的下跌行情。这是一个看跌信号。

MACD指标与股价顶背离的走势如图4-2所示。

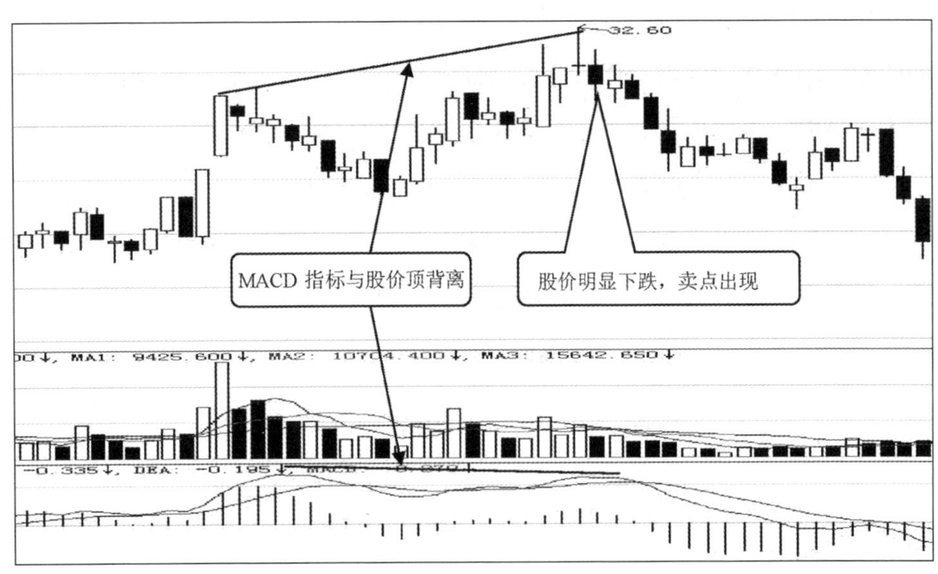

图4-2　MACD指标与股价顶背离

● 卖点出击

当股价在顶部与MACD指标形成顶背离时，说明股价见顶，若股价明显下跌，表示空方力量启动，股价即将进入下跌行情，卖点出现。此时，投资者应及时卖出股票。

● 经典案例

如图4-3所示，兴业证券（601377）的股价经过一波上涨后，在2023年4月至5月上旬出现了MACD指标与股价顶背离的走势，这表明股价见顶，后市若有空方力量介入，股价将进入下跌行情。

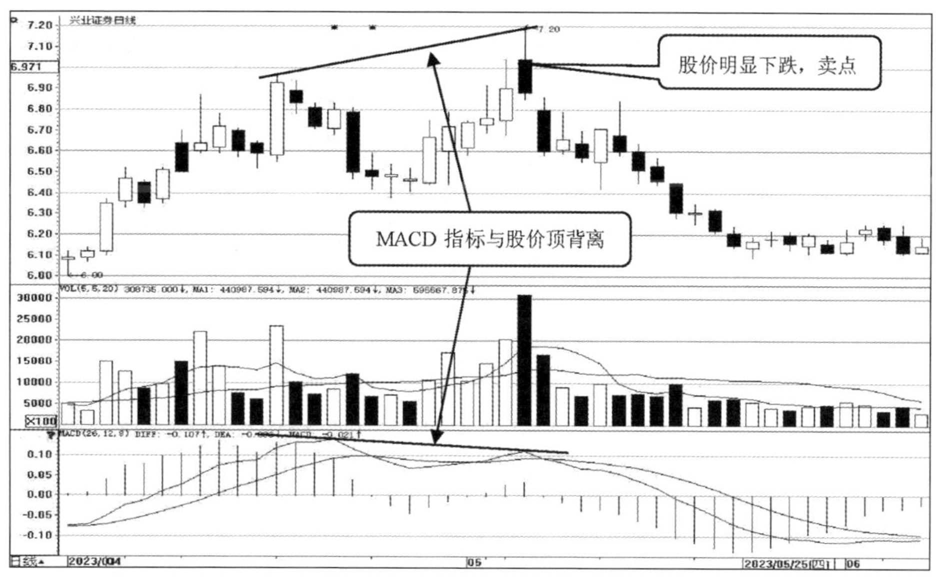

图4-3　兴业证券日K线

5月9日，兴业证券的股价高开高走，但从下午盘13:30开始，股价突然高位跳水，大幅向下（如图4-4所示），K线也形成一根明显的阴线，这是下跌行情发动的信号。此时卖点出现，投资者应及时卖出股票。

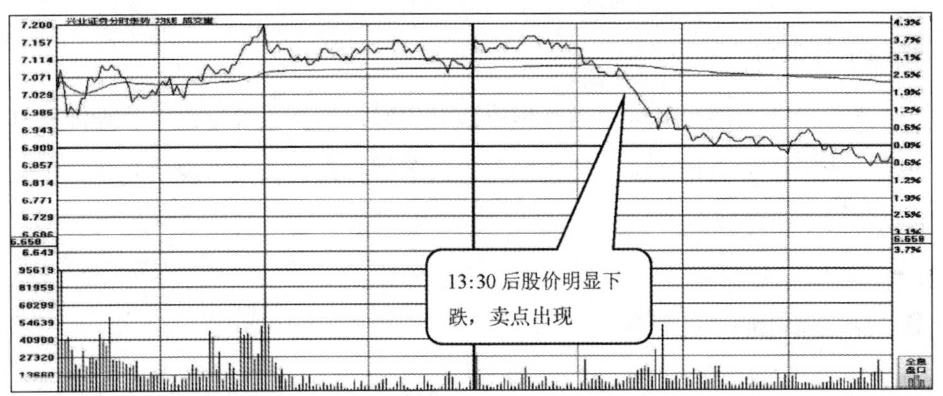

图4-4　兴业证券分时走势（2023年5月9日）

实战提高

在上涨行情中出现MACD指标与股价顶背离时，如果出现K线看跌形态或股价跌破均线等（实际是股价明显下跌的另一种表现形式）形态，也可看作卖点。

卖点26　MACD柱线与股价顶背离：股价明显下跌时卖出

● 技术特征

1. MACD柱线与股价顶背离往往发生在上涨行情末期。随着股价的逐渐上涨，MACD柱线却呈现出逐渐缩小的走势。

2. MACD柱线与股价顶背离表示随着股价的上涨，多方动能逐渐减弱，空方动能逐渐增强，但是多方仍然主导着市场的上涨行情，这是股价见顶的信号。而一旦股价开始明显下跌，则说明空方胜过多方，股价即将进入由空方主导的下跌行情。

MACD柱线与股价顶背离的走势如图4–5所示。

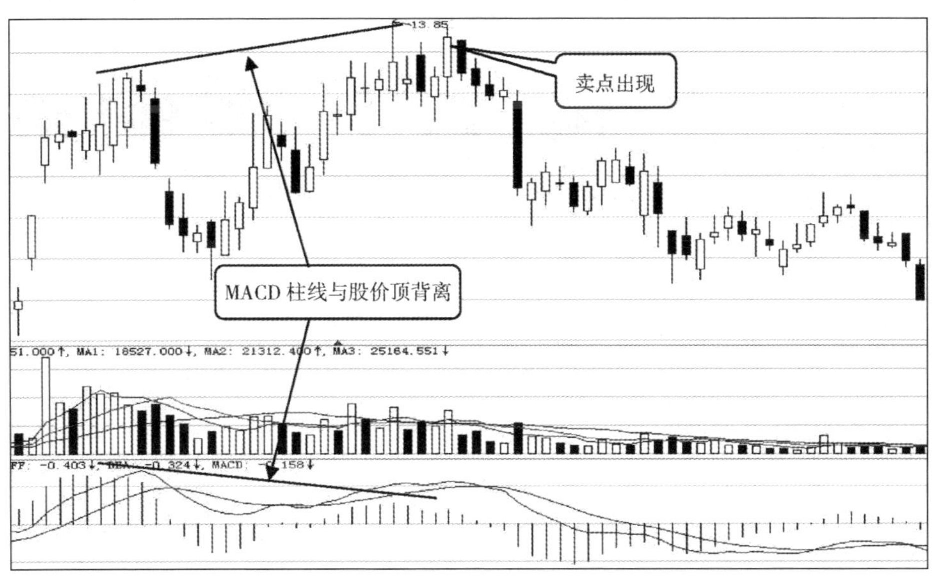

图 4–5　MACD 柱线与股价顶背离

● 卖点出击

当MACD柱线与股价顶背离，股价明显下跌时，说明卖点出现。此时，投资者应及时卖出股票。

● 经典案例

如图4-6所示，上海临港（600848）的股价经过一波上涨后，在2023年5月至6月初出现了MACD柱线与股价顶背离的走势，这表明股价见顶，后市若有空方力量介入，股价将会下跌。

在MACD柱线与股价顶背离出现之后，6月9日，股价开始明显下跌，同时K线形成看跌吞没形态。此时卖点出现，投资者应及时卖出股票。

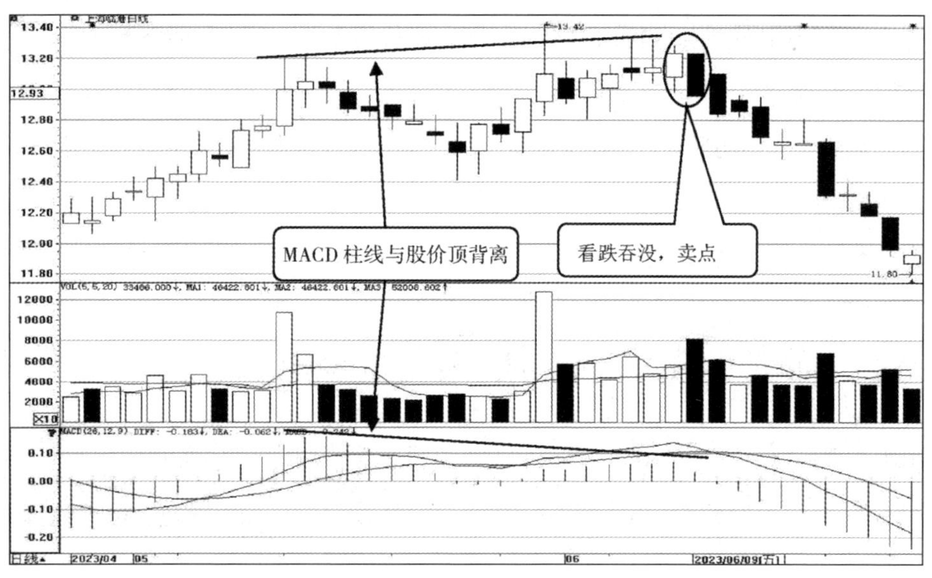

图4-6　上海临港日K线

实战提高

1．在MACD柱线与股价顶背离中，MACD柱线缩小得越快，则其形成的顶背离的看跌信号也就越强烈。

2．当MACD柱线与股价顶背离后，如果股价开始下跌时，其柱线由红色变为绿色，则后市下跌信号更加强烈。

3．如果MACD柱线与股价顶背离的同时，成交量极度放量，顶背离完成后成交量又逐渐减小，则该形态的看跌信号会更加强烈。

卖点 27　DIFF 线死叉 DEA 线：死叉日卖出

● 技术特征

1. DIFF 线死叉 DEA 线时，伴有 MACD 柱线由红变绿。

2. DIFF 线死叉 DEA 线可能出现在零轴上方，也可能出现在零轴下方，还有可能出现在零轴上。

3. DIFF 线死叉 DEA 线可以出现在任何行情中。其所代表的下跌信号由强到弱依次为：在下跌行情中死叉 > 在震荡行情中死叉 > 在上涨行情中死叉。

4. DIFF 线死叉 DEA 线表示空方力量强势，股价即将进入由空方主导的下跌行情。

DIFF 线死叉 DEA 线的走势如图 4-7 所示。

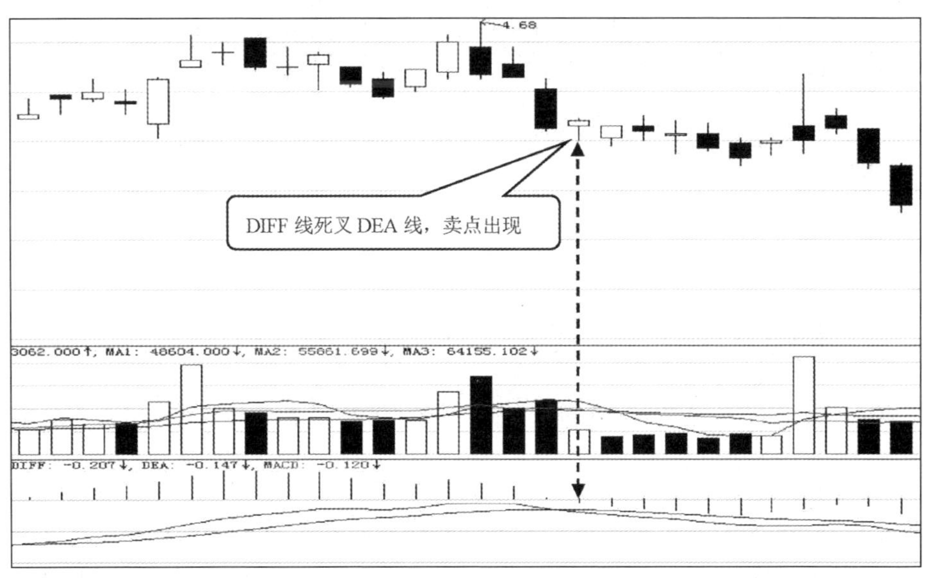

图 4-7　DIFF 线死叉 DEA 线

● 卖点出击

当出现 DIFF 线死叉 DEA 线时，卖点出现。此时，投资者应及时卖出股票。

● 经典案例

如图4-8所示，电科数字（600850）的股价经过一波缓缓上涨走势后，在2023年6月27日出现了DIFF线死叉DEA线的走势，这表明空方力量已经占据主动地位，市场将进入下跌行情，并发出卖出信号。此时，投资者应及时卖出股票。

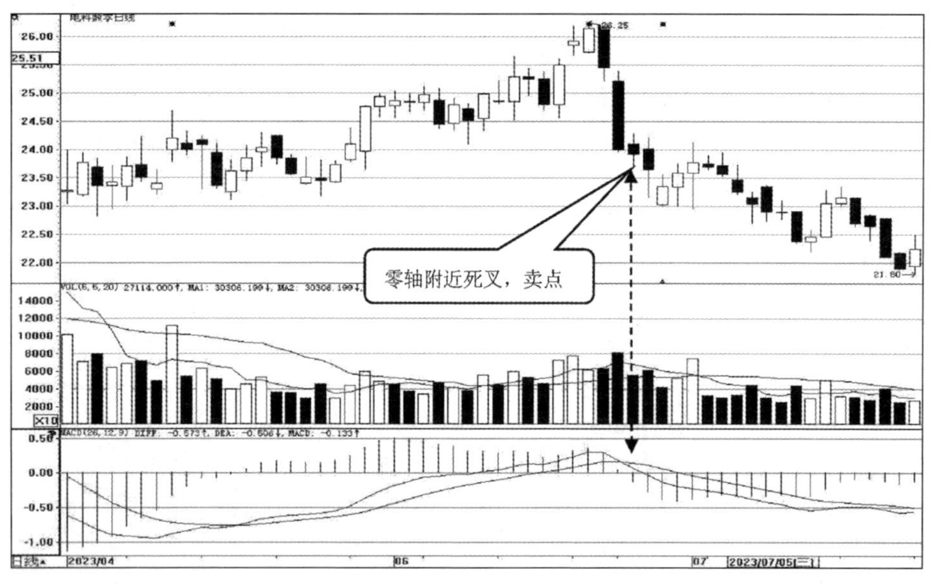

图4-8　电科数字日K线

实战提高

1. 在DIFF线死叉DEA线时，若股价整体下跌幅度不大，则死叉后，其后市下跌信号更加强烈。

2. 如果死叉出现在零轴上方很高的位置，意味着空方虽然暂时胜过多方，但股价的下跌行情还没有展开。此时多是股票上涨行情中的一个回调阶段。

3. 如果死叉的同时成交量逐步放大，则是对空方力量增强的验证。这样的情况下该卖点会更可靠。

卖点28　DIFF线与DEA线拒绝金叉：DIFF线再次下跌时卖出

● 技术特征

1. DIFF线上升至DEA线时，受到DEA线的强烈阻力再次下跌，无法突破形成金叉。该形态往往发生在下跌行情中的反弹阶段。

2. 该形态表示空方力量在打压股价时，股价受到强支撑，随后多方力量涌出，拉升股价上涨。但空方力量强势，在股价涨至空方力量密集区即DEA线时，受到空方力量的强阻力。空方仍主导行情方向，打压股价进入新的下跌行情。

DIFF线与DEA线拒绝金叉的走势如图4–9所示。

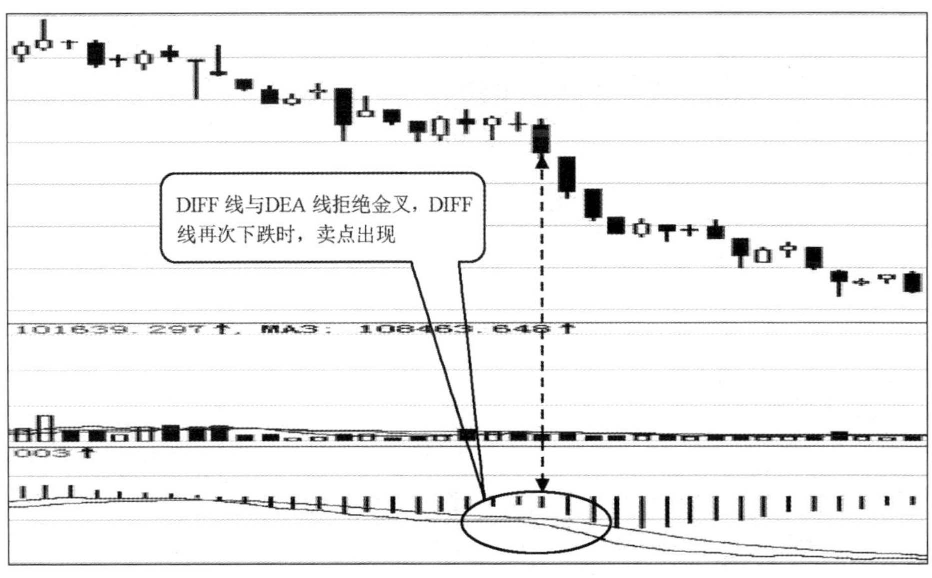

图 4–9　DIFF 线与 DEA 线拒绝金叉

● 卖点出击

当出现DIFF线与DEA线拒绝金叉后，DIFF线再次下跌时，卖点出现。

● 经典案例

如图4-10所示，盛视科技（002990）的股价经过一波缓缓反弹走势后，在2022年9月15日出现了DIFF线与DEA线拒绝金叉的走势，DIFF线再次下跌，这表明空方力量强势，在此阶段慢慢消化多方力量，预示着股价即将进入加速下跌行情，并发出看跌信号。此时，投资者应及时卖出股票。

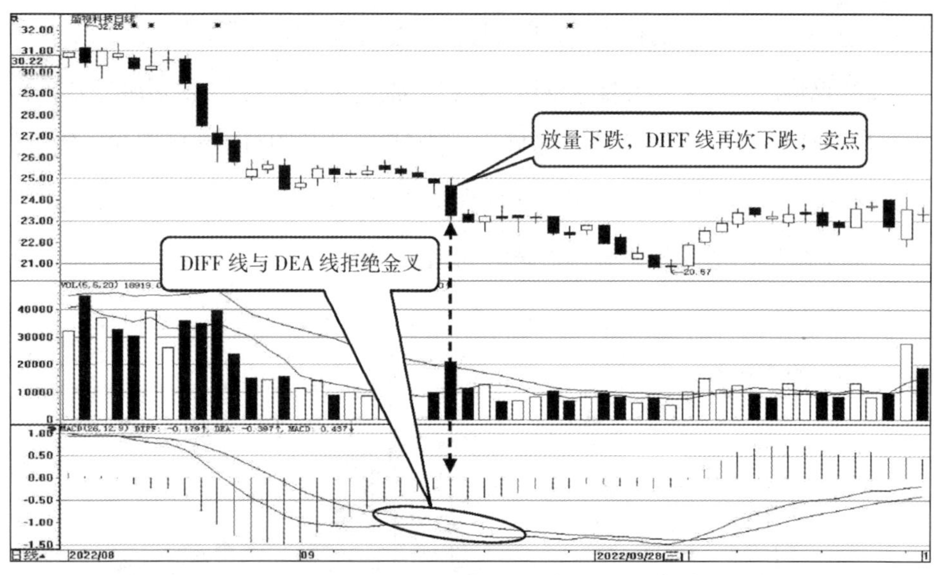

图4-10 盛视科技日K线

实战提高

1．如果DIFF线与DEA线形成拒绝金叉形态之前，股价的整体跌幅不大，则拒绝金叉之后，股价将进入加速下跌行情。

2．这种MACD指标拒绝金叉的形态只有出现在下跌行情中才是有效的看跌信号。如果在股价上涨途中出现，仅仅表示股价短期内可能小幅下跌，但长期来看上涨行情还将继续。

3．如果在DIFF线向DEA线靠拢的同时，成交量萎缩，而DIFF线获得阻力后成交量放大，表示多方动能不足，该形态的看跌信号更强烈。

第 5 章

KDJ 指标的卖点

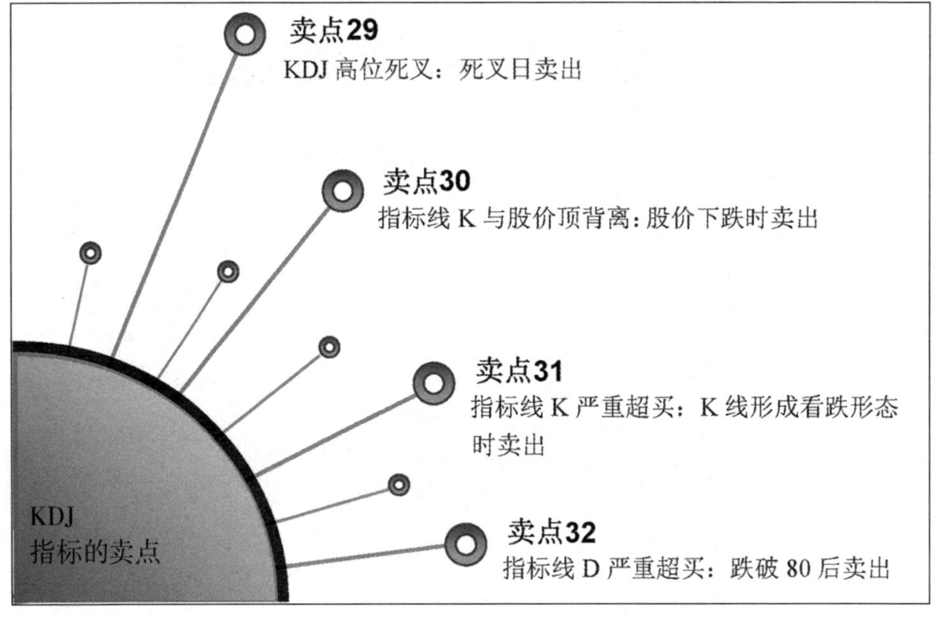
卖点29
KDJ 高位死叉：死叉日卖出
卖点30
指标线 K 与股价顶背离：股价下跌时卖出
卖点31
指标线 K 严重超买：K 线形成看跌形态时卖出
卖点32
指标线 D 严重超买：跌破 80 后卖出
KDJ
指标的卖点

指标概览

KDJ指标即随机指标，是超买超卖型技术指标。KDJ指标由三条曲线组成，分别是指标线K、指标线D、指标线J。这三条曲线中波动最快的是指标线J，指标线K次之，指标线D的波动最为缓慢（见图5-1）。

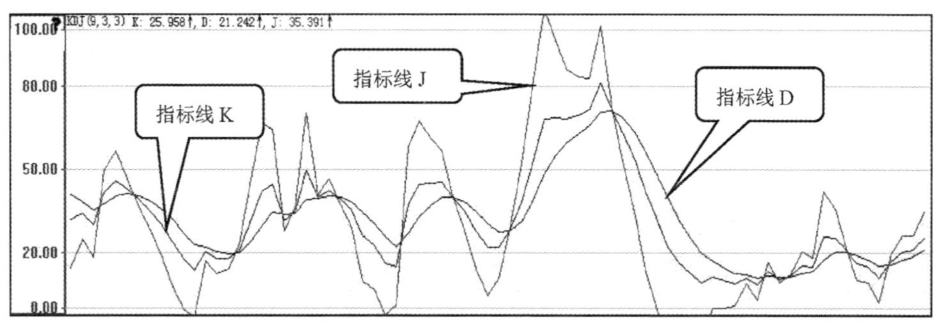

图5-1　KDJ指标

当指标线D大于80时，说明股价处于超买。当指标线D小于20时，说明股价处于超卖。当指标线J大于100时，说明股价处于超买。当指标线J小于0时，说明股价处于超卖。

指标线K和指标线D的交叉发生在30以下时，为指标金叉，说明处于上涨趋势。当交叉发生在70以上时，为指标死叉，说明处于下跌趋势。

卖点29　KDJ高位死叉：死叉日卖出

● 技术特征

1．KDJ高位死叉是指指标线K在80处向下穿叉指标线D，指标线J在80处向下穿叉指标线K和指标线D，指标线D也在80处下跌。

2．KDJ死叉可能发生在任何行情中，但只有在股价高位时的KDJ死叉所发出的下跌信号最强烈。

3．KDJ高位死叉表示空方力量骤然增强，股价即将开始一波下跌，发出卖出信号。

KDJ高位死叉的走势如图5-2所示。

图5-2　KDJ高位死叉

● 卖点出击

当出现KDJ高位死叉时，卖点出现。此时，投资者应及时卖出股票。

● 经典案例

如图 5-3 所示，顺博合金（002996）的股价经过一波上涨后，在 2022 年 8 月 2 日出现了 KDJ 高位死叉的走势，这表明空方力量骤然增强，开始打压股价进入下跌行情，并发出卖出信号。此时，投资者应及时卖出股票。次日，K 线形成看跌吞没形态，更验证了 KDJ 高位死叉的可靠性。

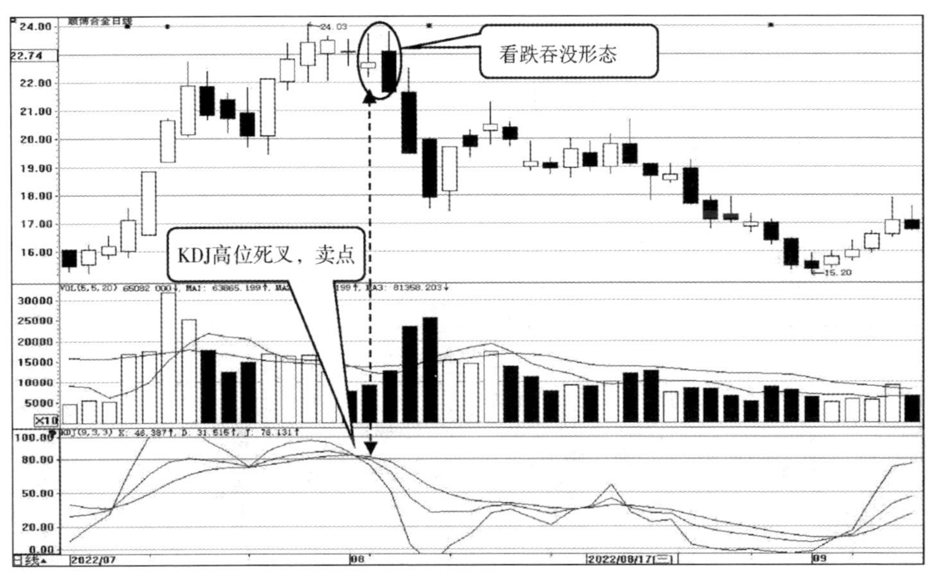

图 5-3　顺博合金日 K 线

1．KDJ 在高位死叉时，如果其死叉日的 K 线形态同时发出其他看跌信号，则其发出的高位卖出信号更加强烈。

2．KDJ 死叉发生在 80 附近高位区域时最为可靠，发生在 50 附近甚至更低的位置时，往往不作为买卖信号。

3．如果指标线 K 在高位死叉指标线 D 的同时成交量迅速放大，则该形态的看跌信号更加强烈。

卖点30　指标线K与股价顶背离：股价下跌时卖出

● 技术特征

1. 股价经过一波上涨行情后，在顶部震荡筑顶的过程中，股价创出新高的同时，指标线K却创出新低。

2. 指标线K与股价顶背离往往发生在上涨行情末期。

3. 指标线K与股价顶背离表示多方力量在上涨过程中逐渐减弱，空方力量却在逐渐聚集。当空方力量足够强大时，发出看跌信号，并开始打压股价进入下跌行情。

指标线K与股价顶背离的走势如图5-4所示。

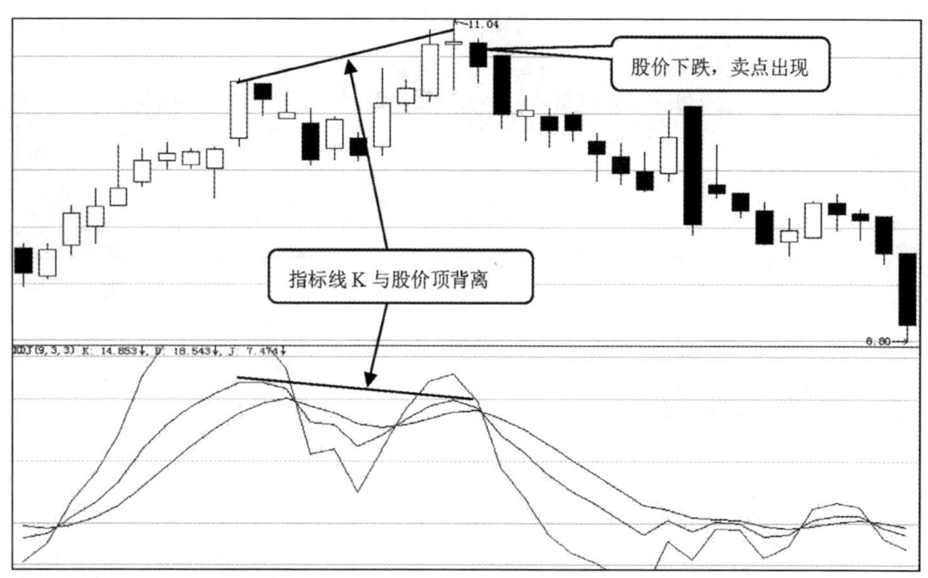

图5-4　指标线K与股价顶背离

● 卖点出击

在指标线K与股价顶背离走势后，若出现股价下跌的走势，则卖点出现。投资者应及时卖出股票。

● 经典案例

如图5-5所示，新天绿能（600956）的股价经过一波上涨后，在2023年2月出现了指标线K与股价顶背离的走势。这表明股价涨至高位，多方力量衰竭，空方力量增强，并开始打压股价，发出看跌信号。

2月15日，顶背离之后KDJ指标形成死叉，股价下跌，卖点出现。此时，投资者应及时卖出股票。

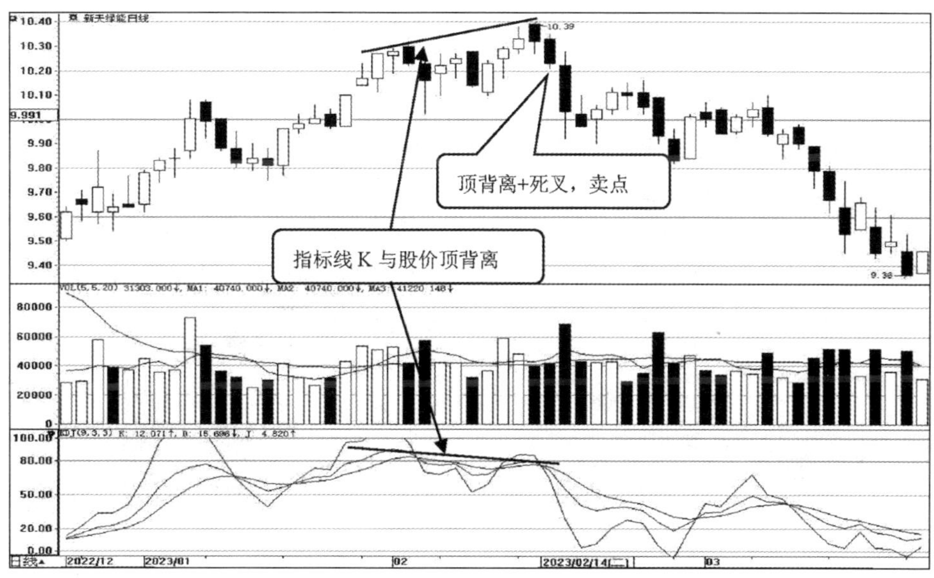

图5-5　新天绿能日K线

实战提高

1．指标线K在80以上位置形成与股价顶背离走势时，其看跌信号要更强烈一些。

2．在指标线K与股价顶背离走势中，如果第二个顶部较第一个顶部成交量放量，则其看跌信号更加强烈。

3．在股价震荡上涨过程中，如果上涨时缩量，而下跌时放量，则该形态的看跌信号会更加可靠。

卖点31　指标线K严重超买：K线形成看跌形态时卖出

● 技术特征

1. 随着股价的上涨，指标线K升至80上方的超买区，随后，股价逐渐高位滞涨。

2. 指标线K严重超买往往出现在强势上涨行情末期。

3. 指标线K严重超买表示多方力量将要衰竭，而空方力量逐渐增强，空方力量即将吞噬多方力量，进而打压股价进入下跌行情。

指标线K严重超买的走势如图5-6所示。

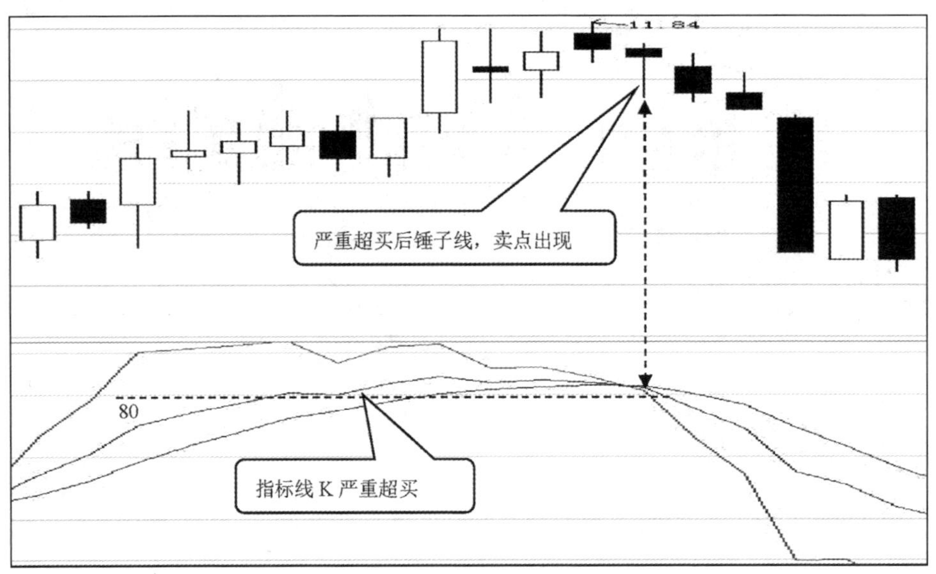

图5-6　指标线K严重超买

● 卖点出击

当指标线K严重超买，若K线在超买区域形成看跌形态，则卖点出现。此时，投资者应及时卖出股票。

● 经典案例

如图5-7所示，南京高科（600064）的股价经过一波上涨后，在2022年11月中旬至12月初，其指标线K连续多个交易日位于80上方，出现严重超买的走势。这表明在股价上涨过程中，多方力量逐渐衰竭，而空方力量则逐渐增强。

11月30日，K线形成高位孕线的看跌形态。此时，卖点出现，投资者应及时卖出股票。

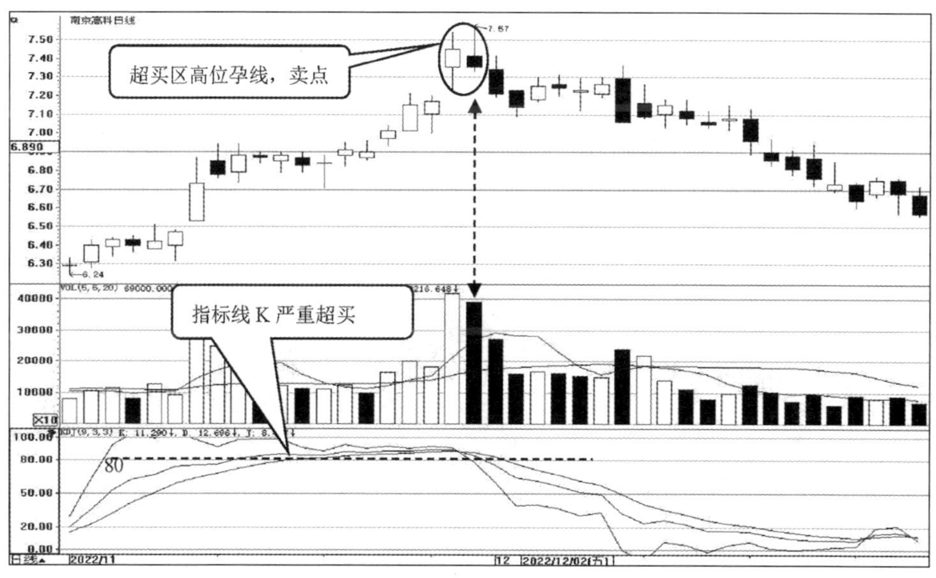

图5-7　南京高科日K线

实战提高

1．通常，指标线K在80上方整理时间越长，则K线看跌形态所发出的看跌卖出信号越强烈。

2．要注意指标线J的辅助判断作用，当指标线J向上进入100区域时，市场严重超买意义就很明显。在指标线J跌破80时，若股价的下跌还未展开，则在此之后，指标线J跌破80所发出的看跌卖出信号更加强烈。

卖点32　指标线D严重超买：跌破80后卖出

● 技术特征

1．KDJ指标中的指标线D严重超买往往发生在上涨行情末期。

2．指标线D突破80表示市场进入超买状态，多方力量已经强盛到极致，面临后续力量不足的风险。股价继续上涨的动力已经很小，一旦空方力量增强，股价就会进入持续下跌行情。因此，这是一个后市看跌的信号。

3．KDJ指标中的指标线D严重超买后，其仍会在80上方徘徊几日，此时，股价往往出现加速上涨，但后市随时会下跌。

如图5-8所示，KDJ指标中的指标线D严重超买。随后，空方力量介入，打压股价进入下跌行情。

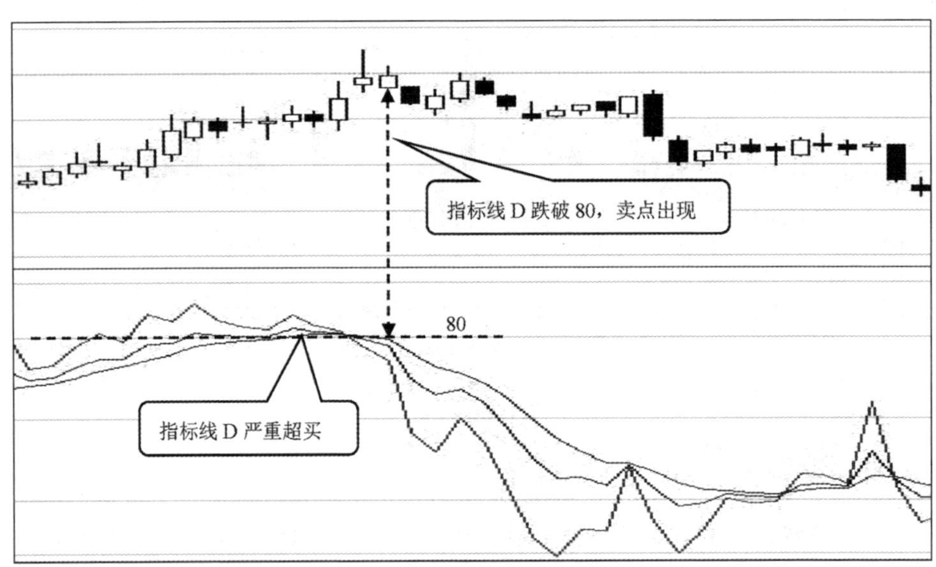

图5-8　指标线D严重超买

● 卖点出击

当出现指标线D严重超买的走势后，若指标线D跌破80，则卖点出现。

此时，投资者应及时卖出股票。

● 经典案例

如图5-9所示，冠城大通（600067）的股价经过一波上涨后，在2023年2月上旬和中旬出现了指标线D严重超买的走势。这表明多方用剩下的力量将股价拉升至高位。此时，多方力量已经衰竭，而空方力量逐渐增强。

2月15日，指标线D跌破80，卖点出现。此时，投资者应及时卖出股票。

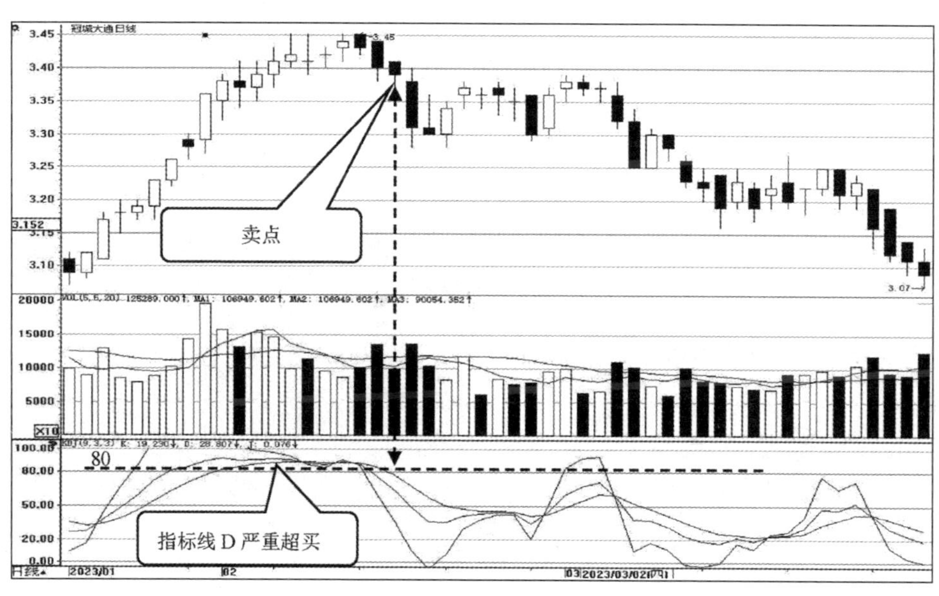

图5-9　冠城大通日K线

实战提高

1．指标线D跌破80时，若伴有成交量的放大，则其发出的看跌卖出信号更加强烈。

2．在指标线D严重超买出现时，如果在其附近出现其他看跌K线形态，则其发出的看跌卖出信号更强烈。

3．指标线D严重超买后，其在80上方徘徊的时间越长，说明多空转换越充分，而当指标线D跌破80时，其发出的卖出信号更强烈。

第 6 章

RSI 指标的卖点

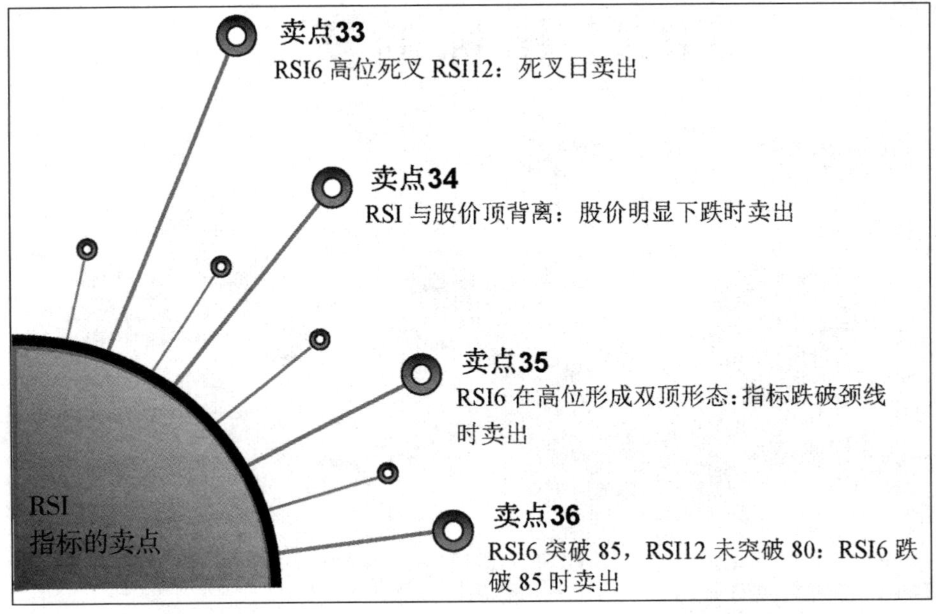
卖点33
RSI6 高位死叉 RSI12：死叉日卖出
卖点34
RSI 与股价顶背离：股价明显下跌时卖出
卖点35
RSI6 在高位形成双顶形态：指标跌破颈线时卖出
卖点36
RSI6 突破 85，RSI12 未突破 80：RSI6 跌破 85 时卖出
RSI
指标的卖点

指标概览

RSI指标即相对强弱指标，是超买超卖型技术指标。RSI指标由三条不同周期的曲线组成。其中，波动最快的是RSI6、其次是RSI12、波动最慢的是RSI24（见图6-1）。

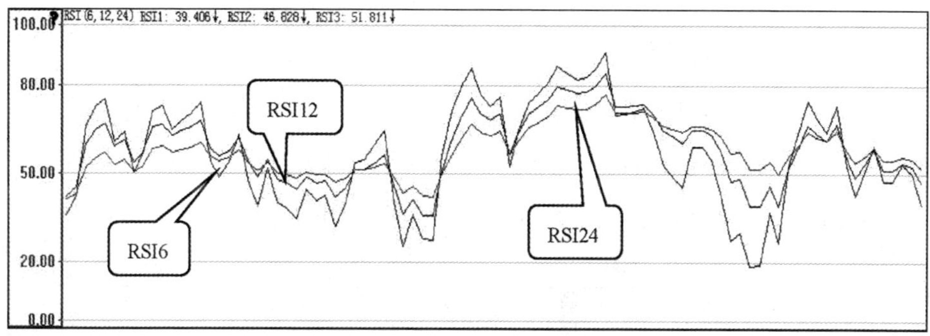

图6-1　RSI指标

RSI指标是根据股价或指数的涨跌幅度及波动情况，来显示市场强弱的一种技术分析工具。

在实战中，被用到最多的是RSI6。这是一个短线技术指标，适合分析较短周期内股价的走势。RSI6在较长周期的RSI12和RSI24上方时，说明股价正处于上涨行情。RSI6在较长周期的RSI12和RSI24下方时，说明股价正处于下跌行情。

卖点33　RSI6高位死叉RSI12：死叉日卖出

● 技术特征

1. RSI6在50以上的高位下穿RSI12时，即为RSI6高位死叉RSI12。在死叉形成时，股价往往呈现下跌的走势。

2. RSI6死叉RSI12可以发生在任何行情中。但是发生在上涨行情末期时，其发出的信号往往最为可信。

3. RSI6死叉RSI12表示多方力量衰竭，空方力量增强，空方开始打压股价下跌，并由此发出卖出信号。

RSI6高位死叉RSI12时，股价的走势如图6–2所示。

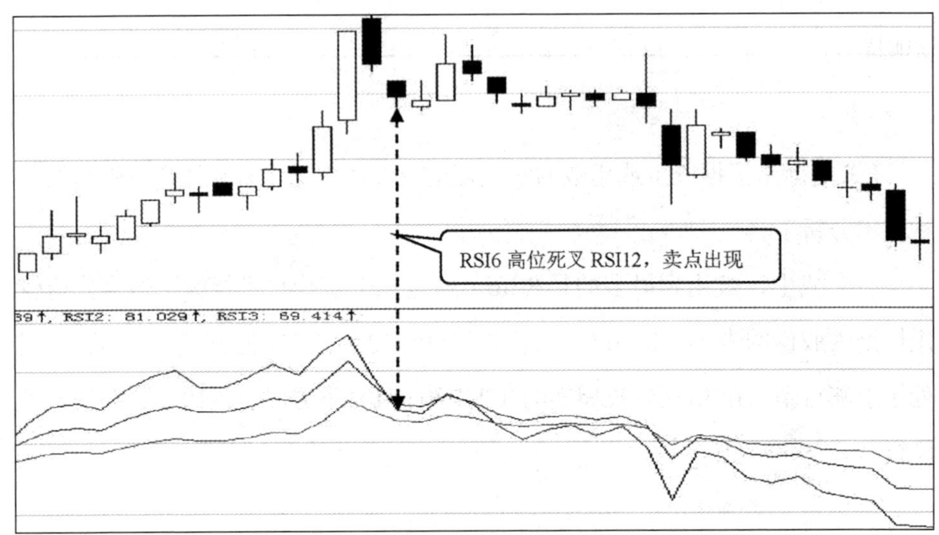

图6–2　RSI6高位死叉RSI12

● 卖点出击

当RSI6高位死叉RSI12时，卖点出现。此时，投资者应及时卖出股票。

● 经典案例

如图6-3所示，云天化（600096）的股价经过一波上涨行情后，在2023年3月6日出现了RSI6高位死叉RSI12的走势，同时K线形成看跌吞没形态。这表明多方力量衰竭，空方开始打压股价，并发出卖出信号。此时，投资者应及时卖出股票。

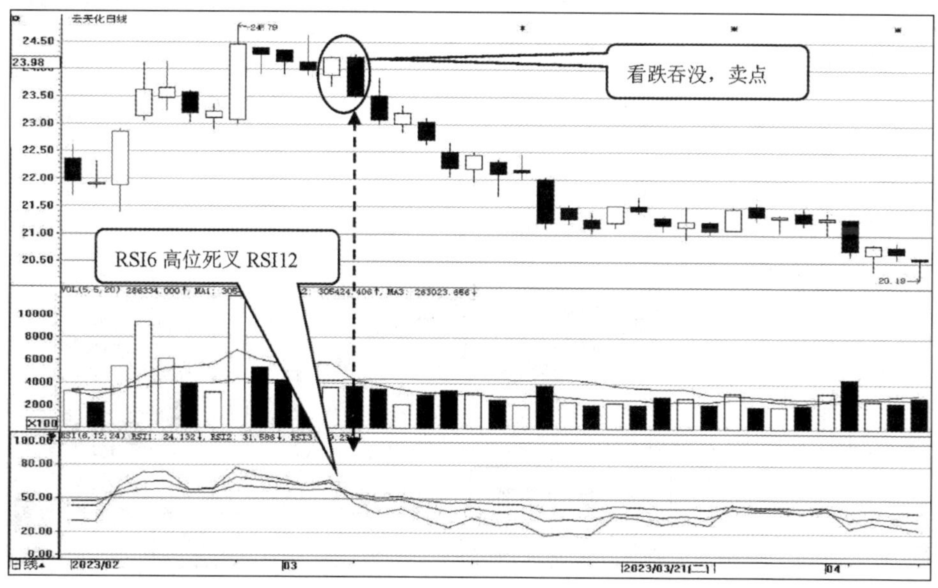

图6-3 云天化日K线

实战提高

1．RSI指标的死叉形态只有出现在50以上高位才是有效的看跌卖出信号。如果死叉出现的位置较低，则其看跌作用有限。

2．如果RSI6死叉RSI12后能继续下跌，并且死叉RSI24，则该形态的看跌信号会更加强烈。如果RSI6未能有效跌破RSI24，反而遇支撑反弹，投资者就需要谨慎操作。此时可以先卖出一部分股票，轻仓观望。

3．如果RSI死叉形态出现的同时成交量骤然放大，则是对空方强势信号的确认。这样的情况下该形态的看跌信号就会更加强烈。

卖点34　RSI与股价顶背离：股价明显下跌时卖出

● 技术特征

1．在股价连创新高的同时，RSI却出现新低，由此产生RSI与股价的顶部背离走势。该形态往往出现在上涨行情的末期。

2．RSI与股价顶背离表示随着股价的上涨，多方动能逐渐衰竭，空方动能逐渐增强，后市将进入空方主导的下跌行情。

RSI与股价顶背离后的走势如图6-4所示。

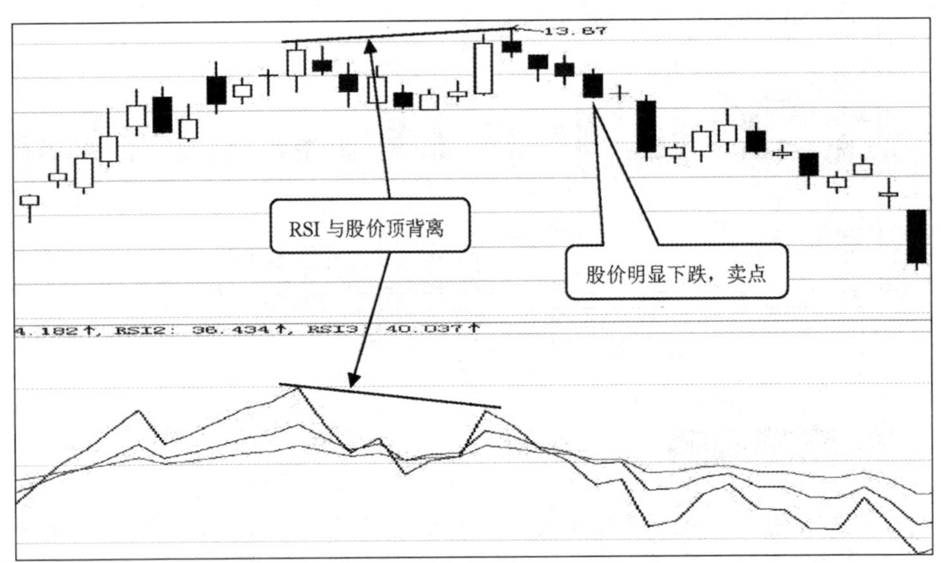

图6-4　RSI与股价顶背离

● 卖点出击

在RSI与股价产生顶背离的走势后，当股价明显下跌时，卖点出现。此时，投资者应及时卖出股票。

● 经典案例

如图6-5所示，林海股份（600099）的股价经过一波上涨后，在2023年2月中旬至3月初，出现了RSI与股价顶背离的走势，这表明空方力量由弱到强，由不敌多方力量到超过多方力量，进而发出看跌信号，并主导市场进入下跌行情。3月9日，林海股份的股价明显下跌。此时卖点出现，投资者应及时卖出股票。

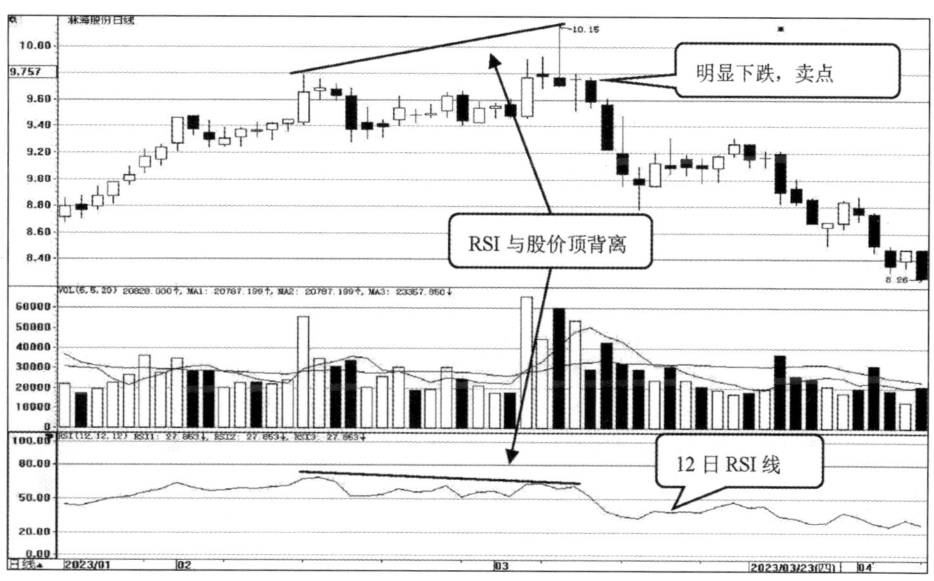

图6-5　林海股份日K线

实战提高

1．如果股价连创新高时成交量也放出巨量，说明主力已经集中出货。这样的情况下RSI顶背离形态的看跌信号会更加强烈。

2．RSI与股价第一次顶背离时所处的位置越高，该形态的看跌信号越强烈。

3．当RSI与股价顶背离时伴有其他见顶K线形态，其发出的看跌信号更加强烈，如图6-5中K线在高位形成的射击之星和锤子线的看跌形态。

卖点35 RSI6在高位形成双顶形态：指标跌破颈线时卖出

● 技术特征

1．RSI6涨至高位时，连续两次在几乎同一个位置遇到阻力，形成双顶形态。

2．以RSI6第一次回调的低点为基础画水平线，可以得到双顶形态的颈线。

3．RSI6在高位形成双顶形态表示股价已经见顶，后市将进入空方主导的下跌行情，发出强烈的看跌卖出信号。

RSI6在高位形成双顶形态如图6-6所示。

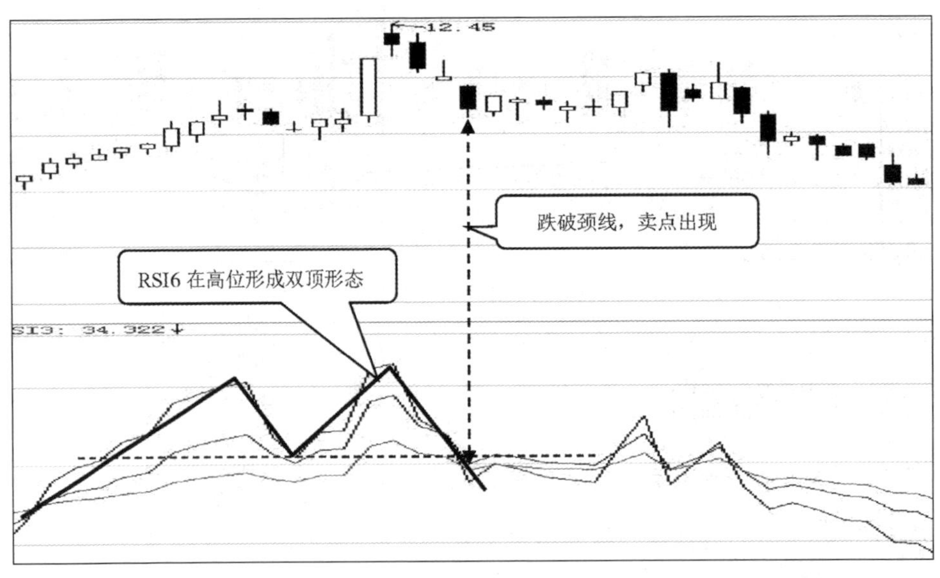

图6-6　RSI6在高位形成双顶形态

● 卖点出击

当RSI6指标跌破其颈线位时，卖点出现。此时，投资者应及时卖出股票。

● 经典案例

如图6-7所示，在2022年10月至11月，重庆路桥（600106）出现了RSI6在高位形成双顶的形态。这表明股价涨至高位，多方动能衰竭，空方动能开始增强，股价即将进入空方主导的下跌行情，并发出看跌信号。

11月14日，重庆路桥的RSI6继续下跌，跌破其双顶形态的颈线时，卖点出现。此时，投资者应及时卖出股票。

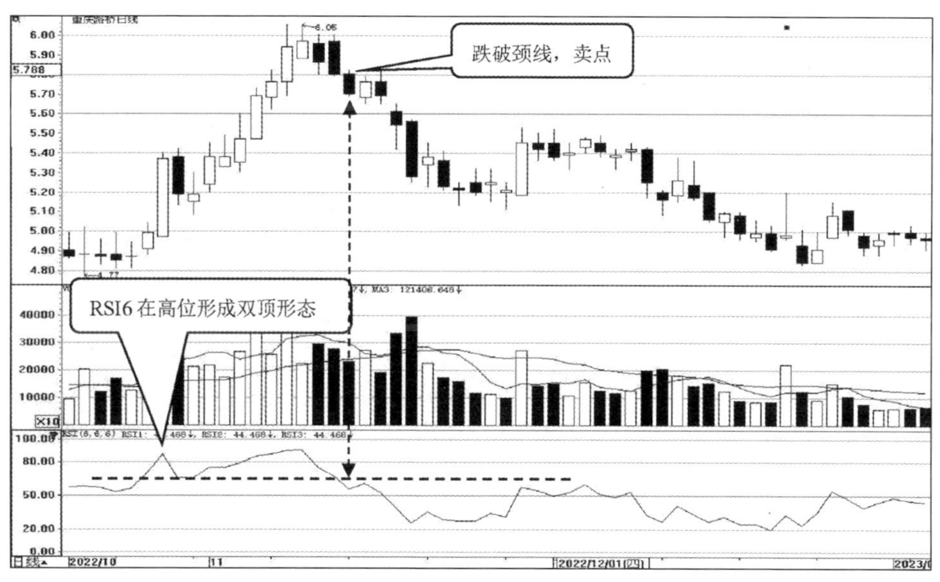

图6-7 重庆路桥日K线

实战提高

1. 在双顶形态的形成过程中，如果第一顶的成交量萎缩，第二顶的成交量放大，则验证了空方力量增强的信号，其看跌信号也更加强烈。

2. 如果RSI6跌破颈线的同时RSI12也跌破了前期高点，则该卖出信号会更加强烈。

3．双顶形态出现在50上方才是有效的看跌信号。如果其所处位置太低，则未来股价的下跌空间可能会十分有限。

4．RSI指标还可能出现三重顶形态、头肩顶形态。与双顶形态类似，这些形态同样是看跌信号。

卖点36 RSI6突破85，RSI12未突破80：RSI6跌破85时卖出

● 技术特征

1. 在上涨行情末期，RSI6突破85后，随着股价的上涨，RSI6已经严重超买。在此期间，RSI12一直没有突破80。

2. RSI6突破85、RSI12未突破80表示股价已处于超买状态，多方力量发挥至极致，开始走向衰竭，而空方力量却在不断增强。由此发出看跌信号。

RSI6突破85、RSI12未突破80的走势如图6-8所示。

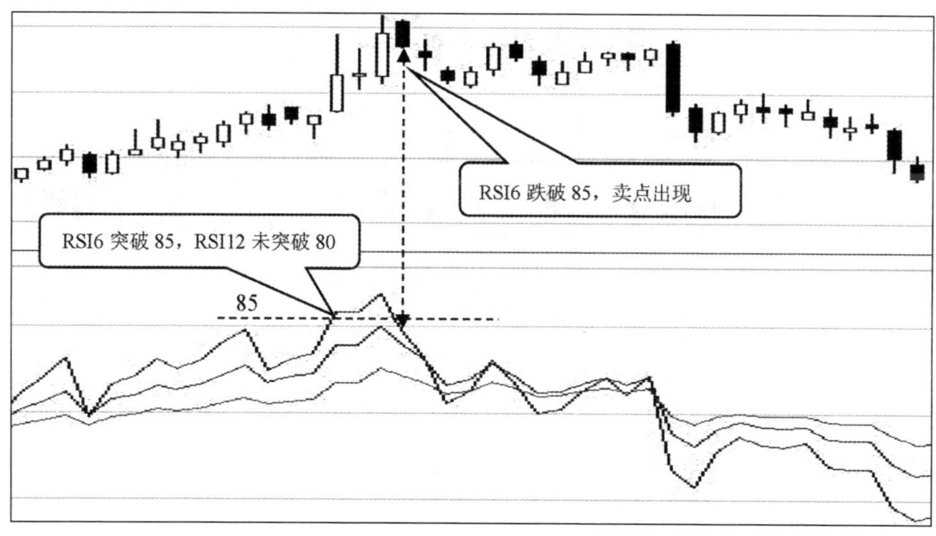

图6-8 RSI6突破85，RSI12未突破80

● 卖点出击

出现RSI6突破85、RSI12未突破80的走势后，若RSI6跌破85，则卖点出现。此时，投资者应及时卖出股票。

● 经典案例

如图6-9所示，卧龙地产（600173）的股价经过一波上涨后，在2022年11月中旬出现了RSI6突破85、RSI12未突破80的走势。这表明RSI6已经严重超买，市场抛盘压力沉重，股价随时会下跌。

11月16日，卧龙地产的RSI6跌破85，卖点出现。此时，投资者应及时卖出股票。

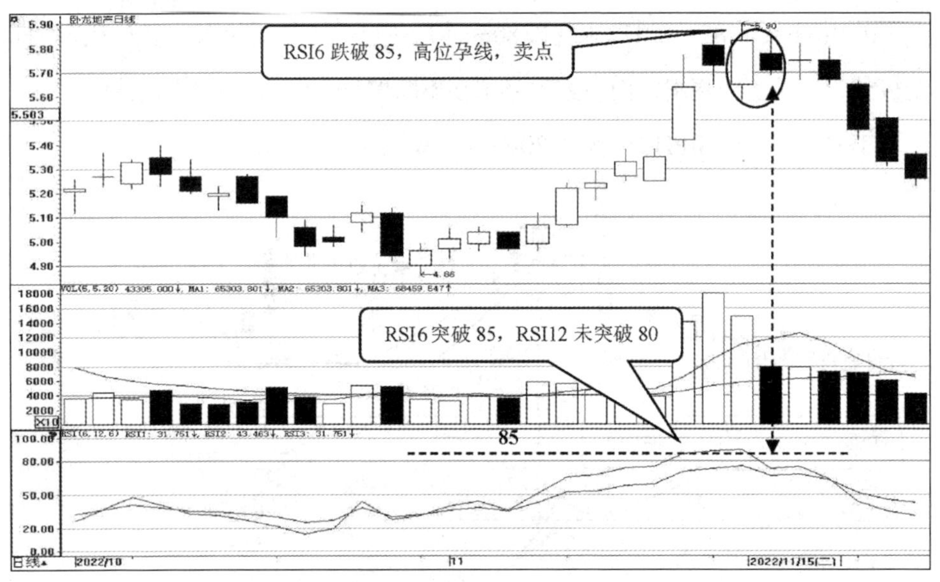

图6-9　卧龙地产日K线

实战提高

1．在RSI6跌破85时，如果伴有成交量的放大，则其发出的卖出信号更强烈。

2．在RSI6突破85、RSI12未突破80的走势中，股价加速上涨期间的成交量越大，说明主力集中出逃越明显，其发出的看跌信号越强烈。

3．在RSI6突破85、RSI12未突破80的走势中，股价整体涨幅越大，则其发出的看跌信号越强烈。

第 7 章

BOLL 指标的卖点

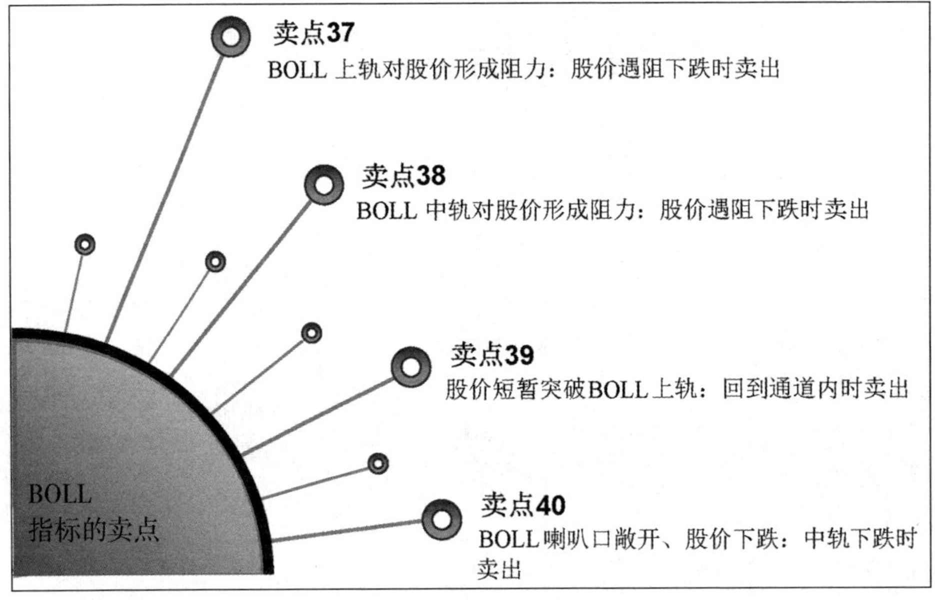
卖点37
BOLL 上轨对股价形成阻力：股价遇阻下跌时卖出
卖点38
BOLL 中轨对股价形成阻力：股价遇阻下跌时卖出
卖点39
股价短暂突破BOLL上轨：回到通道内时卖出
卖点40
BOLL 喇叭口敞开、股价下跌：中轨下跌时卖出
BOLL
指标的卖点

指标概览

BOLL指标即布林线指标，是研判股价运动趋势的一种中长期技术分析工具。其由三根曲线组成，分别为UPPER（布林上轨）、MID（布林中轨）和LOWER（布林下轨）（见图7-1）。

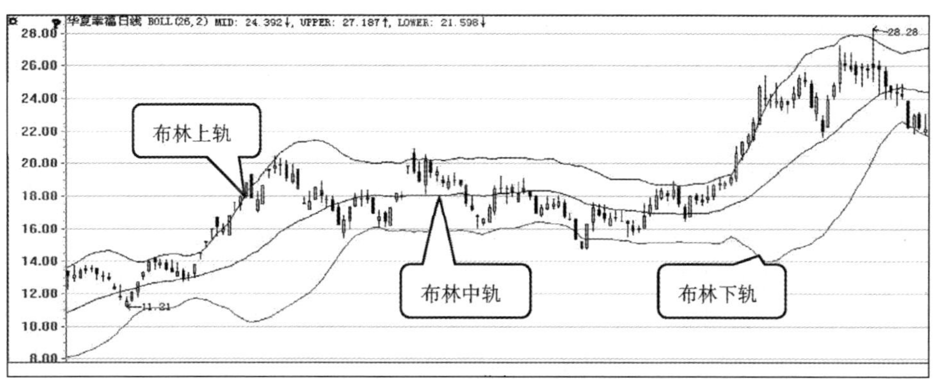

图7-1　BOLL 指标

布林中轨是股价的移动平均线，当布林中轨呈现上升趋势时，说明市场由多方主导，正处于上涨行情。当布林中轨呈现下跌趋势时，说明市场由空方主导，正处于下跌行情。布林上轨和布林下轨分别是布林中轨值加上和减去一个特定数值得出来的。

与移动平均线对股价有支撑和阻力作用一样，BOLL指标的三条曲线也具有对股价的支撑和阻力作用。其主要作用是规定了股价波动的带状区域，无论股票处于何种行情，股价的主要波动区间都在BOLL线的带状区域内。

卖点37 BOLL上轨对股价形成阻力：股价遇阻下跌时卖出

● 技术特征

1．在震荡行情中，当股价涨至BOLL上轨时，受到上轨的强阻力，随后股价出现下跌走势。

2．BOLL上轨对股价形成强阻力表示在震荡行情中，多空双方势均力敌，股价在BOLL上下轨之间徘徊震荡，一旦股价运行到上轨附近，在上轨的阻力作用下将再次下跌。

BOLL上轨对股价形成阻力后的走势如图7–2所示。

图7–2 BOLL上轨对股价形成阻力

● 卖点出击

当BOLL上轨对股价形成阻力作用，股价遇阻开始下跌时，卖点出现。此时，K线多在上轨附近形成看跌形态，投资者可根据这些K线看跌形态及时卖出股票。

经典案例

如图7-3所示，兖矿能源（600188）的股价经过一波下跌后进入震荡行情，在2023年1月至5月出现了多次BOLL上轨对股价形成阻力的形态，这表明BOLL上轨所在价位有空方力量的强阻力，当股价涨至此价位时，空方力量开始卖出股票，打压股价，并发出卖出信号。投资者可在这个过程中高抛低吸，获取波段收益。

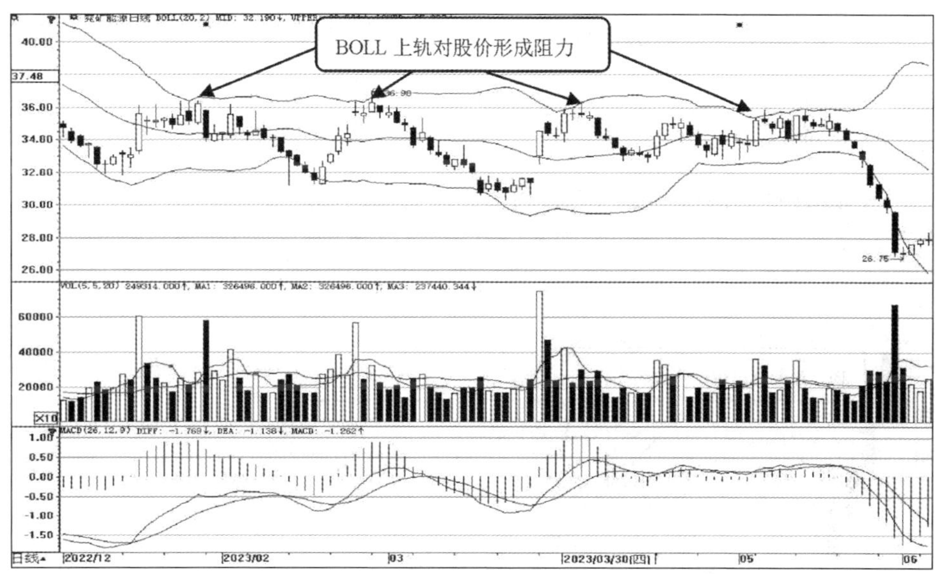

图7-3　兖矿能源日K线

1．当股价在BOLL上轨位置受到阻力下跌时，如果成交量骤然放大，则该走势的看跌信号会更加强烈。

2．从股价在BOLL上轨受到阻力到跌破中轨的时间越短，说明空方越强势，该走势的卖出信号也就越强烈。

3．股价上涨至BOLL上轨位置受到阻力后，不一定会出现下跌走势。如果出现突破上轨的走势，那么投资者可谨慎持有，股价随时有掉头向下的可能。

卖点38　BOLL中轨对股价形成阻力：股价遇阻下跌时卖出

● 技术特征

1．当股价涨至BOLL中轨时，受到中轨的阻力，随后股价开始下跌。

2．BOLL中轨对股价形成阻力的走势往往发生在下跌行情中的短暂反弹阶段。

3．BOLL中轨对股价形成阻力表示在下跌过程中，多方力量强烈反弹，推动股价上涨至中轨时，因力量不足，再次受到空方力量的打压。这预示着股价即将进入新的下跌行情。

BOLL中轨对股价形成阻力后的走势如图7-4所示。

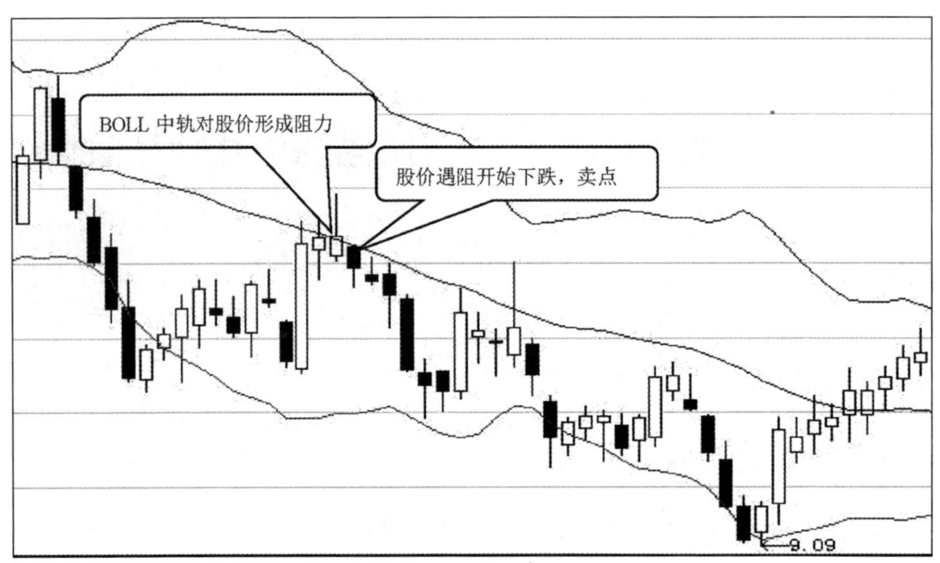

图7-4　BOLL中轨对股价形成阻力

● 卖点出击

当出现BOLL中轨对股价形成阻力的走势时，在股价遇阻开始下跌时，卖点出现。此时，投资者应及时卖出股票。

● 经典案例

如图7-5所示，新湖中宝（600208）的股价经过连续下跌后，在2023年6月初反弹到BOLL中轨处受阻。这表明反弹乏力，市场空方力量再次占据上风，股价将延续之前的下跌行情。

6月8日，当K线在中轨附近形成高位锤子线的看跌形态时，卖点出现。此时，投资者应及时卖出股票。

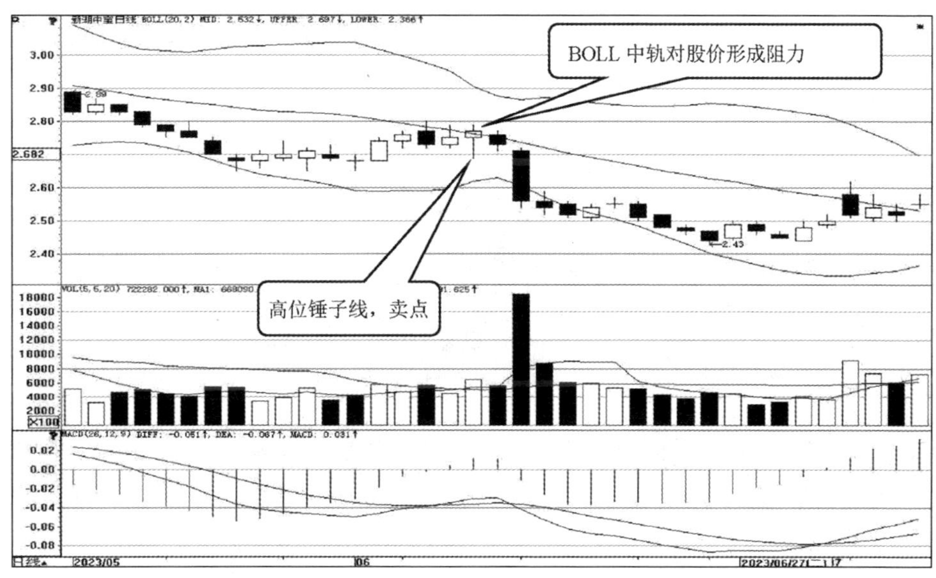

图7-5　新湖中宝日K线

实战提高

1．当股价在BOLL中轨位置受到阻力下跌时，如果成交量骤然放大，则该走势的卖出信号会更加可靠。

2．股价沿BOLL中轨和BOLL下轨下跌时，说明空方力量强势，股价处于下跌行情，持有股票的投资者宜逢高卖出。

3．一般而言，当股价在BOLL中轨和BOLL下轨之间运行时，投资者宜采取逢中轨卖出，逢下轨买入的操作。

卖点39　股价短暂突破BOLL上轨：回到通道内时卖出

● 技术特征

1．股价短暂突破BOLL上轨，急剧放量上涨，在3日内远离BOLL轨道运行。

2．股价短暂突破BOLL上轨往往发生在上涨行情的末期，在高位时会突然放量，K线往往形成较长的上下影线。

3．股价短暂突破BOLL上轨表示主力借势拉升股价，吸引投资者的注意，从而达到顺势出货的目的，这是一个看跌信号。

股价短暂突破BOLL上轨的走势如图7-6所示。

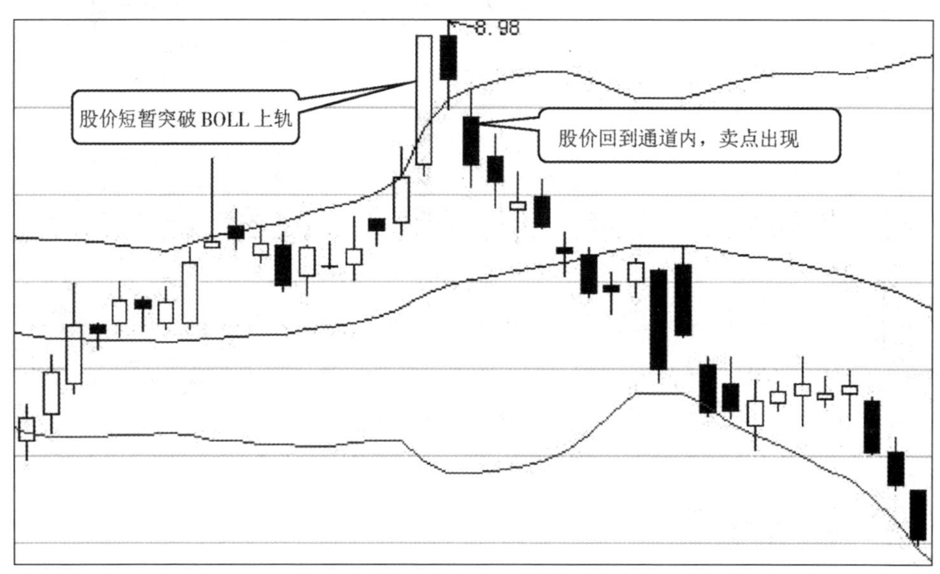

图7-6　股价短暂突破BOLL上轨

● 卖点出击

在出现股价短暂突破BOLL上轨的走势后，在股价回到通道内运行时，卖点出现。此时，投资者应及时卖出股票。

● 经典案例

如图7-7所示，新湖中宝（600208）的股价经过一波上涨后，从2023年4月10日开始，短暂突破BOLL上轨。4月11日，股价急剧放量上行，但随后高位滞涨，形成较长的上下影线。这表明主力在强力拉升股价，以此吸引散户投资者的跟风买入，达到借势出货的目的。

4月14日，新湖中宝的股价回到通道内运行时，卖点出现。此时，投资者应及时卖出股票。

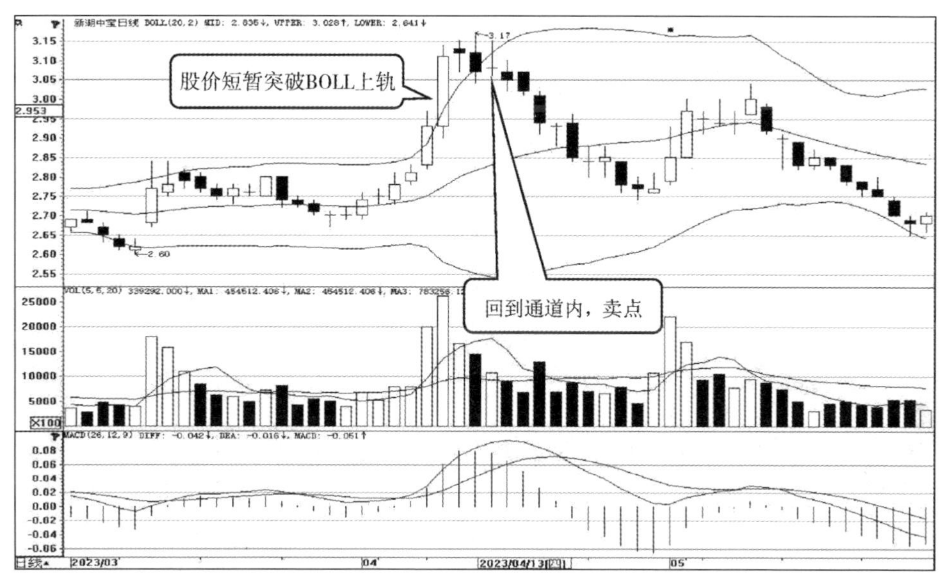

图7-7 新湖中宝日K线

1．如果股价短暂突破BOLL上轨，再次回到通道内时出现成交量放大的情形，说明主力已经集中出货，其发出的卖出信号更加强烈。

2．当股价突破BOLL上轨时，如果短期内没有回到通道内，而是沿BOLL上轨上涨，则说明多方极其强势，不断拉升股价上涨。此时，投资者可逢上轨底部买入股票，但是其风险很大。

卖点40　BOLL喇叭口敞开、股价下跌：中轨下跌时卖出

● 技术特征

1．BOLL喇叭口敞开是指BOLL上轨上升、下轨下降的走势。此时，股价将要选择方向。

2．BOLL喇叭口敞开，表示股价的波动幅度越来越大，即将出现一轮快速上涨或者快速下跌的行情。

3．如果BOLL喇叭口敞开的同时股价下跌，说明是下跌行情引起了股价波动幅度加大。这是未来股价会快速下跌的信号。

BOLL喇叭口敞开、股价下跌的走势如图7-8所示。

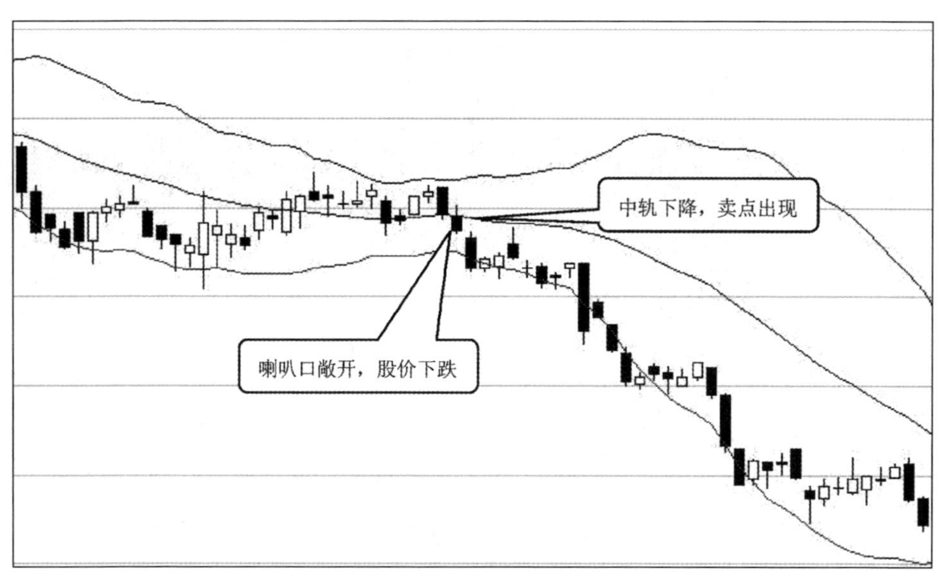

图7-8　喇叭口敞开、股价下跌

● 卖点出击

出现喇叭口敞开、股价下跌的走势后，若中轨也下降，则卖点出现。此

时，投资者应及时卖出股票。

● 经典案例

如图7–9所示，2023年3月硕贝德（300322）股价冲高回落，BOLL指标上下轨逐渐收缩。4月17日，在经过一段时间震荡整理后，股价跳空向下，跌破前期震荡低点，BOLL指标喇叭口敞开，中轨也明显向下，表明市场选择了下跌方向，后续将出现一波下跌走势，卖点出现。此时投资者应及时卖出股票。

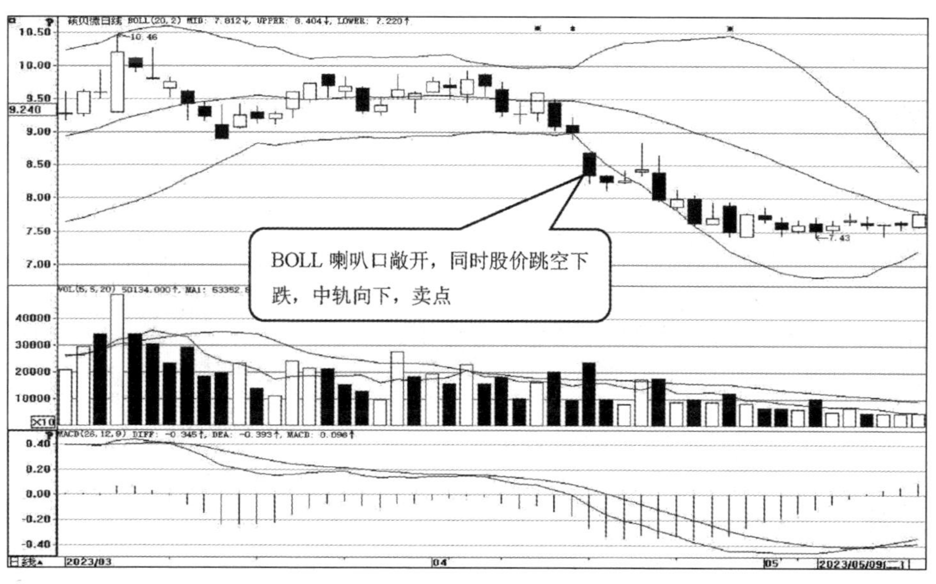

图7–9　硕贝德日K线

1．在BOLL喇叭口敞开时，若中轨下降的同时成交量也同步放大，则其卖出信号更加强烈。

2．在BOLL喇叭口敞开、中轨下降的同时，若股价沿下轨下跌，则说明空方力量很强势，股价进入强势下跌行情，其发出的卖出信号更加强烈。

3. 如果BOLL指标上轨向下移动、下轨向上移动，就形成BOLL喇叭口收缩的形态。BOLL喇叭口收缩表示股价波动幅度越来越小，即将进入横盘整理行情。当股价下跌一段时间后出现BOLL喇叭口收缩形态时，是下跌行情即将结束的信号。看到这个形态投资者应保持关注，一旦出现买点，可买入股票。

第 8 章

W%R 指标的卖点

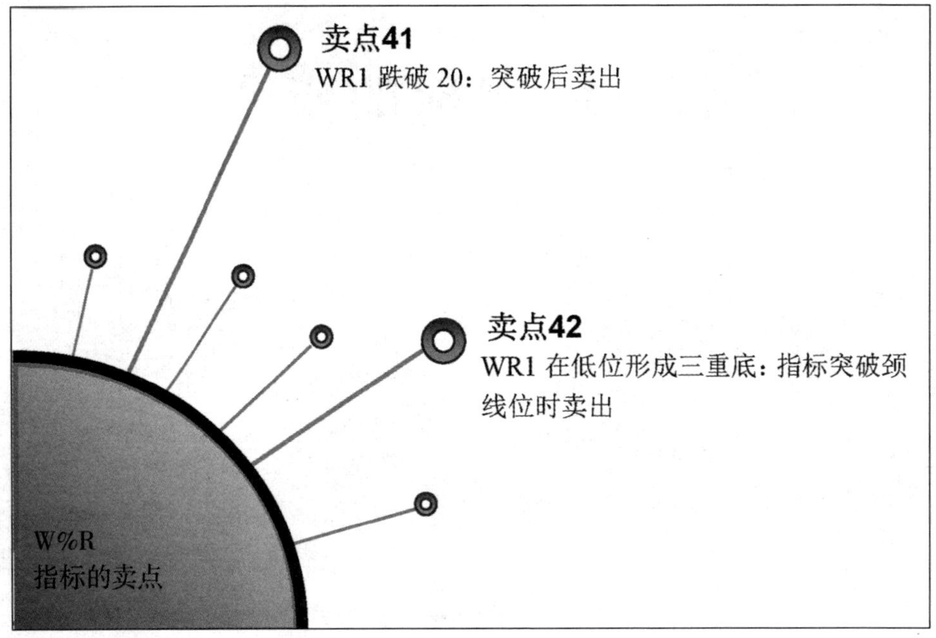
卖点41
WR1 跌破 20：突破后卖出
卖点42
WR1 在低位形成三重底：指标突破颈线位时卖出
W%R
指标的卖点

指标概览

W%R 指标即威廉指标，它是用当日收盘价在最近一段时间股价分布的相对位置来描述超买和超卖程度的一种技术型指标。W%R 指标是由两条曲线组成的，其中波动较快的是WR1线，波动较慢的是WR2线（见图8-1）。

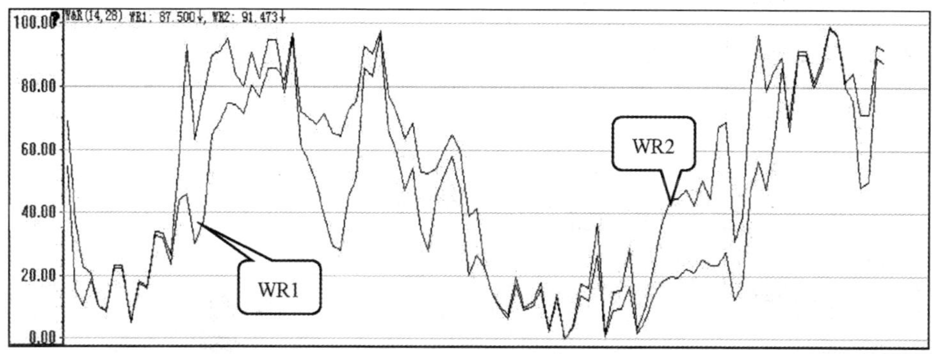

图 8-1　W%R 指标

用n日内最高价与当日收盘价的差，除以n日内最高价与最低价的差，结果放大100倍，即得到W%R指标值。

W%R的指标值越大，表示当前股价的相对位置越低，则股价正处于超卖状态，后市发生反转的概率也就越大。因此W%R指标的超买区间在上，超卖区间在下。

卖点41 WR1跌破20：突破后卖出

● 技术特征

1. 在上涨行情末期，WR1跌破20后，股价仍会上涨，但其上涨速度明显放缓。这时，WR2可能跌破20，也可能不跌破20。

2. WR1跌破20表示股价超买，多方力量即将衰竭。如果后市有空方力量介入，则股价进入下跌行情。

WR1跌破20的走势如图8-2所示。

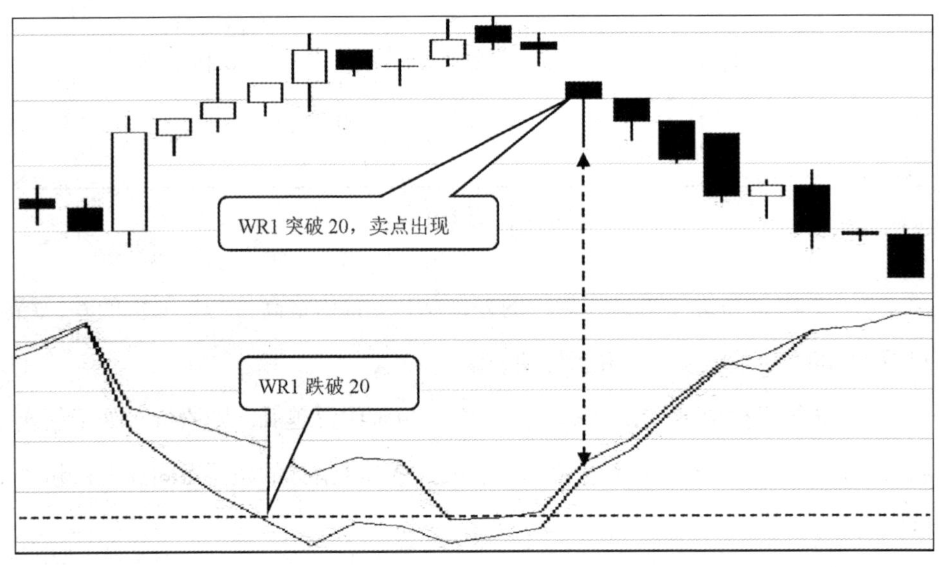

图8-2 WR1跌破20

● 卖点出击

如果股票走势中出现WR1跌破20后，WR1突破20时，卖点出现。此时，投资者应及时卖出股票。

● 经典案例

如图8-3所示，长亮科技（300348）的股价经过一波上涨后，在2023年6月中旬其WR1线跌破20。这表明多方力量几近衰竭，股价虽然上涨，但已经超买，如果后市有空方力量介入，股价就会进入下跌行情。

6月21日，长亮科技的WR1向上突破20，卖点出现。此时，K线形成黄昏之星的看跌形态，更增加了看跌信号的可靠性，投资者应及时卖出股票。

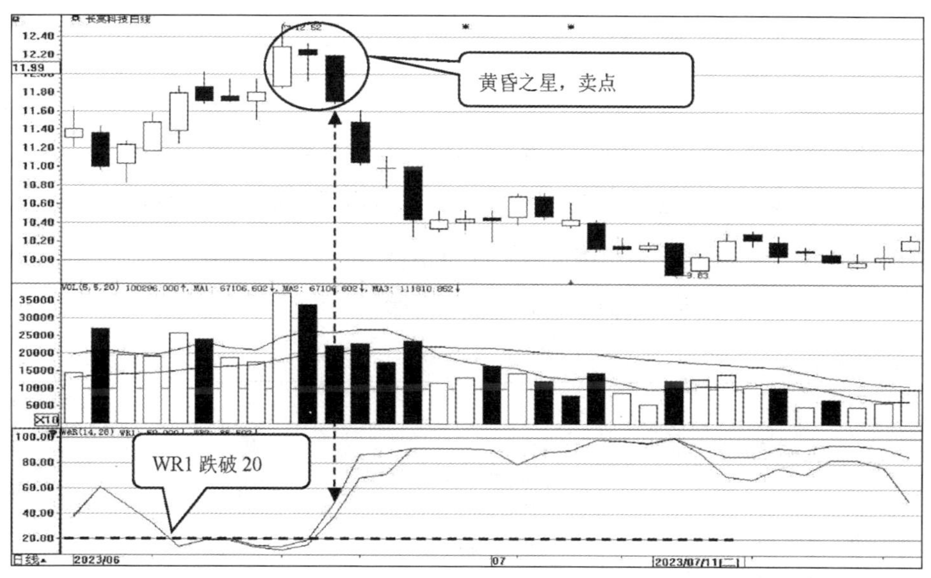

图8-3 长亮科技日K线

实战提高

1．当WR1跌破20时，投资者要谨慎持股，待其突破20后，投资者可以据此卖点卖出股票。

2．在WR1在20下方整理的过程中，股价再次上涨的幅度越大，则其后市发出的卖出信号就越强烈。

3．当WR1突破20时的成交量越大，说明空方力量越强势，则其发出的卖出信号就越强烈。

卖点42 WR1在低位形成三重底：指标突破颈线位时卖出

● 技术特征

1．WR1下跌到底部后，连续三次在20下方几乎同一个位置获得支撑反弹，就形成了三重底形态。三重底形成时，股价往往仍处于高位上涨行情中。

2．投资者用直线连接三重底中前两次反弹的高点，可以得到三重底的颈线。

3．WR1在20下方连续三次触底表示空方力量逐渐增强，但是股价由上涨惯性的推动，不断创出新高。此时，空方力量正在聚集。如果后市空方发力，指标将突破颈线，后市将进入上涨行情。

WR1在低位形成三重底的走势如图8–4所示。

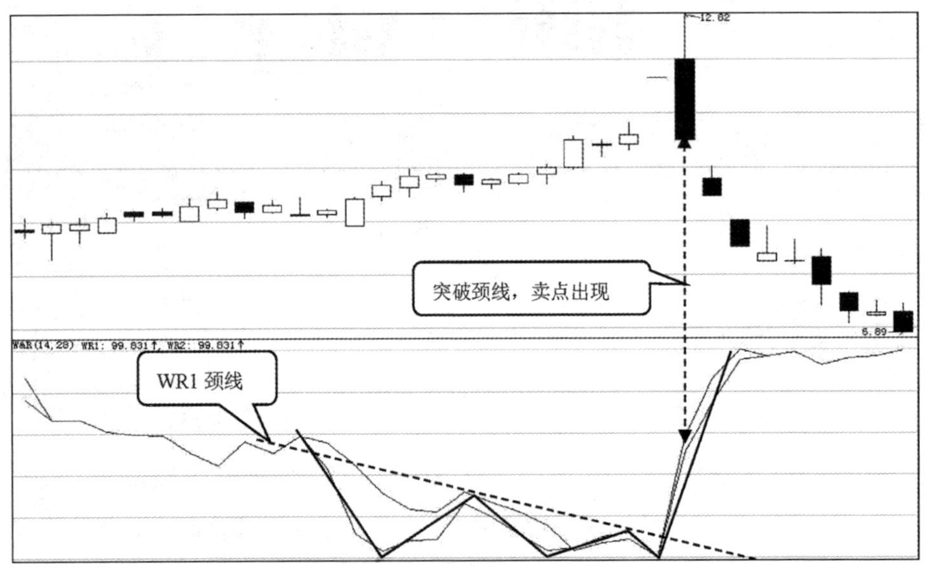

图8–4 WR1在低位形成三重底

● 卖点出击

当WR1在20下方形成三重底时，如果WR1突破其颈线位，则卖点出现。此时，投资者应及时卖出股票。

● 经典案例

如图8-5所示，博腾股份（300363）的股价经过一波上涨后，2023年1月中旬至2月初，WR1在20下方形成了三重底。这表明空方力量在股价上涨中逐渐增强，当空方力量达到极致时，由此发出卖出信号。

2月6日，博腾股份的WR1指标突破颈线位，此时卖点出现，投资者应及时卖出股票。

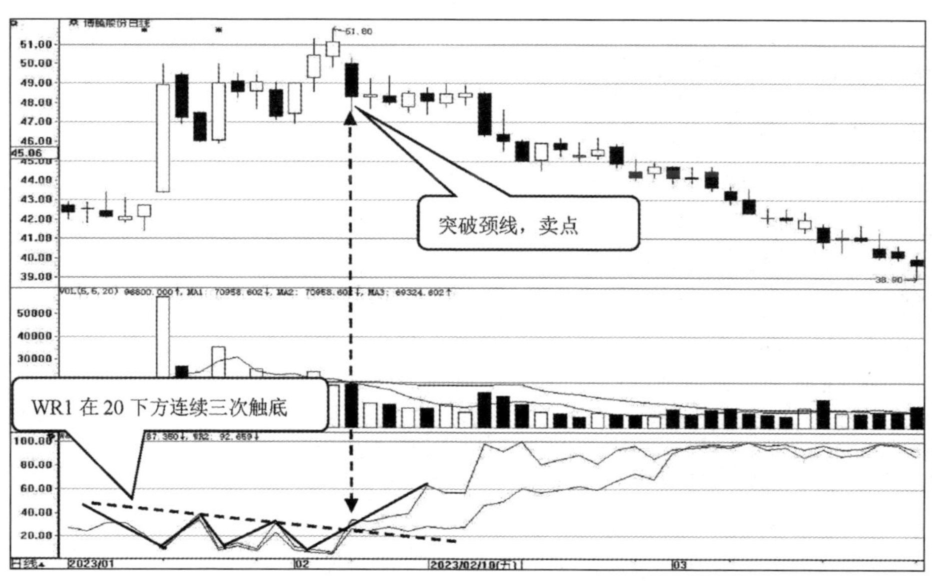

图8-5 博腾股份日K线

实战提高

1. 在WR1连续三次触底的过程中，股价涨幅越大，说明在股价上涨过程中，多方力量消耗越多，则其后市发出的卖出信号就越强烈。

2. 在WR1突破20时，如果当日其收大阴线或者成交量放大，则其发出的卖出信号更加强烈。

3. WR1在20下方连续三次触底的间隔时间越短，说明顶部压力越大，则其后市发出的卖出信号也就越强烈。

第 9 章

OBV 指标的卖点

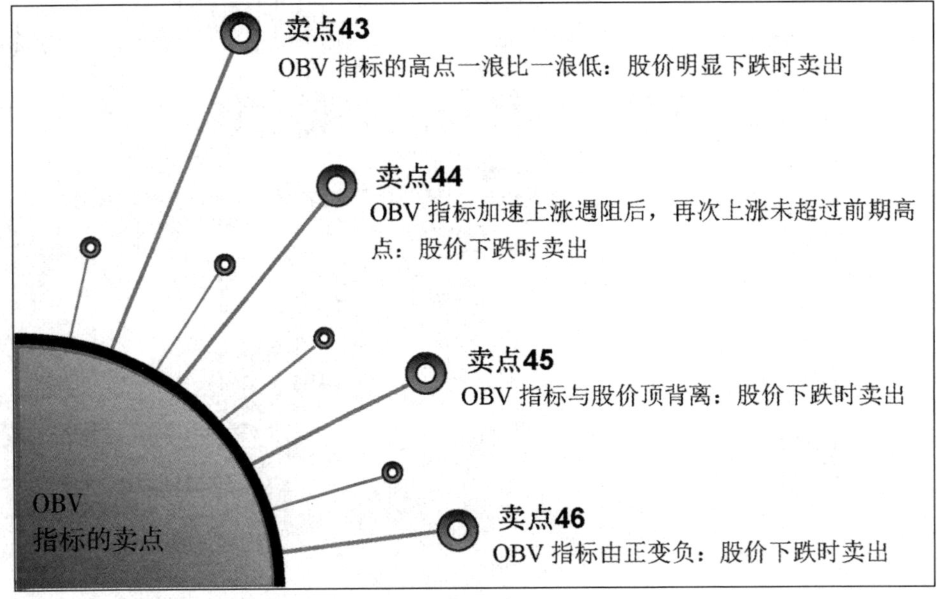
卖点43
OBV 指标的高点一浪比一浪低：股价明显下跌时卖出
卖点44
OBV 指标加速上涨遇阻后，再次上涨未超过前期高点：股价下跌时卖出
卖点45
OBV 指标与股价顶背离：股价下跌时卖出
卖点46
OBV 指标由正变负：股价下跌时卖出
OBV
指标的卖点

指标概览

OBV 指标即能量潮指标，是利用股价和成交量之间的关系来判断行情走势的一种技术分析指标（见图 9–1）。

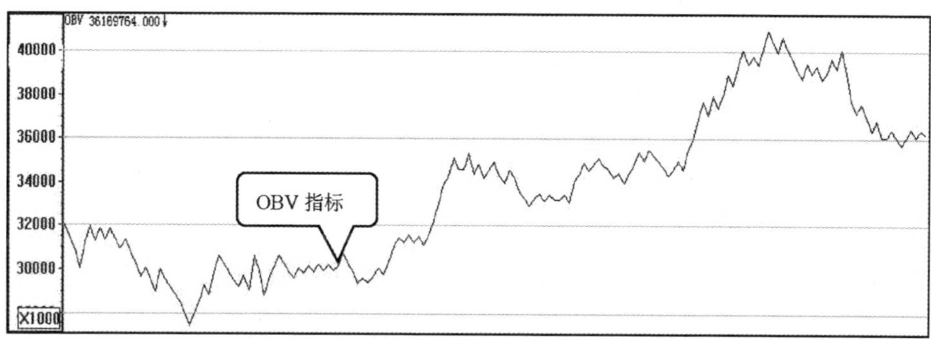

图 9–1　OBV 指标

从股票上市第一天起，逐日累计股票总成交量，若当日收盘价高于前一日收盘价，则前一日 OBV 值加当日成交量为当日 OBV 指标值，否则减当日成交量为当日 OBV 指标值。

OBV 指标主要反映买盘气氛的强弱，往往以此判断股价的上涨或下跌。当 OBV 指标持续上涨时，说明买盘气氛强势，是多方强势的信号。当 OBV 指标持续下跌时，说明买盘气氛弱，是空方强势的信号。

卖点43　OBV指标的高点一浪比一浪低：股价明显下跌时卖出

● 技术特征

1. 在股价下跌行情的初期，OBV指标的高点呈现逐波下跌的走势，其低点也不断下移。此时，股价也出现小幅下跌或者震荡走势。

2. OBV指标的高点一浪比一浪低表示空方力量开始增强，虽然受到多方力量抵抗，但多方力量薄弱，空方开始占据主动。这预示着股价即将进入空方主导的下跌行情。

OBV指标的高点一浪比一浪低的走势如图9-2所示。

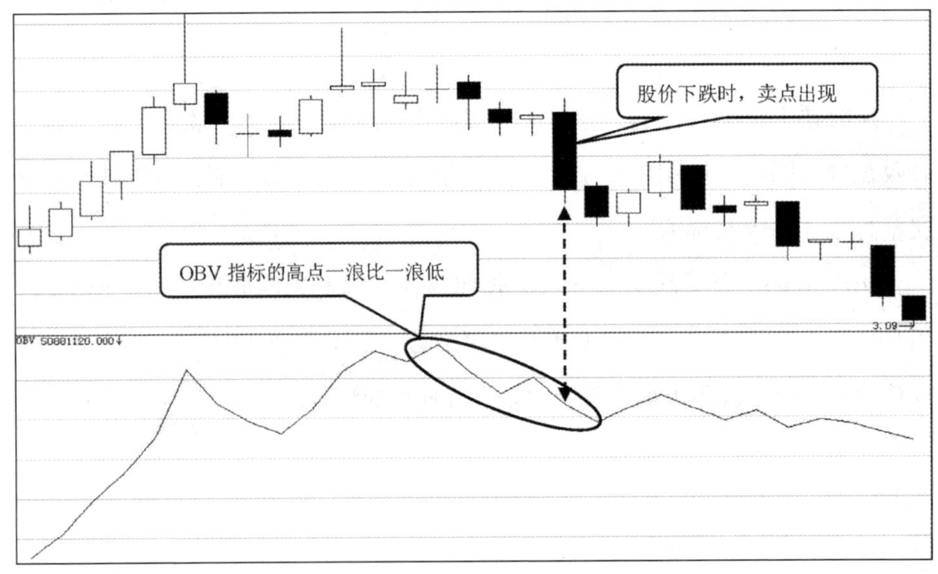

图9-2　OBV指标的高点一浪比一浪低

● 卖点出击

在出现OBV指标的高点一浪比一浪低的走势后，当股价明显下跌时，卖点出现。此时，投资者应及时卖出股票。

● 经典案例

如图 9-3 所示，汇金股份（300368）的股价经过高位强势整理后，在 2023 年 3 月下旬至 4 月初出现了 OBV 指标的高点一浪比一浪低的走势，这表明多方力量减弱，空方力量增强，股价即将进入由空方主导的下跌行情。

4 月 10 日，汇金股份的股价大幅下跌，卖点出现。此时，K 线形成看跌吞没形态，更增加了看跌信号的可靠性，投资者应及时卖出股票。

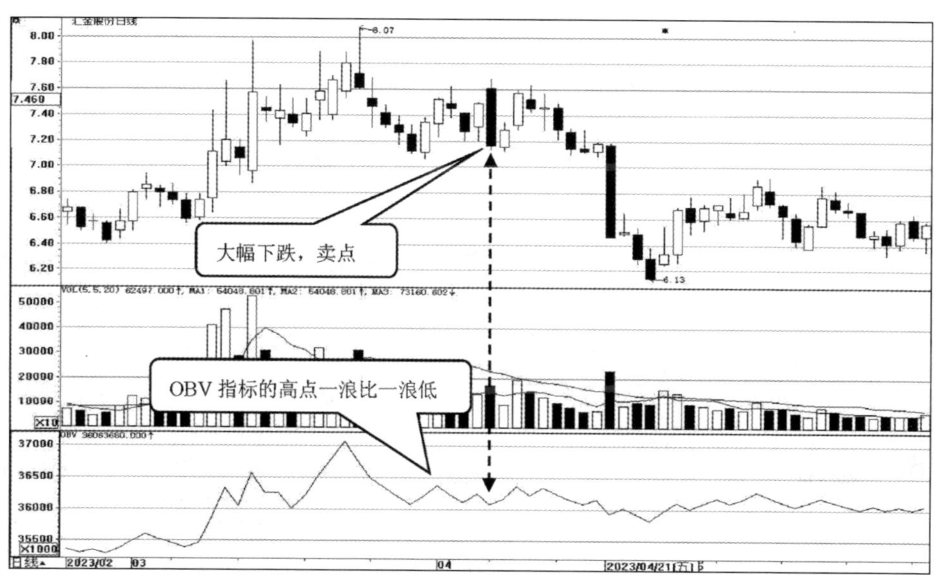

图 9-3　汇金股份日 K 线

实战提高

1．当 OBV 指标的高点出现一浪比一浪低的走势时，如果股价下跌形成大阴线，则其卖出信号更强烈。

2．当 OBV 指标的高点出现一浪比一浪低的走势时，如果股价下跌、成交量放大，则其卖出信号更强烈。

3．当 OBV 指标的高点出现一浪比一浪低的走势时，如果出现其他见顶卖出形态，则其卖出信号更强烈。

卖点44 OBV 指标加速上涨遇阻后，再次上涨未超过前期高点：股价下跌时卖出

● 技术特征

1. OBV 指标加速上涨的同时伴随着股价的加速上涨，两者趋势方向形成一致性。

2. OBV 指标加速上涨表示多方力量极其强势，拉升股价快速上涨。常见于上涨行情后期，是多方力量极盛必衰的写照。

OBV 指标加速上涨遇阻后，再次上涨未超过前期高点的走势如图 9-4 所示。

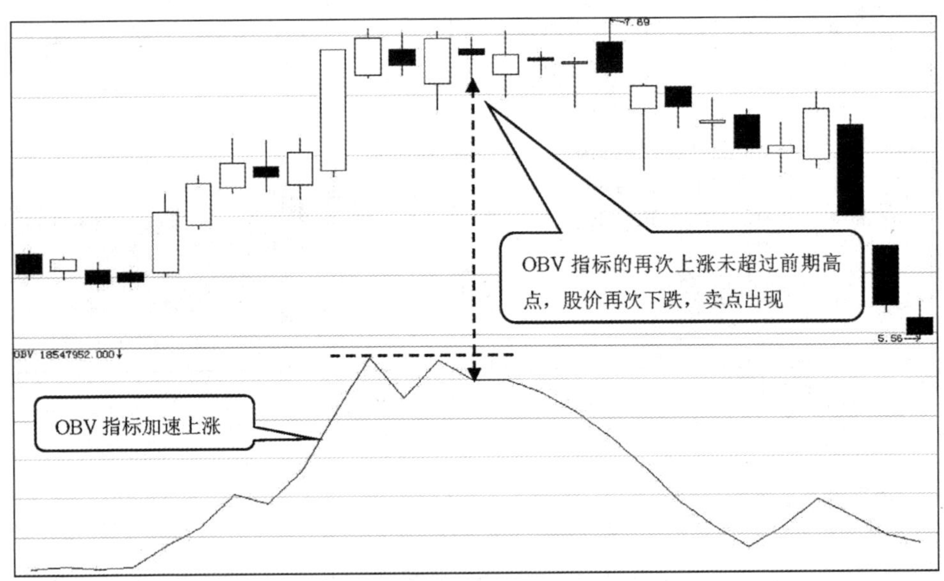

图 9-4 OBV 指标加速上涨遇阻后，再次上涨未超过前期高点

● 卖点出击

在出现 OBV 指标加速上涨走势后，如果 OBV 指标的再次上涨未超过前期高点，股价下跌时卖点出现。此时，投资者应及时卖出股票。

● 经典案例

如图9-5所示，2022年1月底至3月初，中建环能（300425）的股价出现一波加速上涨走势后高位滞涨，而OBV指标在出现加速上涨后回调，之后再次向上但无法再创新高。这表明多方集中全部力量拉升股价加速上涨，但后继力量不足。如果后市有空方力量介入，则股价进入下跌行情。

3月4日，中建环能的股价明显下跌，卖点出现。此时，投资者应及时卖出股票。

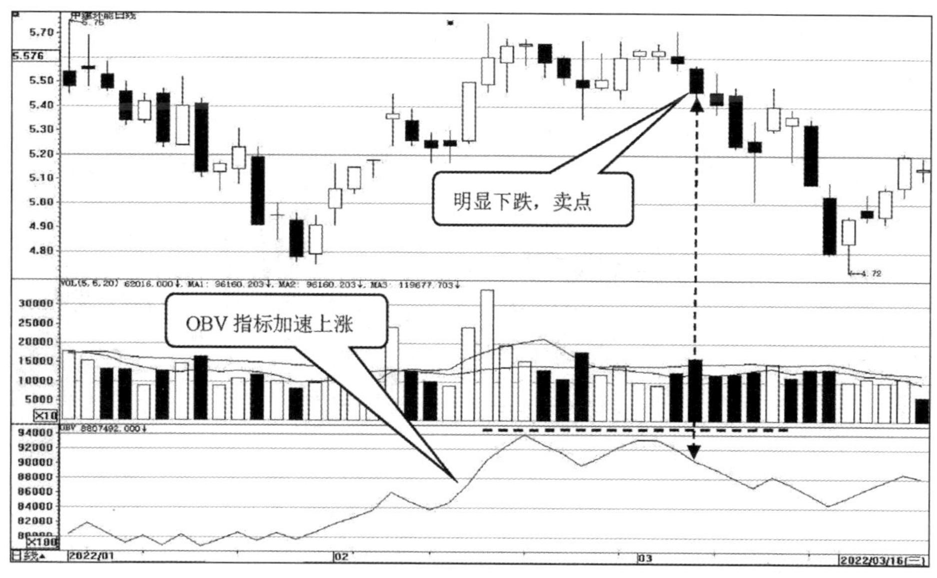

图9-5　中建环能日K线

实战提高

1．在OBV指标加速上涨的同时，如果伴有成交量的逐步缩减，则其发出的卖出信号更强烈。

2．OBV指标上涨的速度难以测量，实际操作中投资者只要看OBV指标和股价上涨的斜率大致相等即可。另外，投资者也可以根据过去一段时间OBV指标的升降幅度来判断当前OBV指标的波动是快是慢。

卖点45　OBV 指标与股价顶背离：股价下跌时卖出

● 技术特征

1. 在上涨行情的末端，股价在震荡筑顶的过程中连创新高，OBV 值却呈现出逐步下移的走势，由此形成OBV 指标与股价的顶背离走势。

2. OBV 指标与股价顶背离表示股价已经超买，多方力量逐渐减弱，空方力量逐步增强。后市若有空方力量来袭，股价将进入下跌行情。

OBV 指标与股价顶背离的走势如图 9-6 所示。

图 9-6　OBV 指标与股价顶背离

● 卖点出击

当OBV 指标与股价顶背离时，若出现股价下跌，则卖点出现。此时，投资者应及时卖出股票。

● 经典案例

如图9-7所示，金海高科（603311）的股价经过震荡筑顶后，在2022年11月至12月出现了OBV指标与股价顶背离的走势，这表明多方动能减弱，空方力量开始打压股价。

12月15日，金海高科的股价低开低走，卖点出现。此时，K线形成高位孕线的看跌形态，更增加了看跌意义的可靠性，投资者应及时卖出股票。

图9-7　金海高科日K线

实战提高

1．OBV指标的波峰和波谷并不明显，投资者很难根据股价和OBV指标背离的次数来确定该形态的买入点。所以，只要K线图上出现明显的反转信号，也就是股价下跌时，卖点出现，投资者就应该及时卖出股票。

2．在OBV指标与股价顶背离的走势中，若股价下跌时成交量放大，则其看跌卖出信号就更加强烈。

卖点46　OBV 指标由正变负：股价下跌时卖出

● 技术特征

1．OBV 指标由正变负，股价放量进入加速下跌行情。

2．OBV 指标由正变负，表示市场转变为下跌趋势，空方力量开始主导股价进入下跌行情。

OBV 指标由正变负时，股价的走势如图 9-8 所示。

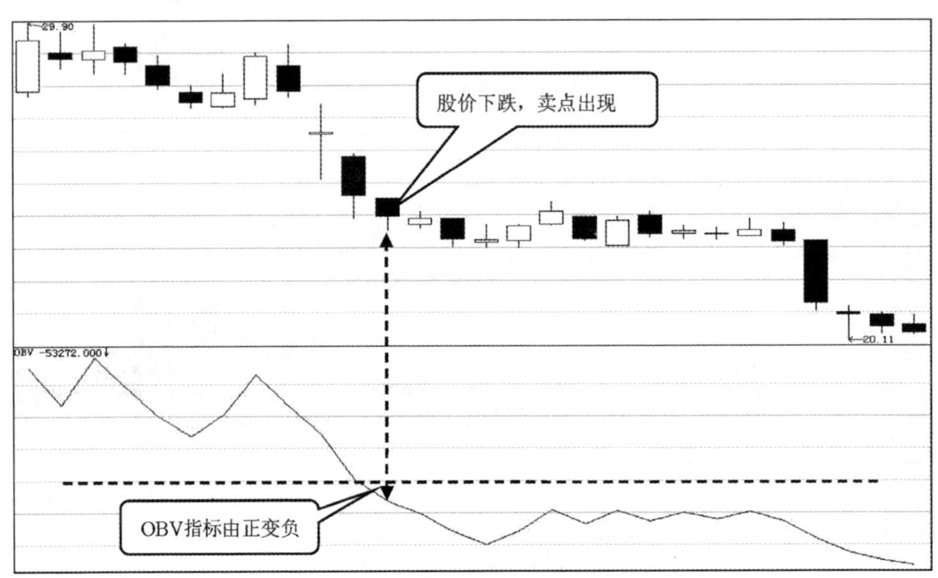

图 9-8　OBV 指标由正变负

● 卖点出击

当 OBV 指标由正变负时，若股价下跌，卖点出现。此时，投资者应及时卖出股票。

● 经典案例

如图 9-9 所示，恩捷股份（002812）的股价经过一波下跌调整后，在

2023年5月25日出现了OBV指标由正变负的走势。这表明多空双方的较量以空方胜出为结局，此后空方开始主导股价进入下跌行情，并发出看跌信号。此时，卖点出现，投资者应及时卖出股票。

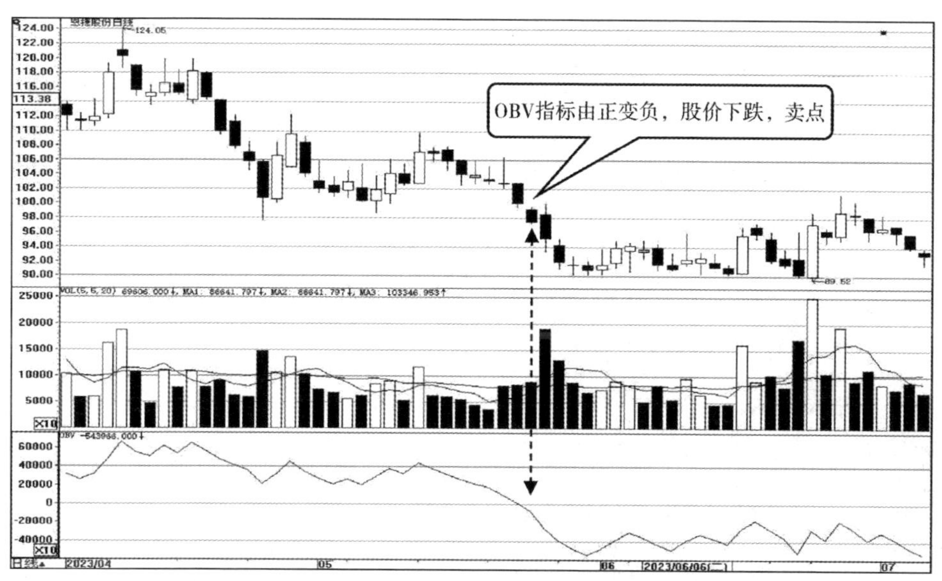

图9-9　恩捷股份日K线

实战提高

1．在OBV指标由正变负的同时，若股价下跌，且成交量放大，则其下跌卖出信号更加强烈。

2．OBV值在0以上的时间越长，说明其形成的股价顶部也就越牢固，其跌破0值后的卖出信号也就越强烈。

第 10 章

DMI 指标的卖点

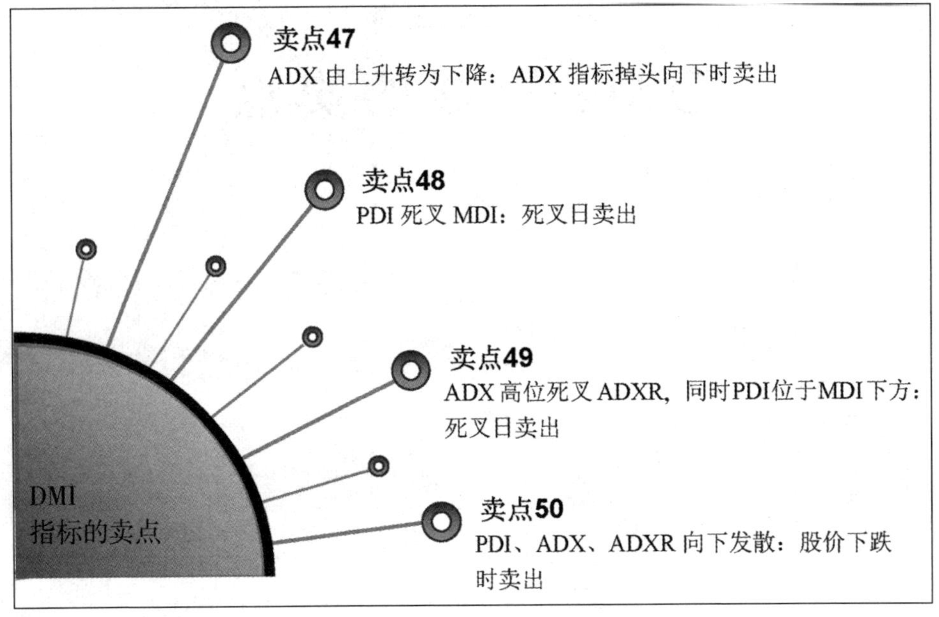
卖点47
ADX 由上升转为下降：ADX 指标掉头向下时卖出
卖点48
PDI 死叉 MDI：死叉日卖出
卖点49
ADX 高位死叉 ADXR，同时PDI位于MDI下方：死叉日卖出
卖点50
PDI、ADX、ADXR 向下发散：股价下跌时卖出
DMI
指标的卖点

指标概览

DMI指标即趋向型指标，是反应股价运行趋势的一种技术指标。它主要由四条曲线组成，分别是PDI线、MDI线、ADX线和ADXR线（见图10-1）。

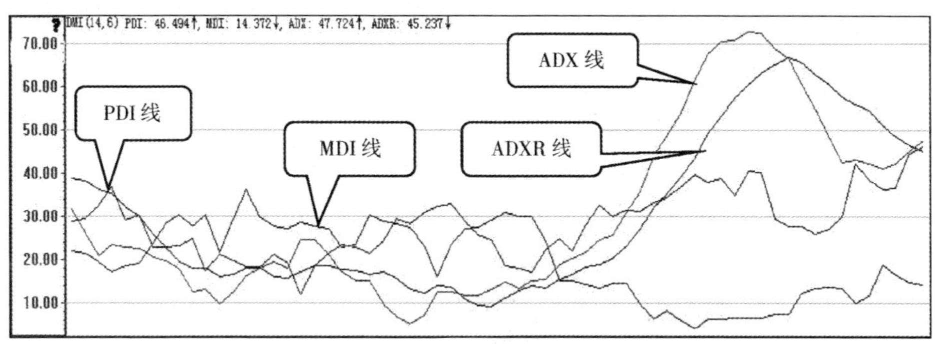

图 10-1　DMI 指标

DMI指标中的PDI线和MDI线总是缠绕在一起，多数情况下都会在0~40的区间内波动，并且这两条曲线大致以20为中轴相互对称。PDI统计多方力量强度，MDI统计空方力量强度。因此，PDI在MDI上方，显示多方强过空方；PDI在MDI下方，显示空方强过多方。

ADX曲线统计的是PDI和MDI两条曲线之间的差距。只要PDI和MDI两条曲线之间的距离拉大，无论哪条曲线在上方，ADX曲线都会快速上升。

ADXR曲线可以看成是ADX曲线的移动平均线。

卖点 47　ADX 由上升转为下降：ADX 指标掉头向下时卖出

● 技术特征

1．ADX 指标呈现抛物线上升，见顶后出现下降走势。此时，股价出现震荡走势或下跌走势。

2．ADX 由上升转为下降表示多方力量逐渐减弱，空方力量逐渐增强，市场即将进入空方主导的下跌行情。这是一个看跌信号。

ADX 由上升转为下降的走势如图 10-2 所示。

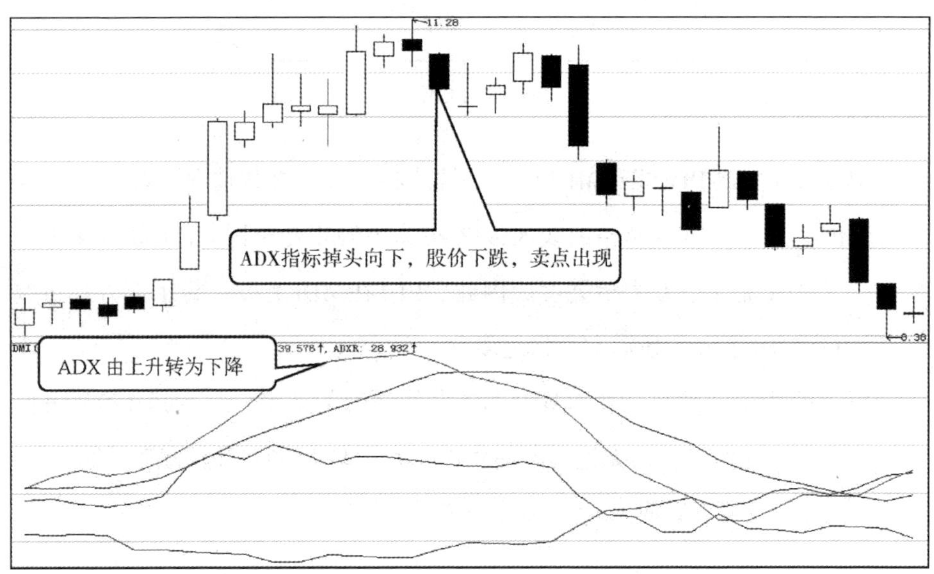

图 10-2　ADX 由上升转为下降

● 卖点出击

当出现 ADX 由上升转为下降的走势，在 ADX 指标掉头向下时，卖点出现。此时，投资者应及时卖出股票。

● 经典案例

如图10-3所示，海南机场（600515）的股价经过短期小幅下跌后，在2023年4月出现了ADX由上升转为下降的走势。这表明市场已经由多方主导的上涨行情转变为空方主导的下跌行情。

4月13日，股价低开低走，同时ADX指标掉头向下，卖点出现。此时，投资者应及时卖出股票。

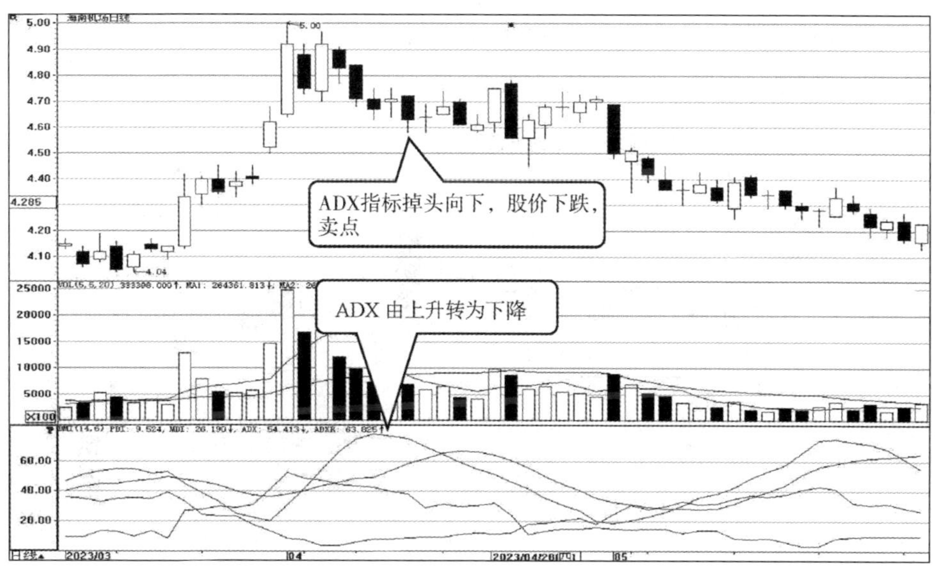

图10-3　海南机场日K线

1．当ADX由上升转为下降走势时，其曲线上升趋势越平滑，下降趋势越陡峭，则发出的卖出信号越强烈。

2．在ADX指标掉头向下时，如果同时出现的K线形态为大阴线，则其发出的卖出信号更强烈。

3．在ADX指标掉头向下时，其成交量越大，则其发出的卖出信号也就越强烈。

卖点48　PDI死叉MDI：死叉日卖出

● 技术特征

1．在下跌行情初期，PDI呈现下降趋势，MDI呈现上升趋势，ADX和ADXR呈现下降趋势。

2．该形态出现的同时，股价上涨至高位，在高位持续震荡整理。

3．PDI死叉MDI表示多空双方的争夺以空方胜出结束，此后，股价即将进入由空方主导的下跌行情，并发出看跌信号。

PDI死叉MDI的走势如图10-4所示。

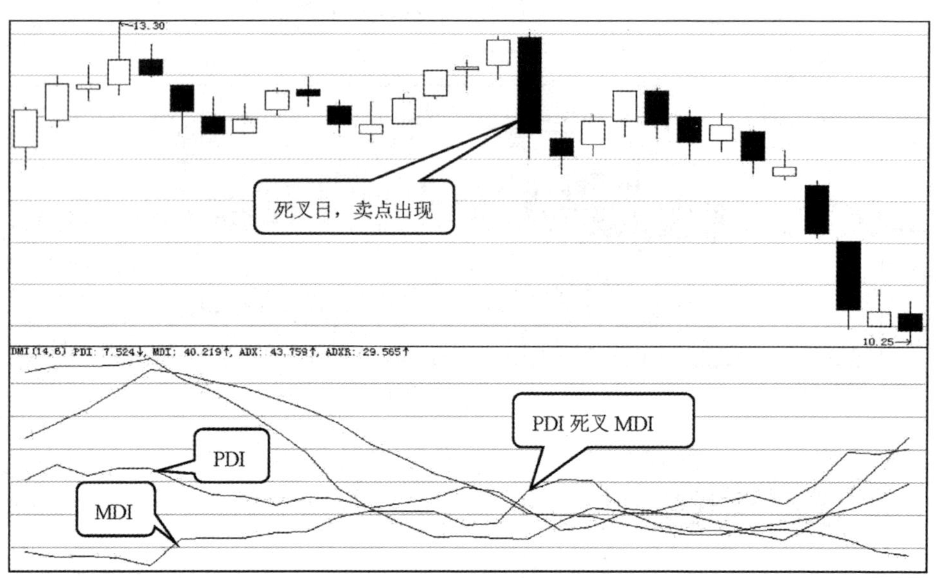

图10-4　PDI死叉MDI

● 卖点出击

当PDI死叉MDI时，在死叉形成当日，卖点出现。此时，投资者应及时卖出股票。

● 经典案例

如图10-5所示，楚天科技（300358）的股价经过高位震荡整理后，在2023年4月18日出现了PDI死叉MDI的走势。这表明空方力量已经胜过多方力量，开始打压股价进入下跌行情，并发出卖出信号。此时，投资者应及时卖出股票。

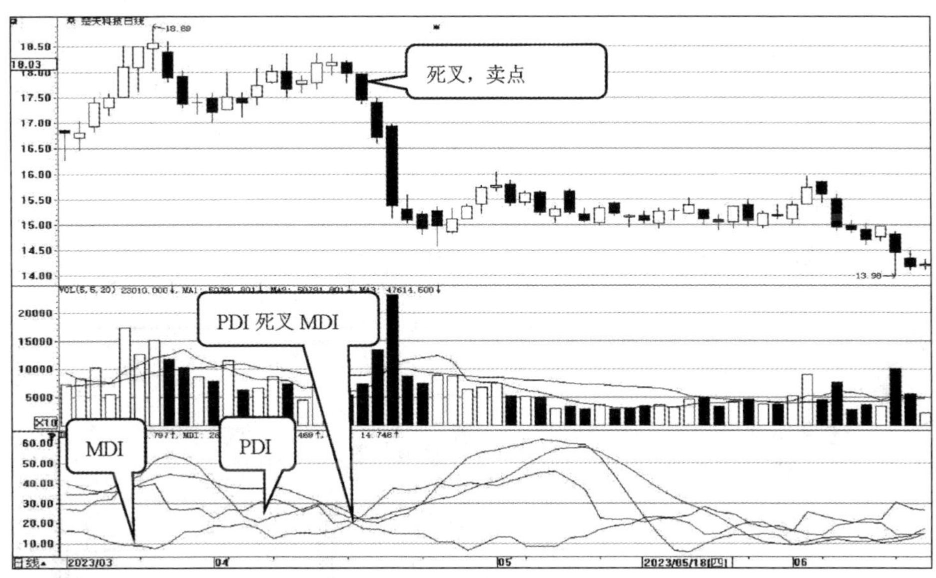

图10-5　楚天科技日K线

实战提高

1．在PDI死叉MDI时，如果当日收大阴线，其发出的下跌卖出信号更强烈。

2．在PDI死叉MDI时，如果当日成交量急剧放大，说明空方力量极其强势，此时其发出的卖出信号也就更加强烈。

3．如果PDI死叉MDI发生之前，股价的涨幅较大，死叉日所发出的卖出信号就更加强烈。

卖点49　ADX高位死叉ADXR，同时PDI位于MDI下方：死叉日卖出

● 技术特征

1. 在一波上涨行情的尾端，ADX在50以上位置下穿ADXR，此时ADXR下跌，同时PDI位于MDI下方。

2. ADX高位死叉ADXR，同时PDI位于MDI下方，表示空方力量持续增强，已经超过多方力量，并且开始打压股价。股价即将结束反弹，再次进入一波下跌行情。这是一个看跌卖出信号。

ADX高位死叉ADXR，同时PDI位于MDI下方的走势如图10-6所示。

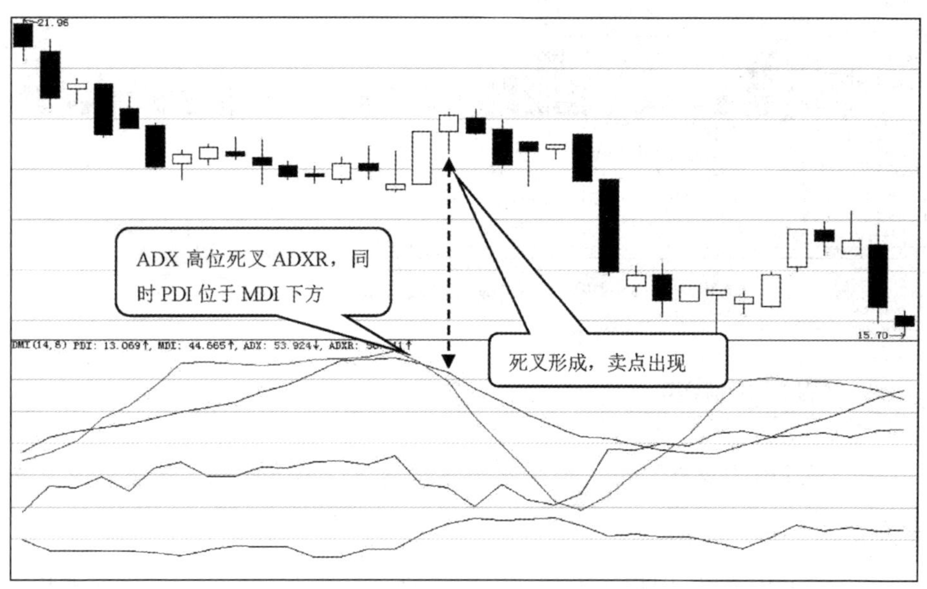

图10-6　ADX高位死叉ADXR，同时PDI位于MDI下方

● 卖点出击

ADX高位死叉ADXR，同时PDI位于MDI下方，死叉形成时，卖点出现。投资者应及时卖出股票。

● 经典案例

如图10-7所示，2023年3月31日，四环生物（000518）的DMI指标出现了ADX高位死叉ADXR，同时PDI位于MDI下方的走势。这表明多方短期反弹结束，空方力量再次来袭，股价进入下跌行情，这是一个看跌信号。此时，投资者应及时卖出股票。

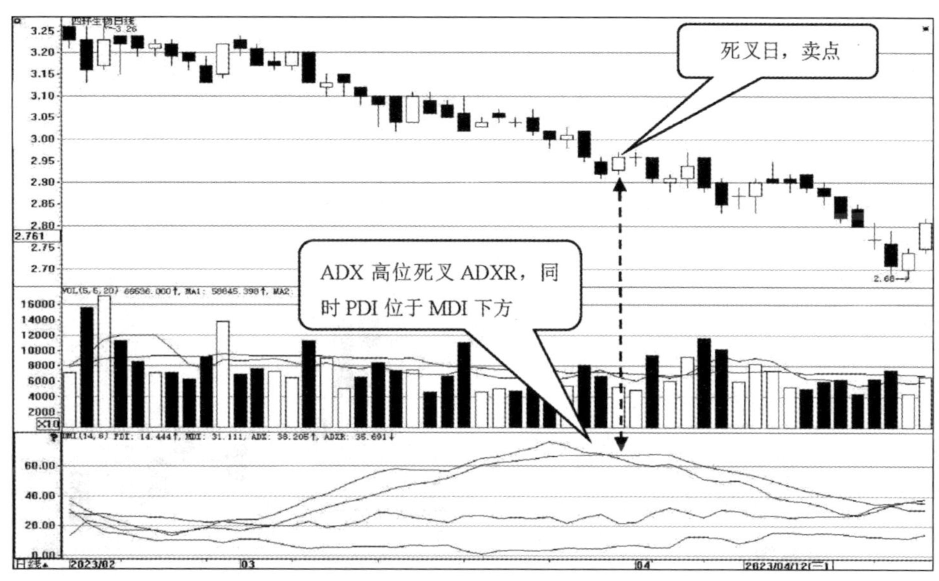

图10-7　四环生物日K线

实战提高

1．当出现ADX高位死叉ADXR，同时PDI位于MDI下方的走势时，如果股价已经上涨了一小段时间，则其看跌卖出信号更加强烈。

2．在出现该走势时，如果股价呈现放量滞涨，说明多空双方转换充分，股价即将进入下跌行情。此时是很好的卖出时机。

3．在ADX高位死叉ADXR时，若两条曲线同时向下，则其死叉后的卖出信号更加强烈。

卖点50　PDI、ADX、ADXR向下发散：股价下跌时卖出

● 技术特征

1．在下跌行情初期，PDI、ADX、ADXR三条曲线升至高位后逐渐出现向下发散的走势。

2．PDI、ADX、ADXR向下发散表示空方力量强势，股价即将进入下跌行情。这是一个看跌卖出信号。

PDI、ADX、ADXR向下发散的走势如图10-8所示。

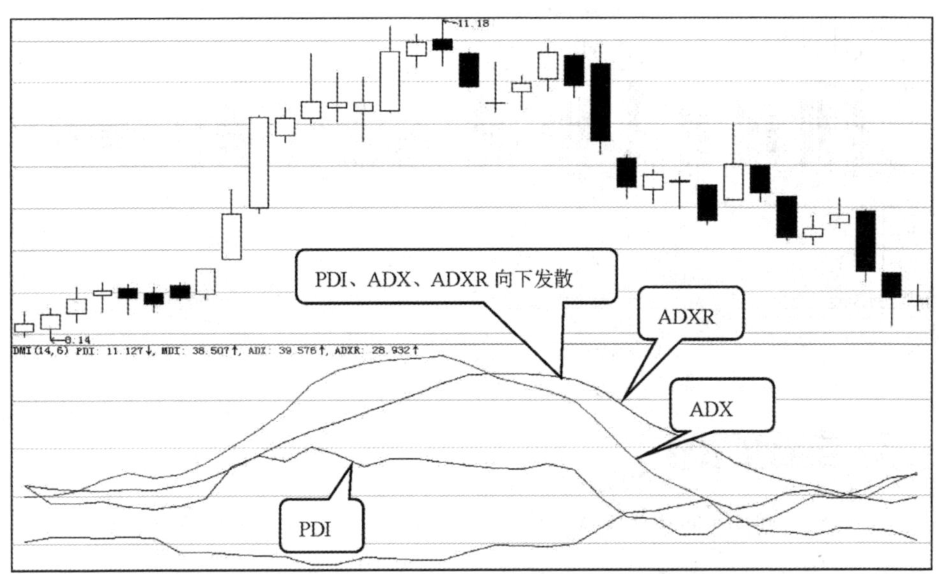

图10-8　PDI、ADX、ADXR向下发散

● 卖点出击

当出现PDI、ADX、ADXR向下发散的走势，股价下跌时，卖点出现。此时，投资者应及时卖出股票。

● 经典案例

如图10–9所示，安通控股（600179）的股价经过高位震荡盘整后，在2023年2月中旬出现了PDI、ADX、ADXR向下发散的走势。这表明多方力量逐渐减弱，空方力量已经强过多方力量，如果空方后市打压股价，则市场进入下跌行情。

2月16日，股价继续下跌，卖点出现。此时，ADX高位死叉ADXR，更增加了看跌信号可靠性，投资者应及时卖出股票。

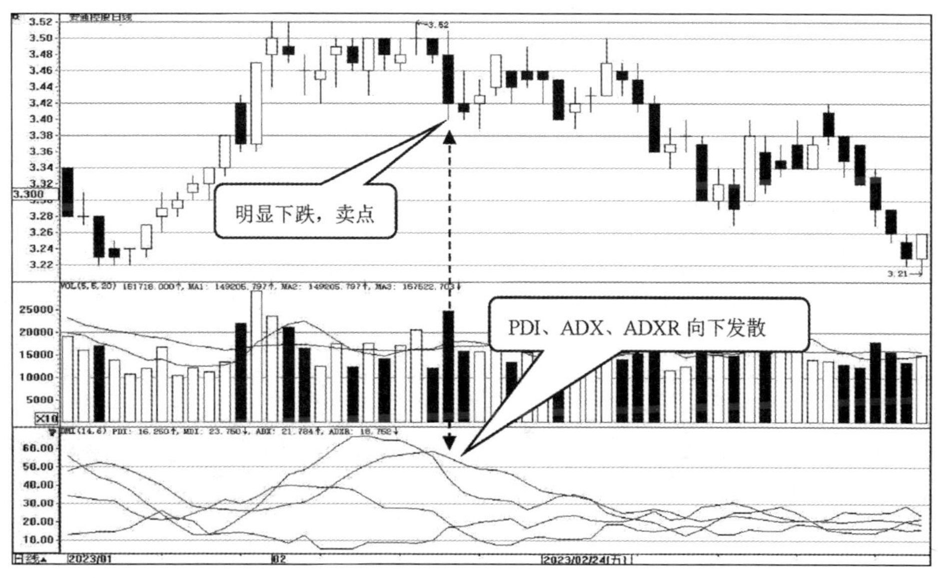

图10–9 安通控股日K线

实战提高

1．当出现PDI、ADX、ADXR向下发散的走势时，如股价放量下跌，说明空方力量很强势，股价后市下跌将更加猛烈。

2．PDI、ADX、ADXR向下发散的走势越陡峭，说明空方力量越大，则后市股价下跌也就越猛烈。

3．当投资者据此卖点卖出股票后，股价出现反弹突破卖点最高点时，投资者不可惊慌，应继续关注指标，只要三个指标没有同时发生反转，其卖点就仍然可靠，投资者应谨慎对待。

第 11 章

DMA 指标的卖点

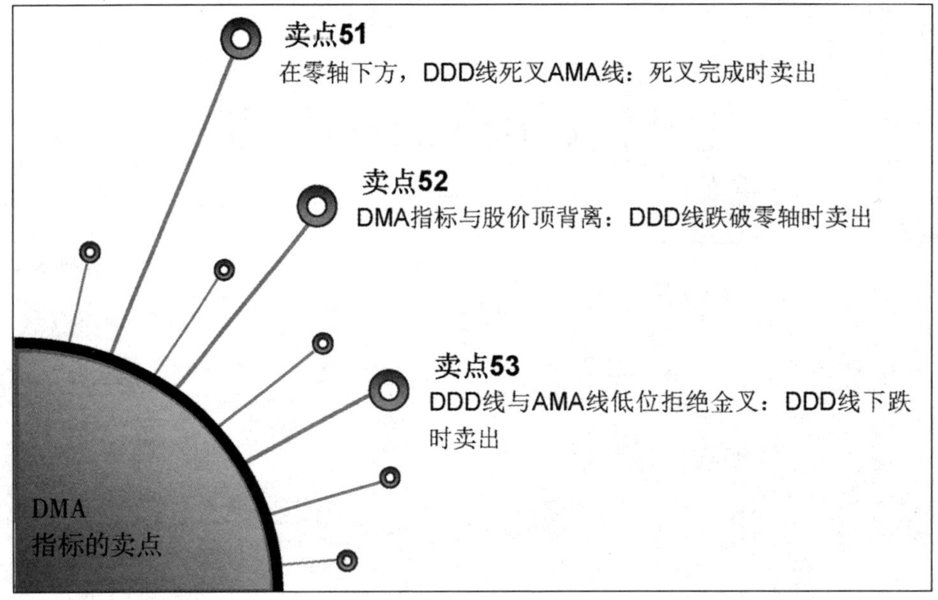
卖点51
在零轴下方，DDD线死叉AMA线：死叉完成时卖出
卖点52
DMA指标与股价顶背离：DDD线跌破零轴时卖出
卖点53
DDD线与AMA线低位拒绝金叉：DDD线下跌时卖出
DMA
指标的卖点

指标概览

DMA指标是平行线差指标的简称。该指标由两条曲线组成，其中波动较快的是DDD线，波动较慢的是AMA线（见图11-1）。

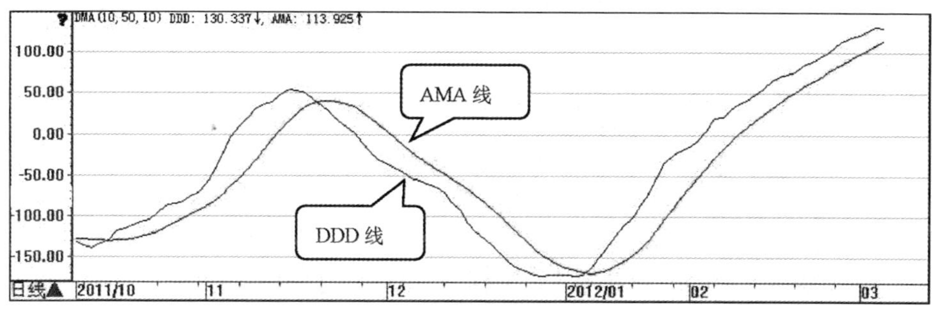

图 11-1　DMA 指标

DMA指标中的DDD指标线表示短期均线和长期均线之间的差。DDD值大于零时，说明短期均线在长期均线上方，且指标值越大，说明两者之间的距离越远。DDD值小于零时，说明短期均线在长期均线下方，且指标值越小，说明两根均线之间的距离越远。

指标中的AMA指标线代表DDD值的移动平均线。DDD线在AMA线上方时，说明DDD线处于上升趋势中；DDD线在AMA线下方时，说明DDD线处于下跌趋势中。

卖点51　在零轴下方，DDD线死叉AMA线：死叉完成时卖出

● 技术特征

1. 当DMA指标中的DDD线跌破AMA线时，就形成了DMA指标的死叉形态。

2. 如果DDD线和AMA线在零轴下方完成死叉，说明短期均线位于长期均线的下方，并且二者之间的距离越来越远，这是股价即将见底反弹的信号。

在零轴下方，DDD线死叉AMA线的形态如图11-2所示。

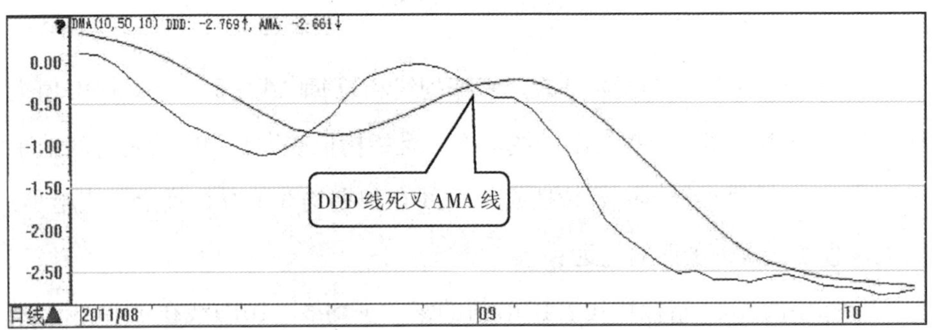

图11-2　在零轴下方，DDD线死叉AMA线

● 卖点出击

当死叉形态完成时，说明股价已经开始加速下跌。此时投资者应该尽快将手中的股票卖出。

● 经典案例

如图11-3所示，安通控股（600179）在股价下跌行情中，2023年5月4日DMA指标的DDD线在零轴下方跌破AMA线，形成死叉形态。这样的形

态说明短期均线位于长期均线下方，股价处于下跌行情中，并且未来股价下跌的速度会越来越快。此时卖点出现，投资者应该尽快卖出股票。

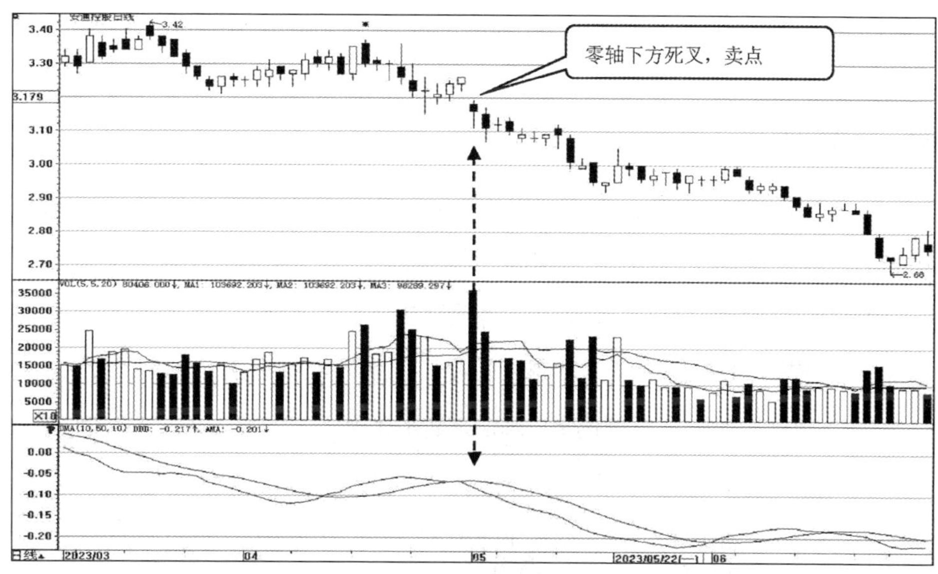

图 11-3　安通控股日 K 线

实战提高

1．DMA 指标死叉出现的位置越低，说明当前的下跌行情越强烈，形态的看跌信号也就越强烈。

2．两条均线间的距离不会偏离太远。当短期均线在长期均线下方很低的位置时，就会有上升向长期均线靠拢的趋势。因此，当 DDD 线的位置极低时，投资者可以注意把握抄底机会。

3．DDD 线跌破 AMA 线后可能小幅回抽，但回抽一般无法突破 AMA 线就会再次遇到阻力下跌。这次回抽是对之前跌破形态的确认，也是逢高卖出股票的机会。

卖点52　DMA指标与股价顶背离：DDD线跌破零轴时卖出

● 技术特征

1. 当股价持续上涨，连续创出新高时，如果DMA指标中的DDD线没有创新高，反而形成了一顶比一顶低的下跌走势，则二者构成了顶背离形态。

2. DDD线与股价顶背离说明虽然股价持续上涨，但短期均线正在逐渐向长期均线靠拢，股价的上涨速度越来越慢。这是未来将见顶下跌的信号。

DMA指标与股价顶背离的形态如图11-4所示。

图11-4　DMA指标与股价顶背离

● 卖点出击

顶背离完成后，当DDD指标线最终跌破零轴时，说明短期均线跌破了长期均线，股价进入下跌行情。此时投资者应该尽快卖出手中的股票。

● 经典案例

如图 11–5 所示，2023 年 1 月至 2 月中旬，卓朗科技（600225）股价在持续上涨过程中创出新高的同时，其 DMA 指标的 DDD 线却没有创新高，二者形成顶背离形态。这样的形态说明虽然股价还在上涨，但上涨速度越来越慢，有见顶下跌的趋势。

2023 年 3 月 14 日 DDD 线跌破零轴。这是股价已经进入下跌行情的信号，此时投资者应该尽快将手中的股票卖出。

图 11–5　卓朗科技日 K 线

实战提高

1．投资者可以在顶背离形成的过程中就逐渐减仓，等背离完成后卖出手中的股票。

2．顶背离的次数越多，持续时间越长，空方力量就会在顶部有充足时间聚集起来，未来股价的下跌空间也就越大。

3．如果在顶背离过程中 DDD 线已经跌破了零轴，则说明空方已经开始将股价向下打压。这样的情况下，顶背离形态一旦形成，投资者就应该尽快卖出手中的股票。

4．如果在DDD线与股价顶背离的同时，AMA线也与股价形成了类似的顶背离形态，则该形态的看跌信号会更加可靠。

卖点53 DDD线与AMA线低位拒绝金叉：DDD线下跌时卖出

● 技术特征

1. 当DDD线与AMA线都位于零轴下方时，如果DDD线上升到AMA线位置没能向上突破，而是遇到阻力后继续下跌，就形成了DDD线与AMA线低位拒绝金叉的形态。

2. 当DDD线自下向上向AMA线靠拢时，说明股价虽然还在下跌，但是下跌速度有减缓的趋势。这是股价被打压一段时间后获得一定支撑的信号。

3. 如果DDD线在AMA线位置遇到阻力后继续下跌，则说明短暂的支撑失败，空方力量经过调整后再次将股价向下打压。这预示着未来股价会继续下跌。

DDD线与AMA线低位拒绝金叉的形态如图11-6所示。

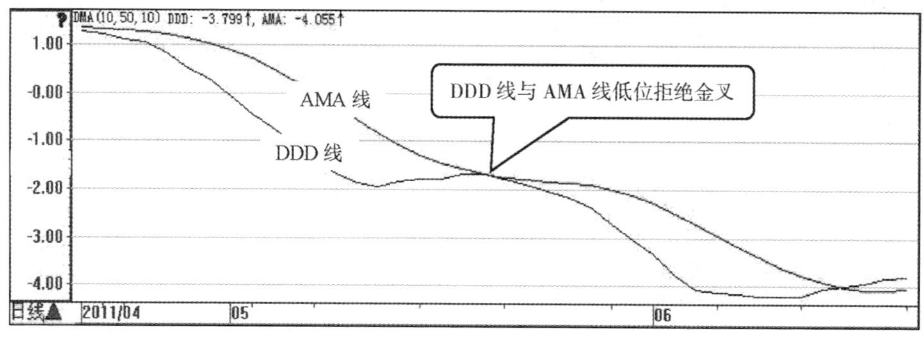

图11-6 DDD线与AMA线低位拒绝金叉

● 卖点出击

当DDD线在AMA线位置遇到阻力再次下跌时，说明下跌行情还在继续。此时投资者应该尽快卖出股票。

● 经典案例

如图11-7所示，2022年9月19日，安通控股（600179）的DDD线逐渐向AMA线靠拢，不过当DDD线上升到AMA线附近时并没能向上突破，而是遇到阻力后再次下跌，二者形成了拒绝金叉的形态。这样的形态说明空方力量经过一段时间调整后再次将股价向下打压，未来股价还会继续下跌，卖点出现。此时投资者应该尽快卖出股票。

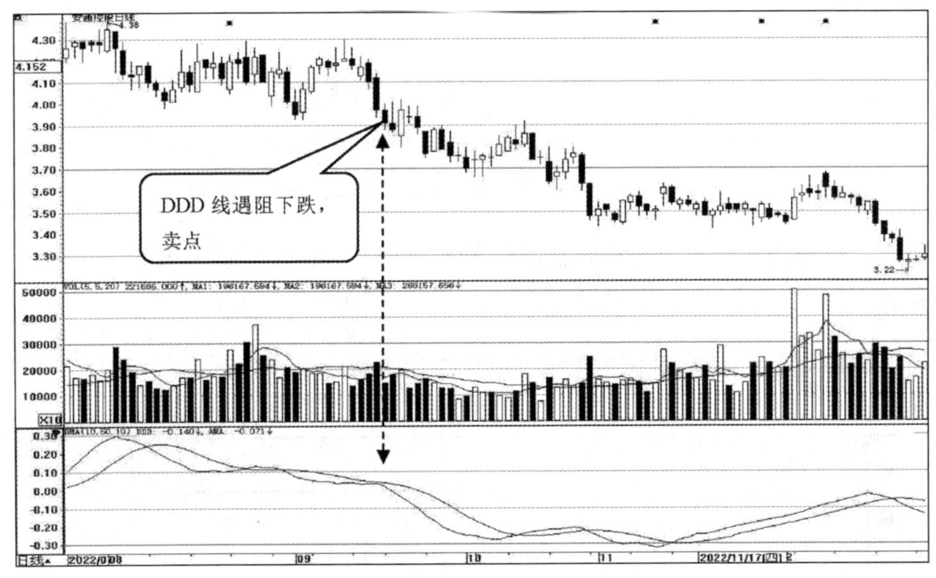

图11-7 安通控股日K线

实战提高

1．DDD线与AMA线拒绝金叉的形态只有出现在零轴下方才是有效的看跌卖出信号。

2．当DDD线位置极低时，说明短期均线已经远离长期均线，此时两条均线会有逐渐靠拢的趋势。股价可能会见底反弹，投资者不宜再继续做空卖出。

3．有时DDD线可能会短暂突破AMA线后继续向下。只要突破的幅度不深且突破持续的时间不长，该形态就仍然可以被当作看跌卖出信号。

第 12 章

ARBR 指标的卖点

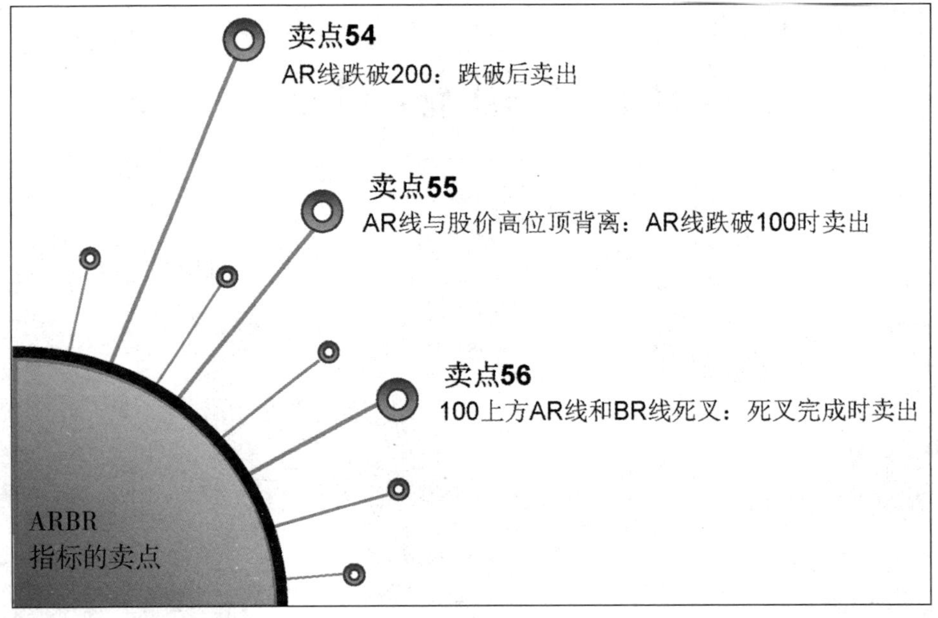
卖点54
AR线跌破200：跌破后卖出
卖点55
AR线与股价高位顶背离：AR线跌破100时卖出
卖点56
100上方AR线和BR线死叉：死叉完成时卖出
ARBR
指标的卖点

指标概览

ARBR指标（也写作BRAR指标）即人气意愿指标，由AR、BR两条指标线组成（见图12-1）。

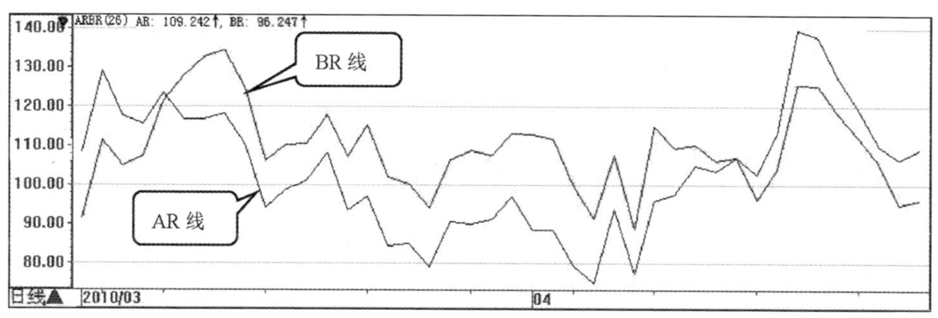

图 12-1　ARBR 指标

ARBR指标中的AR线是用开盘价的相对位置表示买卖人气。具体算法为：最近n天内最高价与开盘价的差的和除以开盘价与最低价的差的和，所得的比值放大100倍。

BR线是用今日相对于前一交易日收盘价的波动范围表示意愿。具体算法为：最近n日内，若某日的最高价高于前一交易日的收盘价，将该日最高价与前一交易日收盘价的差累加到强势和中；若某日的最低价低于前一交易日的收盘价，则将前一交易日收盘价与该日最低价的差累加到弱势和中。最后用强势和除以弱势和，所得比值放大100倍。

AR线和BR线的位置越高，说明当前市场上的买方人气越强；AR线和BR线的位置越低，说明当前市场上的卖方人气越强。

卖点54　AR线跌破200：跌破后卖出

● 技术特征

1. 当AR线突破200时，说明股票进入了十分强势的上涨行情。不过这种强势的上涨行情可能难以持续太长时间。

2. 一旦AR线跌破200，就标志着强势上涨行情结束，空方力量反扑。这是股价见顶下跌的信号。

AR线跌破200的形态如图12-2所示。

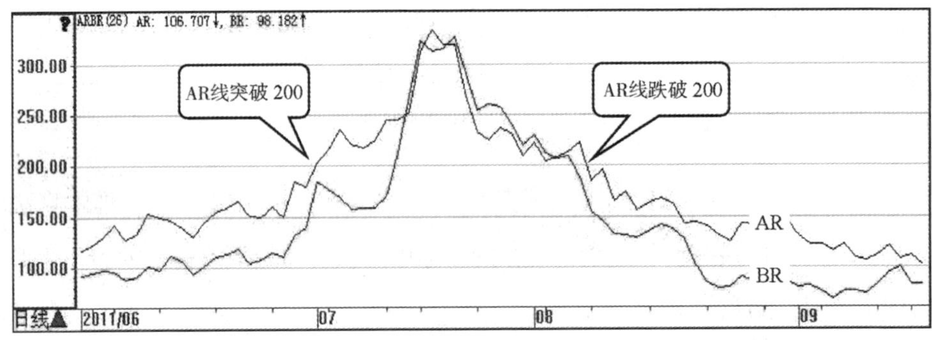

图12-2　AR线跌破200

● 卖点出击

当AR线跌破200时，说明上涨行情已经结束。此时投资者应该尽快卖出手中的股票。

● 经典案例

如图12-3所示，贵广网络（600996）股价在持续上涨过程中，其ARBR指标中的AR线突破200。这说明此时该股的上涨行情十分强势，但是这种强势的上涨行情可能会难以持续。

2023年1月13日，AR线跌破200，这是上涨行情已经结束的信号。此时投资者应该尽快卖出手中的股票。

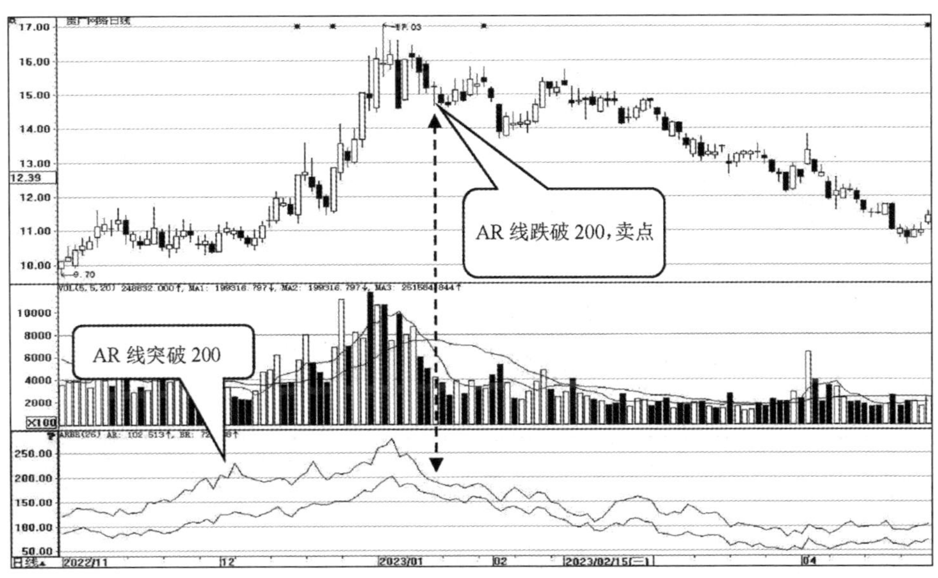

图 12-3　贵广网络日K线

实战提高

1．只要AR线没有跌破200，就说明上涨行情还在继续。这时投资者可以稳定持有股票。

2．如果AR线突破200的同时BR线也突破200，则是对多方强势信号的验证。这样的情况下该形态的看涨信号会更加可靠。

3．AR指标线在200上方持续整理的时间越久，多方力量就会消耗得越严重。未来下跌趋势一旦形成，其下跌空间就会越大。

4．如果AR线能突破300，则说明多方力量已经被严重透支，未来转势下跌的行情几乎可以确定。此时投资者可以先卖出部分股票，降低仓位。

卖点55　AR线与股价高位顶背离：AR线跌破100时卖出

● 技术特征

1. 在股价在上涨过程中连创新高的同时，如果AR指标线一直在100上方，但不能创出新高，二者就形成了高位顶背离形态。

2. 高位顶背离形态说明虽然股价持续上涨，但上涨动能已经越来越弱。一旦上涨动能耗尽，未来股价即将见顶下跌。

AR线与股价高位顶背离的形态如图12-4所示。

图12-4　AR线与股价高位顶背离

● 卖点出击

顶背离完成后，当AR线跌破100时，说明股价已经进入下跌行情。此时投资者应该尽快将股票卖出。

● 经典案例

如图 12-5 所示，盛新锂能（002240）股价在持续上涨过程中，其 AR 指标线与股价形成了高位顶背离形态。这样的形态说明上涨动能越来越弱，是股价即将见顶下跌的信号。

2022 年 7 月 20 日，AR 线跌破了 100。这是上涨行情已经结束，股价即将见顶下跌的信号。看到这个信号，投资者应该尽快卖出股票。

图 12-5　盛新锂能日 K 线

实战提高

1．如果 AR 线与股价高位顶背离的同时 BR 线也与股价形成了类似的顶背离形态，则该形态的看跌信号会更加可靠。

2．顶背离持续时间越长，背离的次数越多，则背离完成后股价的下跌空间也就越大。

3．如果在背离形成过程中成交量持续萎缩，就验证了多方力量逐渐减弱的信号，此时该形态的看跌信号会更加可靠。

卖点56　100上方AR线和BR线死叉：死叉完成时卖出

● 技术特征

1．当BR线自上向下跌破AR线时，二者就形成了死叉形态。

2．如果AR线和BR线的死叉出现在100上方的高位，就说明股价经过一段上涨行情后，短期内有走弱的趋势。这是股价即将见顶下跌的信号。

AR线和BR线在100上方完成死叉的形态如图12-6所示。

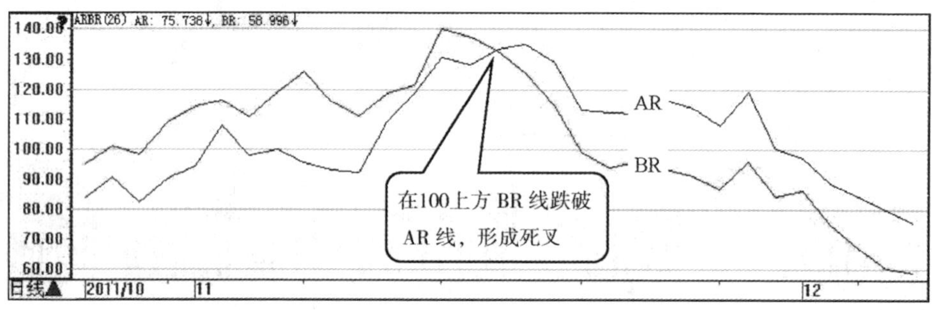

图12-6　100上方AR线和BR线死叉

● 卖点出击

当ARBR指标在100上方的死叉形态完成时，投资者应该尽快卖出手中的股票。

● 经典案例

如图12-7所示，盐田港（000088）股价在持续上涨过程中，其ARBR指标的两条曲线一直位于零轴上方，且BR线位于AR线上方。直到2023年5月11日，BR线在高位跌破了AR线，形成死叉形态。这样的形态说明股价上涨趋势减弱，下一步有见顶下跌的趋势。看到这样的形态后，投资者应该尽快卖出股票。

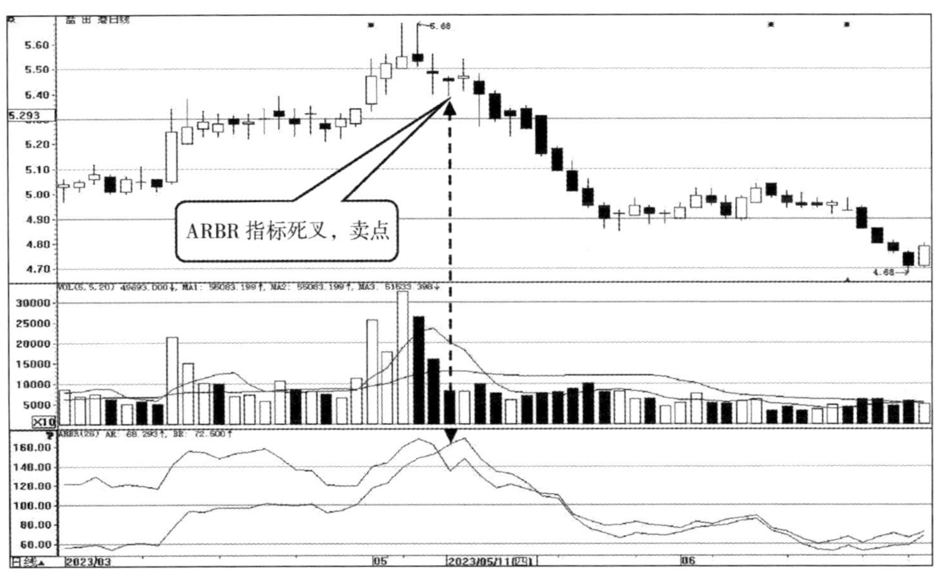

图 12-7　盐田港日 K 线

实战提高

1．这样的死叉形态只有出现在100以上的高位才是有效的看跌卖出信号。

2．如果AR线和BR线在高位反复纠缠，多次形成交叉，则该形态不能作为有效的买卖信号。

3．有时即使该指标没有在高位形成死叉，但两条指标线均跌破100时，也是股价进入下跌行情的信号。

第 13 章

CR 指标的卖点

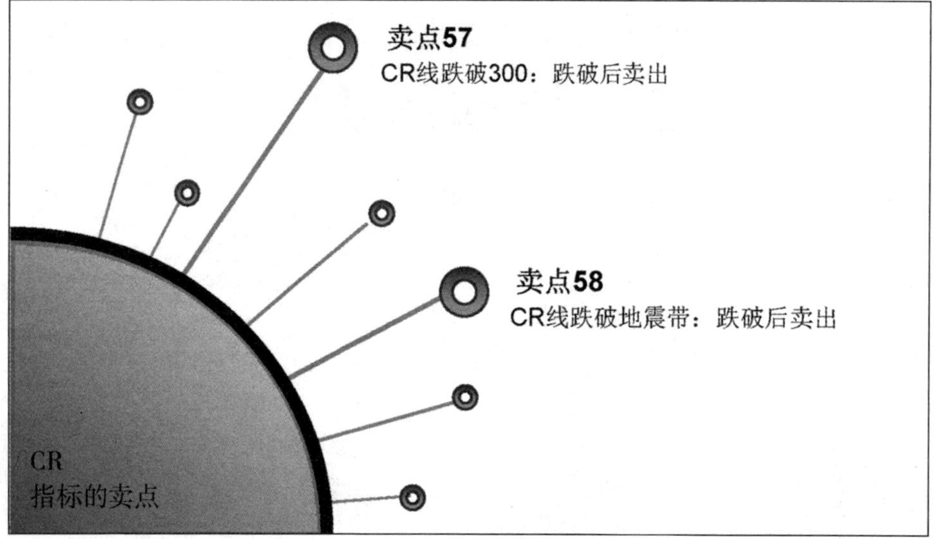
卖点57
CR线跌破300：跌破后卖出
卖点58
CR线跌破地震带：跌破后卖出
CR
指标的卖点

指标概览

CR指标即能量指标，一般由四条曲线组成。其中波动最频繁的曲线为CR线，另外三条波动较缓慢的曲线分别是M1线、M2线和M3线（见图13-1）。

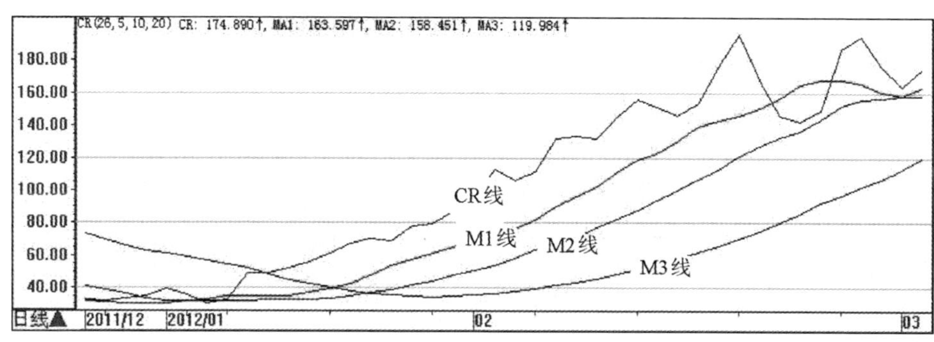

图 13-1　CR 指标

在n日内，若某日最高价高于前一日中价（最高、最低价的均值），将二者的差累加到强势和中；若某日最低价低于前一日中价，将二者的差累加到弱势和中。强势和除以弱势和，再乘以100，即得CR值。

CR线可以代表一段时间内市场上买卖力量的强弱。当CR线大于100时，说明买方力量较强；当CR线小于100时，说明卖方力量较强。CR线位置越高，说明买方力量越强；位置越低，说明卖方力量越强。

CR指标中的M1、M2、M3三条指标线分别代表了CR线的5日、10日、20日移动平均线。由这三条曲线组成的区间被称为地震带。地震带会对CR指标形成较强的阻力和支撑作用。

卖点57　CR线跌破300：跌破后卖出

● 技术特征

1. 当CR指标线突破300时，说明市场已经进入极度强势的上涨行情。正常情况下，这种强势行情不会持续太长时间。

2. 一旦CR指标线跌破了300，就说明之前的强势行情已经结束，股价即将迎来空方力量的反攻。这是下跌行情即将开始的信号。

CR线跌破300的形态如图13-2所示。

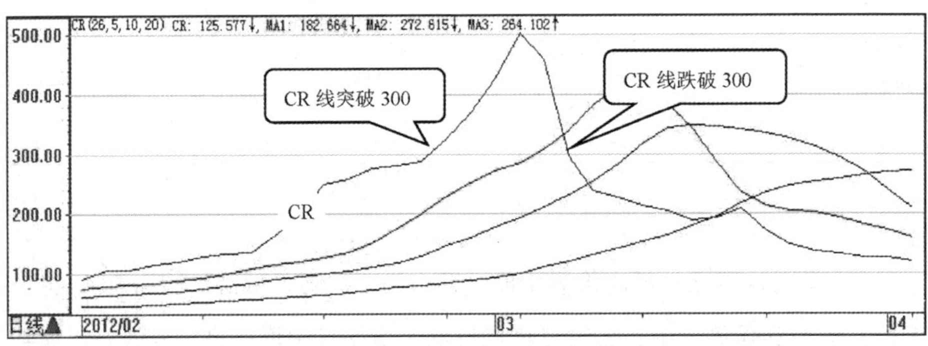

图13-2　CR线跌破300

● 卖点出击

当CR线跌破300时，说明之前的强势上涨行情已经结束。此时投资者应该尽快卖出股票。

● 经典案例

如图13-3所示，张家界（000430）股价快速上涨一段时间后，其CR指标线突破300。这样的形态说明该股已经进入极度强势的上涨行情，不过这种上涨行情难以持续。此时投资者应该注意风险。

2021年9月13日，CR线跌破了300。这是强势上涨行情结束、股价遭遇打压的信号。看到这样的信号后，投资者应该尽快卖出手中的股票。

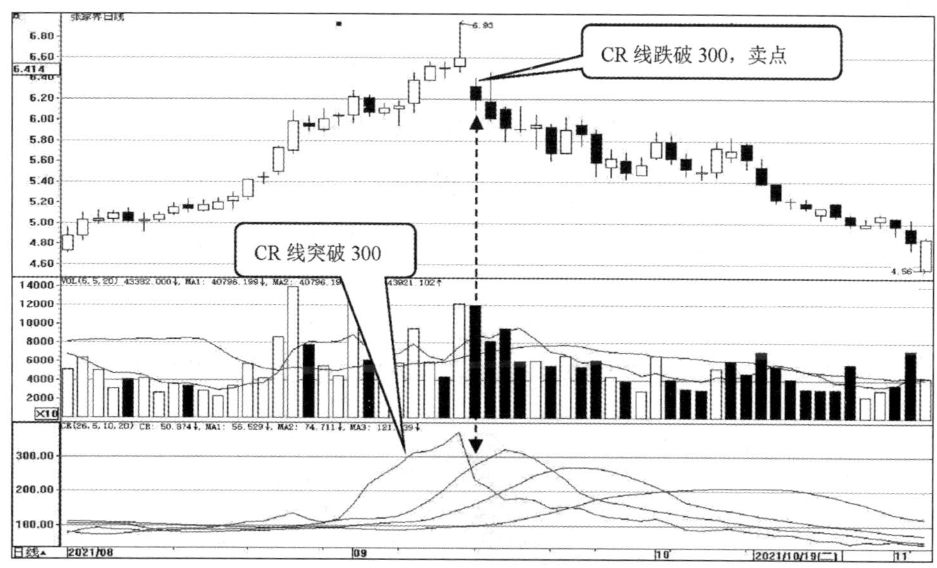

图13-3　张家界日K线

1．如果CR线快速上涨，突破了400甚至500，说明股价马上就会见顶下跌。这时投资者可以先卖出部分股票，降低仓位。

2．如果投资者害怕踏空后市，可以在该形态出现时先卖出部分股票。等CR线跌破100时，再将手中剩余的股票全部卖出。

3．CR线在300上方持续整理的时间越长，多方力量就会消耗得越严重。未来股价见顶后也就会有更大幅度的下跌。

4．如果CR线突破300后成交量持续萎缩，则验证了多方力量无力继续拉升股价的信号。此时该形态的看跌信号会更加可靠。

卖点58　CR线跌破地震带：跌破后卖出

● 技术特征

1. CR指标中，由M1、M2、M3三条曲线组成的带状区间称为地震带。在CR线涨跌过程中，地震带会对其起到重要的阻力或支撑作用。

2. 如果CR线跌到地震带后没有获得支撑上涨，而是持续下跌，跌破了地震带，说明下跌行情十分强势。这是未来股价会持续下跌的信号。

CR线跌破地震带的形态如图13-4所示。

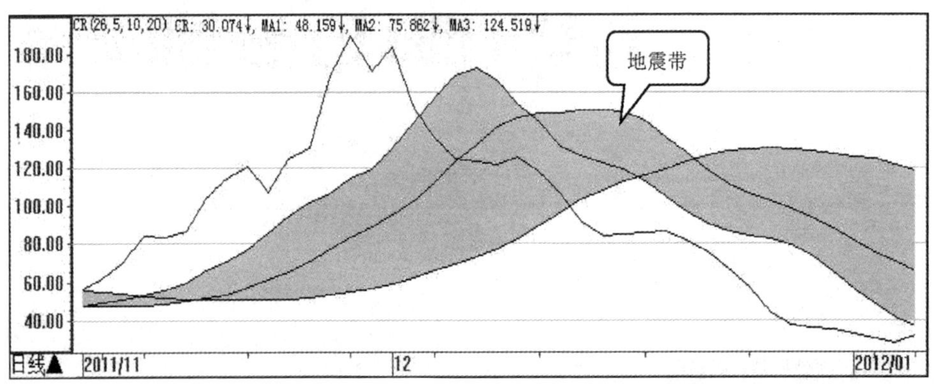

图13-4　CR线跌破地震带

● 卖点出击

当CR线跌破地震带时，说明行情已经走弱。此时投资者应该尽快卖出股票。

● 经典案例

如图13-5所示，京粮控股（000505）股价见顶后，其CR指标线逐渐跌入由M1、M2、M3三条曲线组成的地震带。这样的形态说明该股股价已经逐渐走弱。

2022年12月16日，CR线跌破了M3线，最终跌出地震带。这是股价已经完全进入弱势行情的信号。此时投资者应该尽快卖出手中的股票。

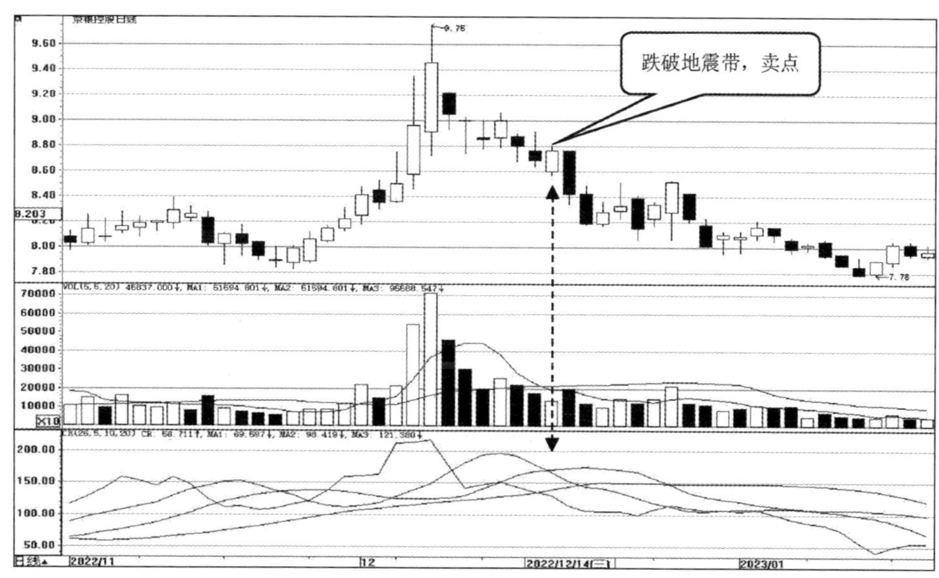

图 13-5　京粮控股日K线

实战提高

1．多数情况下，三条均线中最终被跌破的会是波动最慢的M3线，但也有个别情况是M1线或M2线在三条均线的最下边，CR线跌破该曲线后即跌出地震带区域。

2．CR线跌破地震带的过程越坚决，该形态的看跌信号就越强烈。如果CR线和组成地震带的三条曲线纠缠在一起，则市场行情并不明朗。此时投资者可以继续观望。

3．CR线跌破地震带后，股价可能已经下跌了一段时间。为了尽量避免亏损，投资者可以在CR线跌破M1、M2、M3三条曲线时分笔卖出股票。

第 14 章

VR 指标的卖点

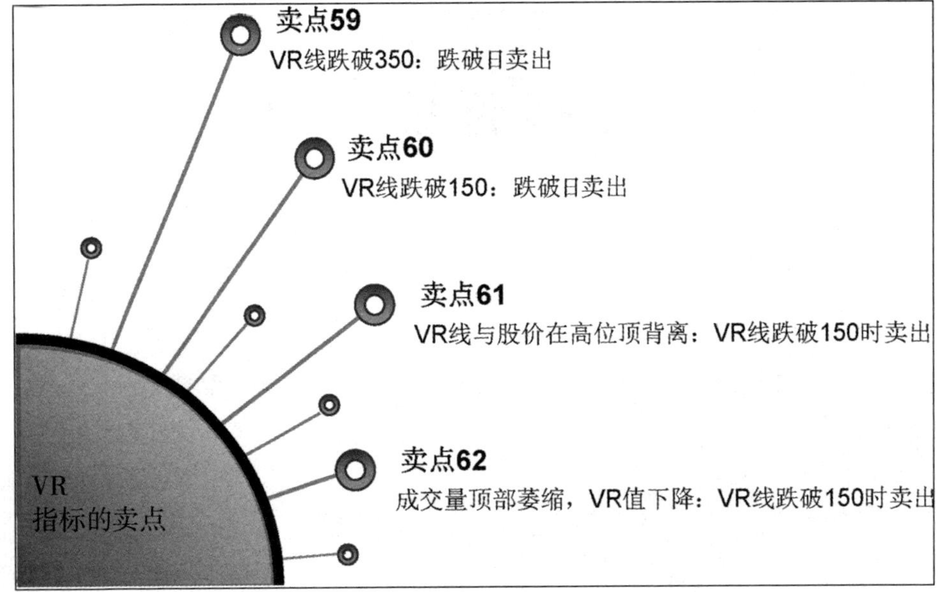
卖点59
VR线跌破350：跌破日卖出
卖点60
VR线跌破150：跌破日卖出
卖点61
VR线与股价在高位顶背离：VR线跌破150时卖出
卖点62
成交量顶部萎缩，VR值下降：VR线跌破150时卖出
VR
指标的卖点

指标概览

VR指标即成交量变异率指标。该指标只有一条指标线，即VR线（见图14–1）。

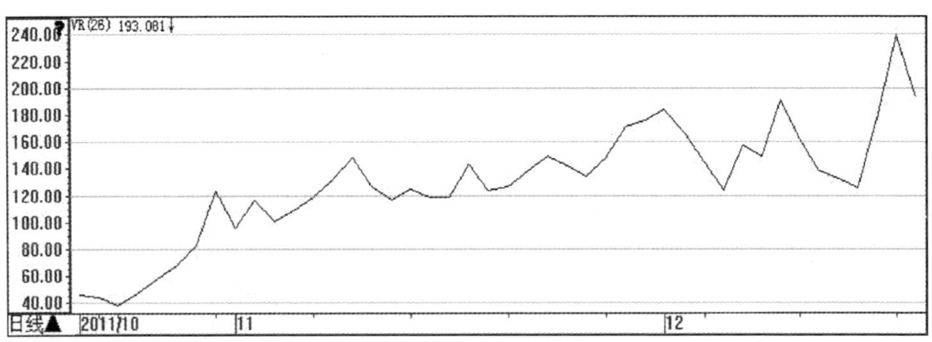

图 14–1　VR 指标

VR指标通过统计上涨和下跌时的成交量变化情况，来衡量市场上多空双方力量的强弱。

在n日内，若某日收阳（收盘价高于开盘价），则将该日成交量累加到强势和中；若收阴，则将该日成交量累加到弱势和中；若平盘，则将该日成交量一半累加到强势和中，一半累加到弱势和中。最后，计算强势和与弱势和的比，并放大100倍，即得到VR指标值。

VR指标值高，说明股价放量上涨，是多方强势的信号；指标值低，说明股价放量下跌，是空方强势的信号。

卖点59　VR线跌破350：跌破日卖出

● 技术特征

1．当VR线突破350时，说明市场已经进入了极度强势的上涨行情，不过这种行情可能难以持续太长时间，短期内股价将见顶下跌。

2．当VR线跌破350时，说明强势上涨行情结束，多方力量已经开始减弱。此时虽然股价还有可能处在上涨趋势中，但这种趋势马上就会结束，未来股价将持续下跌。

VR线跌破350的形态如图14–2所示。

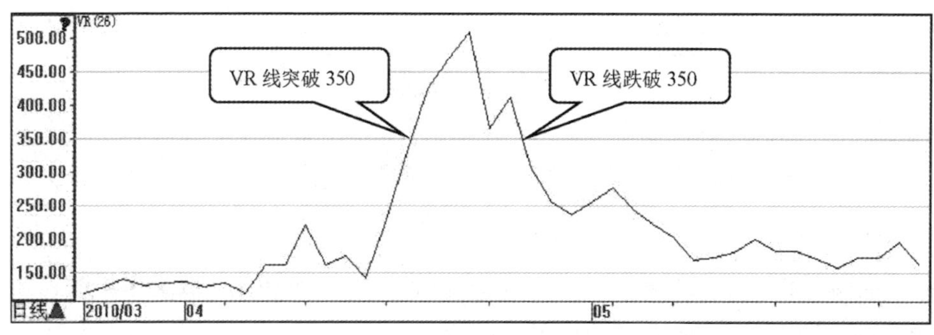

图14–2　VR线跌破350

● 卖点出击

当VR线跌破350时，说明强势上涨行情结束，股价即将见顶下跌。此时投资者应该尽快卖出手中的股票。

● 经典案例

如图14–3所示，创元科技（000551）经过持续的上涨行情后，其VR指标线突破350。这样的形态说明股价进入极度强势的行情，不过这种行情可能会难以持续。看到这样的形态后，投资者应该注意控制风险。

2023 年 2 月 27 日，VR 线跌破 350。这是强势上涨行情结束，股价即将见顶下跌的信号。看到这个形态，投资者应该卖出股票。

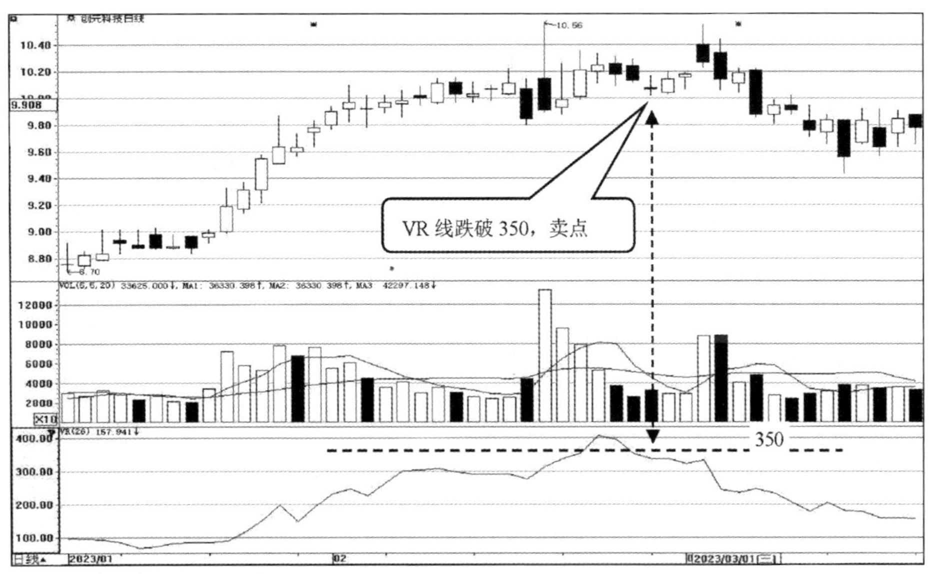

图 14-3　创元科技日 K 线

实战提高

1. VR 线在 350 上方持续整理时间越长，一旦下跌行情开始，股价的下跌空间就会越大。

2. 如果投资者害怕踏空后市，可以在 VR 线跌破 350 时先卖出部分股票，等 VR 线跌破 150 后再将剩余股票全部卖出。如果 VR 线没有跌破 150 就继续上涨，投资者可以持有剩余的仓位。

3. 当 VR 线跌破 350 时，如果股价也跌破了前期重要的支撑位，则该形态的看跌信号会更加强烈。

卖点60　VR线跌破150：跌破日卖出

● 技术特征

1．当VR线在150上方运行时，说明市场上的多方力量强于空方力量，股价在多方力量的推动下持续上涨。

2．一旦VR线跌破150，就是上涨行情结束、多空双方陷入僵持的信号。这种形态预示着股价即将见顶下跌。

VR线跌破150的形态如图14-4所示。

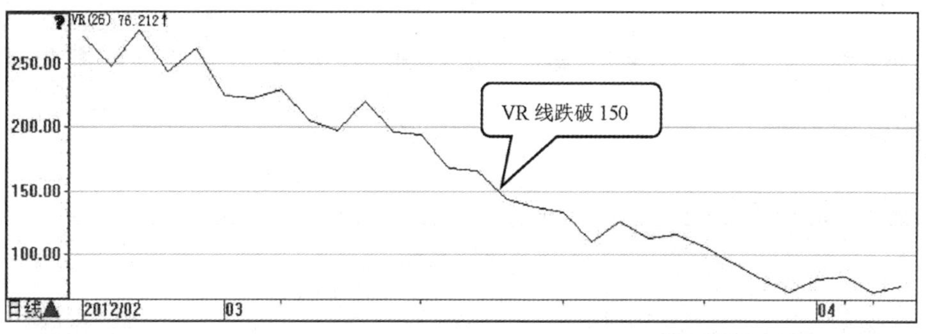

图14-4　VR线跌破150

● 卖点出击

当VR线跌破150时，是股价即将见顶下跌的信号。此时投资者应该尽快卖出手中的股票。

● 经典案例

如图14-5所示，首开股份（600376）经过一波快速上涨后开始在顶部回调，同时其VR指标线也见顶下跌。2022年12月5日，VR指标线跌破150。这样的形态说明上涨行情已经结束，股票进入了多空僵持行情，未来该股将持续下跌。此时，投资者应该尽快卖出股票。

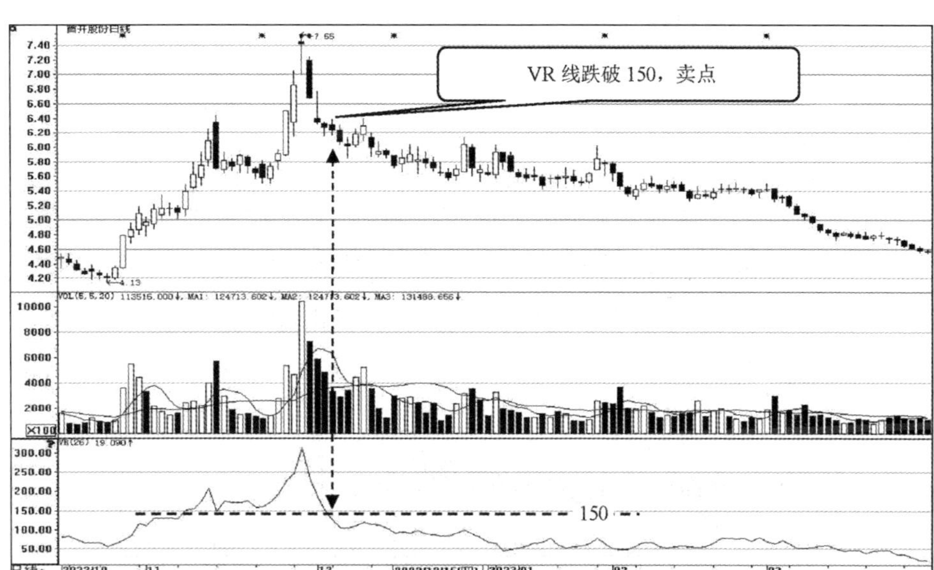

图 14-5　首开股份日 K 线

实战提高

1．有时当 VR 指标线跌破 150，股价已经有了较大幅度的下跌。为了规避这段下跌风险，投资者可以在看到 VR 指标线见顶下跌时就先适当减仓。

2．VR 指标线跌破 150 越坚决，该形态的看跌信号也就越强。如果 VR 线在 150 附近反复整理，说明打压股价的空方力量并不强烈。这时投资者应该注意避免踏空后市的风险。

3．如果 VR 指标线跌破 150 后继续快速下跌，跌破了 40 区域，说明市场已经进入超卖行情。这时投资者可以寻找抄底买入的机会。

卖点61 VR线与股价在高位顶背离：VR线跌破150时卖出

● 技术特征

1．当股价持续上涨、连创新高时，如果VR指标线一直保持在150以上的高位，并且形成一顶比一顶低的下跌走势，二者就构成了高位顶背离形态。

2．VR指标线和股价在高位形成顶背离，说明随着股价上涨，推动股价上涨的多方动能越来越弱。一旦多方力量无力将股价继续向上拉升，股价即将见顶下跌。

VR线与股价在高位顶背离的形态如图14-6所示。

图14-6 VR线与股价在高位顶背离

● 卖点出击

顶背离形态完成后，当VR线跌破150时，说明上涨行情结束，股价见顶下跌。此时投资者应该尽快卖出股票。

● 经典案例

如图 14–7 所示，美尔雅（600107）股价上涨过程中，股价与 VR 指标线形成了高位顶背离形态。这样的形态说明股价上涨的动能越来越弱，下一步有见顶下跌的可能。

2022 年 9 月 19 日，顶背离后 VR 线跌破了 150。这标志着上涨行情结束，股价已经见顶。此时投资者应该尽快卖出股票。

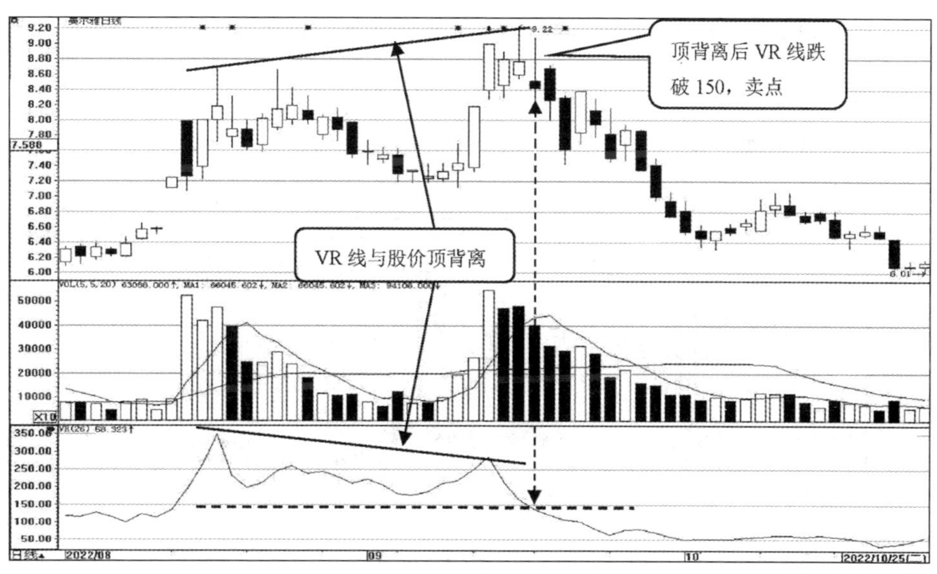

图 14–7　美尔雅日 K 线

1．VR 线与股价的顶背离只有出现在 150 以上的高位才是有效的看跌信号。

2．如果 VR 线与股价顶背离的同时，成交量也逐渐萎缩，形成了类似的顶背离，则该形态的看跌信号会更加可靠。

3．背离形态持续的时间越长，VR 线和股价背离的次数越多，则未来股价下跌的空间也就会越大。

卖点62　成交量顶部萎缩，VR值下降：VR线跌破150时卖出

● 技术特征

1. 在股价上涨一段时间之后的顶部区域，成交量与股价上涨时相比明显萎缩，同时VR值也持续下降。

2. 这样的形态说明股价上涨一段时间后，追高买入股票的投资者越来越少，股价上涨动能不足。这是股票即将见顶下跌的信号。

成交量顶部萎缩，VR值下降的形态如图14-8所示。

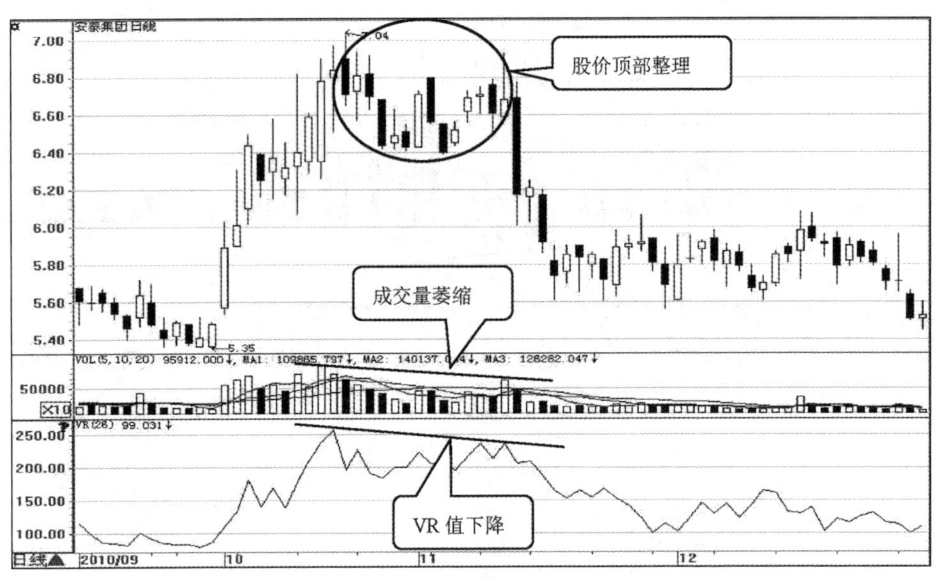

图14-8　成交量顶部萎缩，VR值下降

● 卖点出击

当VR线持续下跌，跌破150时，说明上涨行情结束，股价将见顶下跌。此时投资者应该尽快卖出股票。

● 经典案例

如图14-9所示，长春一东（600148）股价经过一段时间上涨后在顶部横盘整理。在股价整理过程中，成交量逐渐萎缩，同时VR值也快速下降。这样的形态说明该股上涨动能越来越弱，即将见顶下跌。

2022年6月28日，VR线跌破了150，这是股价已经见顶的信号。此时投资者应该尽快卖出股票。

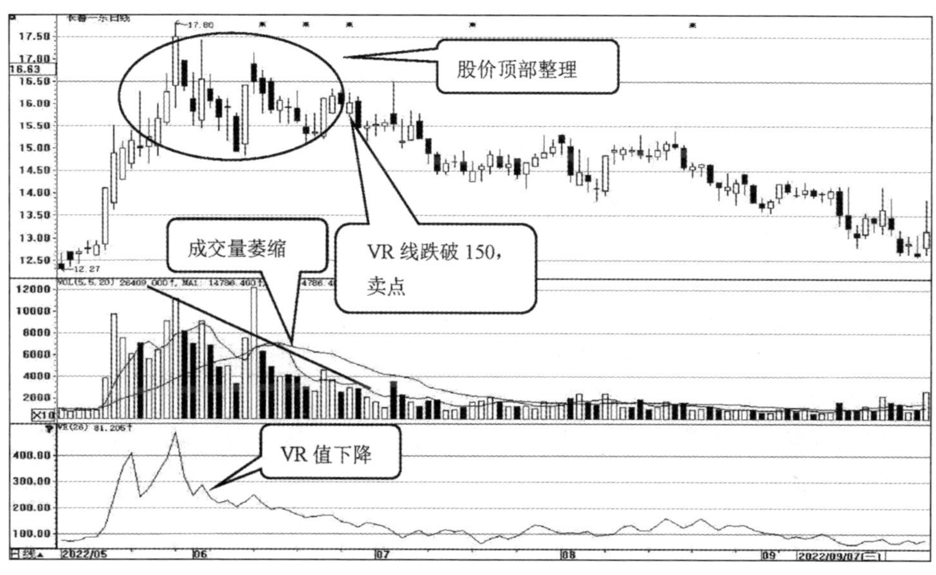

图14-9 长春一东日K线

实战提高

1．VR线见顶下跌的位置越高，该形态的看跌信号就越强，如果VR线自350以上的高位下跌，则该形态是十分强烈的看跌信号。

2．如果VR线跌破150时股价还没有跌出顶部整理区域，投资者可以先卖出部分股票。等股价跌破顶部横盘整理区域，形态确定后再将剩余的股票全部卖出。

第 15 章

PSY 指标的卖点

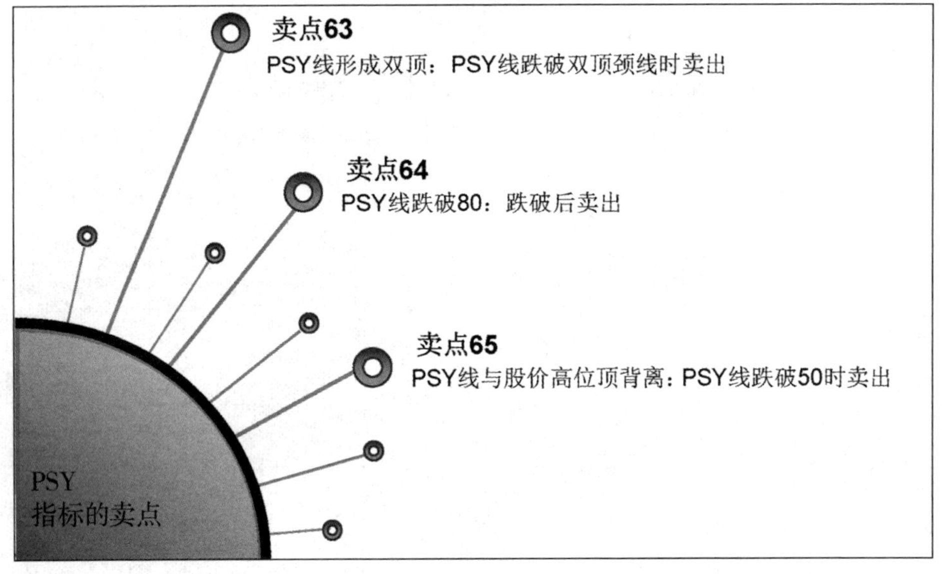
卖点63
PSY线形成双顶：PSY线跌破双顶颈线时卖出
卖点64
PSY线跌破80：跌破后卖出
卖点65
PSY线与股价高位顶背离：PSY线跌破50时卖出
PSY
指标的卖点

指标概览

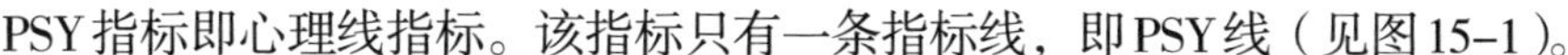

PSY指标即心理线指标。该指标只有一条指标线，即PSY线（见图15-1）。

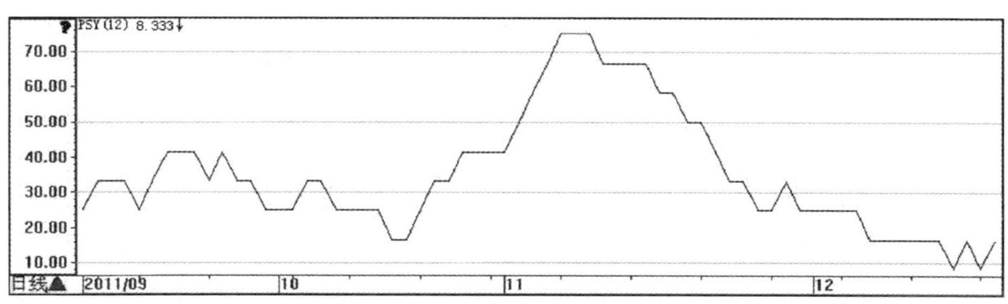

图 15-1　PSY 指标

它是利用一段时间内市场上涨的天数与该段时间的总天数的比值曲线来研判市场上多空双方力量的对比情况。

在股票市场上，人们对后市行情的心理预期分为两种。

一种是在趋势刚刚确定时，人们的心理预期与市场趋势的涨跌成正比。即趋势上涨，心理预期也看多；趋势下跌，心理预期也看空。

另一种是随着趋势发展，当前一种心理预期达到极端时，逆反心理就会开始起作用。即上涨趋势发展到极端时，人们转而看空；下跌趋势发展到极端时，人们转而看多。这种逆反心理可能使股价的运行趋势反转。

心理线就是通过当前行情涨跌来测量市场心态。

卖点63　PSY线形成双顶：PSY线跌破双顶颈线时卖出

● 技术特征

1．当PSY指标线连续两次上升到几乎同一个价位遇阻下跌时，就形成了双顶形态。以PSY线第一次回调的低点为基础画水平线，可以得到双顶形态的颈线。

2．PSY线形成双顶，说明市场上的多方力量已经强势到极点，无法继续增强。一旦PSY线跌破双顶的颈线，则表示多方力量已经开始由强转弱，这是股价即将进入下跌行情的信号。

PSY线形成双顶的形态如图15-2所示。

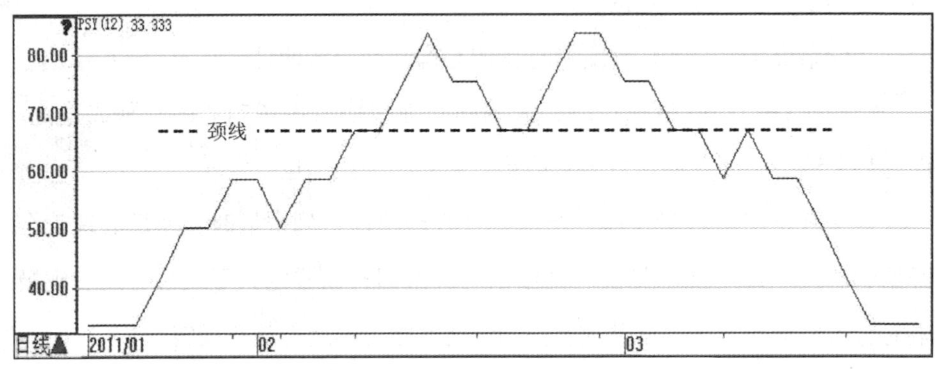

图15-2　PSY线形成双顶

● 卖点出击

当PSY线跌破颈线时，说明拉升股价的多方力量已经由强变弱。此时投资者应该尽快卖出股票。

● 经典案例

如图15-3所示，黄河旋风（600172）经过一段上涨行情后，其PSY指标在顶部区域形成了双顶形态。这样的形态说明多方力量已经无法继续增强，未来市场行情有由强变弱的趋势，是看跌卖出信号。

2023年2月20日，PSY线跌破双顶形态的颈线。此时投资者应该尽快卖出股票。

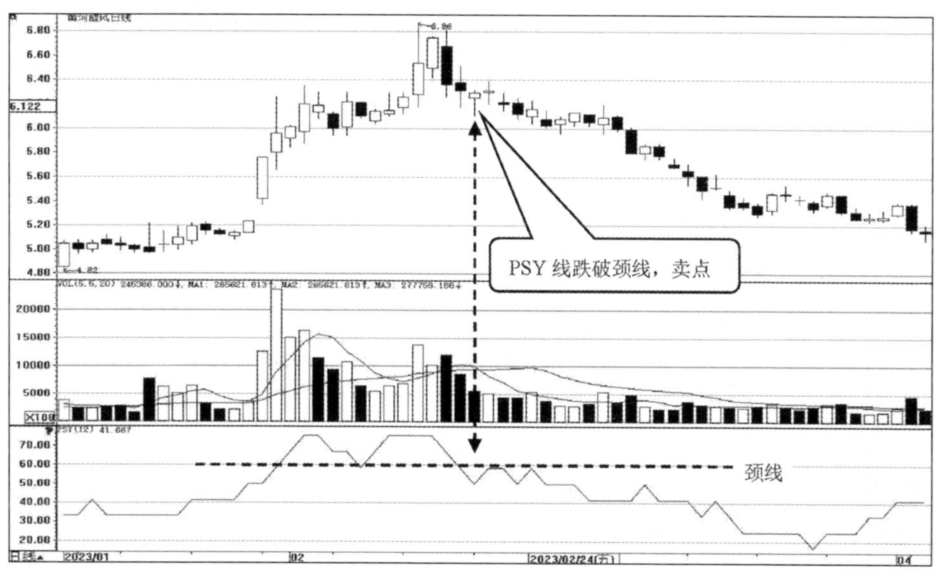

图15-3　黄河旋风日K线

实战提高

1．PSY双顶形态出现的位置越高，其看跌信号的可靠性也就越强。如果双顶的颈线低于50，其看跌信号并不强烈。

2．有时PSY指标的双顶形态也会变成三重顶、头肩顶等形态。这些形态同样是股价见顶下跌的信号。

3．如果双顶形成过程中成交量持续萎缩，第二个顶部的成交量明显低于第一个顶部，则验证了多方力量衰弱的信号。此时该形态的看跌信号会更加可靠。

4．PSY线跌破颈线后可能会小幅回抽，但回抽不突破颈线就会继续下跌。这次回抽是对跌破行情的确认，也是卖出股票的另一个机会。

卖点64　PSY线跌破80：跌破后卖出

● 技术特征

1．当PSY线突破80时就进入了超买区间。

2．这样的形态说明市场上的买方力量极度强势，不过这种强势行情可能难以继续，短期内股价即将出现见顶下跌的风险。

3．一旦PSY线跌破80，说明超买行情结束，股价即将进入下跌区间。

PSY线跌破80的形态如图15-4所示。

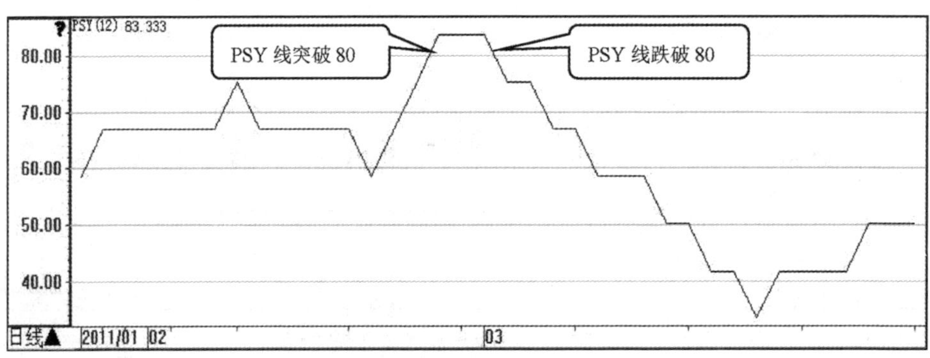

图15-4　PSY线跌破80

● 卖点出击

当PSY线跌破80时，说明上涨行情已经结束。此时投资者应该尽快卖出股票。

● 经典案例

如图15-5所示，鄂尔多斯（600295）股价上涨一段时间后，其PSY指标线突破80。这说明短期内股价上涨十分强势，但强势上涨行情可能难以持续。

2022年12月9日，PSY线跌破80，同时K线形成放量黄昏之星形态。这标志着强势上涨行情结束，股价即将见顶下跌。此时投资者应该尽快卖出股票。

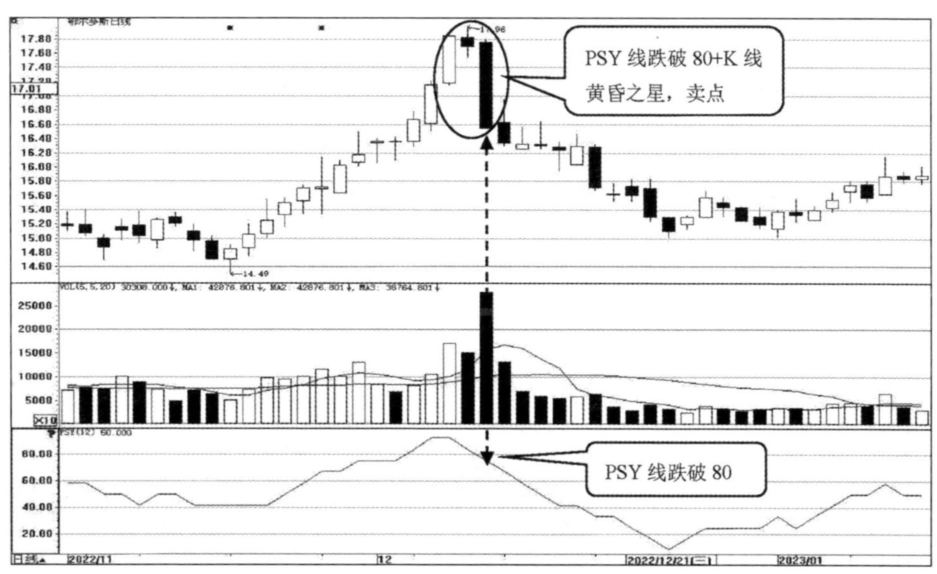

图 15-5　鄂尔多斯日K线

实战提高

1．PSY线在80上方持续整理的时间越长，多方力量就会被消耗得越严重。未来股价开始下跌后，其下跌空间也就会更大。

2．为了避免踏空，投资者可以在PSY线跌破80时先卖出部分股票，等PSY线跌破50后再清仓卖出剩余的股票。

3．如果PSY指标在80上方形成了双顶、三重顶等形态，则该形态的看跌信号会更加强烈。

4．当PSY线在80上方整理时，如果成交量持续萎缩，则验证了多方力量逐渐减弱的信号。此时该形态的看跌信号会更加可靠。

卖点65　PSY线与股价高位顶背离：PSY线跌破50时卖出

● 技术特征

1. 当股价在上涨过程中连创新高时，如果PSY一直在50上方运行，并且形成一顶比一顶低的下跌走势，二者就形成了高位顶背离的形态。

2. PSY线与股价高位顶背离的形态说明在股价上涨过程中，买方人气越来越弱。一旦买方力量无法支撑上涨行情，股价即将见顶下跌。

PSY线与股价高位顶背离的形态如图15-6所示。

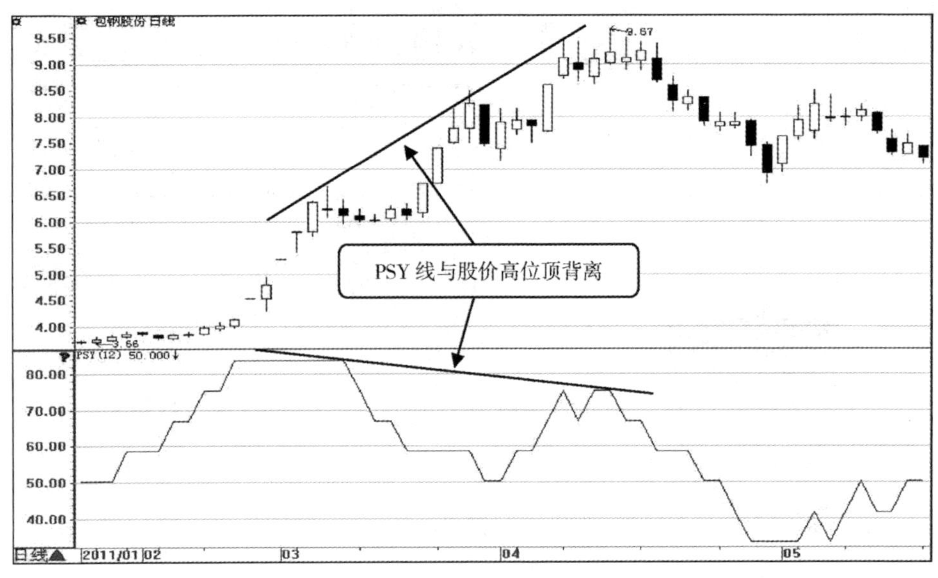

图15-6　PSY线与股价高位顶背离

● 卖点出击

PSY线与股价的高位顶背离形态完成后，当PSY线跌破50时，说明股价已经开始见顶下跌。此时投资者应该尽快卖出股票。

● 经典案例

如图 15-7 所示，创新新材（600361）股价在上涨过程中，与其 PSY 指标在高位形成了顶背离形态。这样的形态说明该股虽然上涨，但市场上的买入人气越来越弱，未来会有见顶下跌的可能。

2022 年 9 月 16 日，顶背离后 PSY 指标跌破 50，同时伴随着股价放量急跌。这标志着上涨行情结束，投资者应该尽快卖出股票。

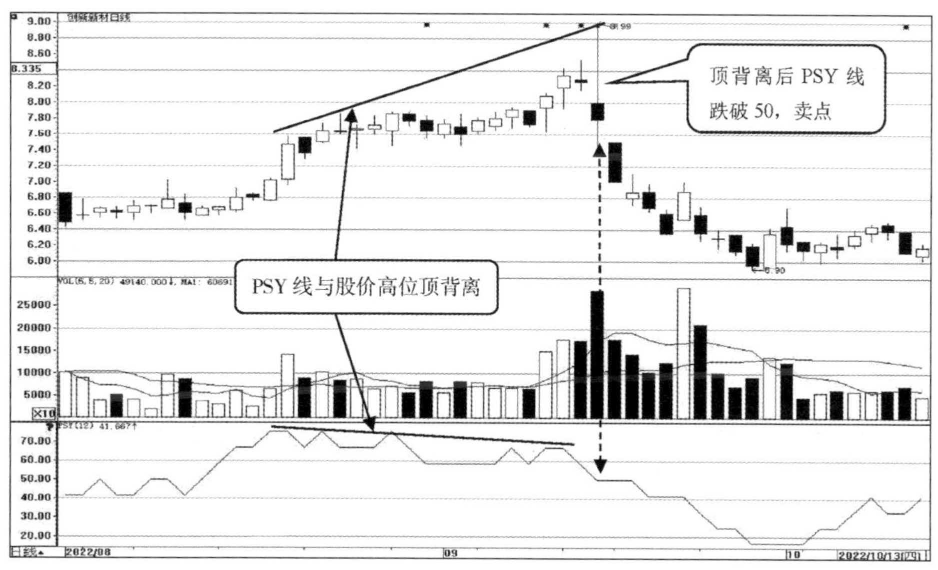

图 15-7 创新新材日 K 线

实战提高

1．PSY 线与股价高位顶背离持续的时间越长，二者背离的次数越多，则未来股价一旦下跌，其下跌空间就越大。

2．因为 PSY 线只会在几个固定的位置上变动，所以非常标准的“一顶比一顶低”的形态比较少见。只要股价持续上涨时 PSY 线横盘或者缓慢地下跌，投资者就可以认为顶背离形态完成。

3．如果顶背离过程中成交量持续萎缩，则验证了买方人气越来越弱的信号。此时该形态的看跌信号会更加强烈。

第 16 章

BBI 指标的卖点

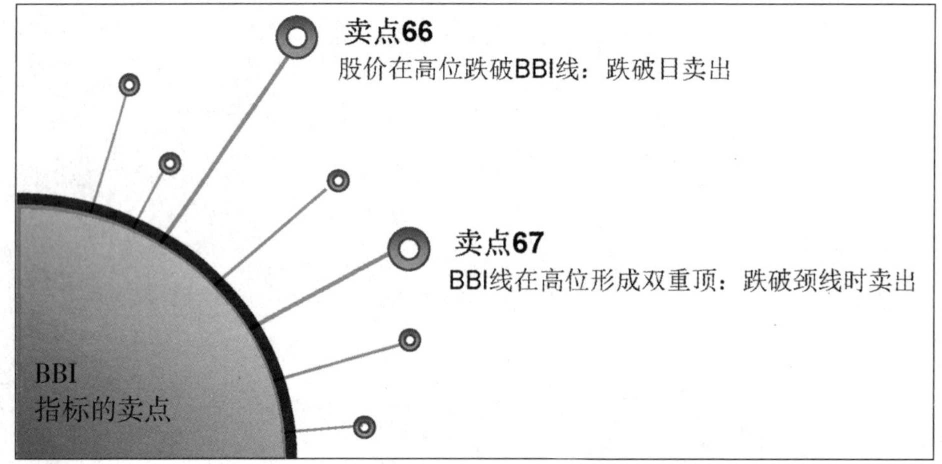
卖点66
股价在高位跌破BBI线：跌破日卖出
卖点67
BBI线在高位形成双重顶：跌破颈线时卖出
BBI
指标的卖点

指标概览

BBI指标即多空指数，该指标与均线指标相同，都是与股价叠加在一起的技术指标。BBI指标只有一条指标线，即BBI线（见图16-1）。

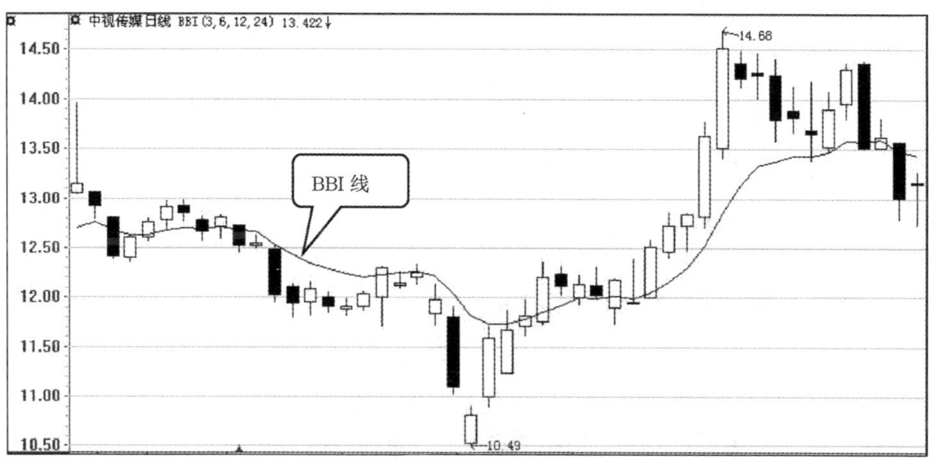

图16-1 BBI指标

BBI指标线是多条移动平均线的平均线，其计算方法为：3日平均价加6日平均价加12日平均价加24日平均价，其和除以4。

与移动平均线相比，BBI指标能够更好地反映股价在一段时间内的整体运行趋势。此外，由于该指标应用得较少，投资者使用该指标也可更好地避免庄家骗线的影响。

BBI指标的具体应用方法与移动平均线指标基本一致。

卖点66　股价在高位跌破BBI线：跌破日卖出

● 技术特征

1. 如果股价上涨过程中多次在BBI线附近获得支撑，则投资者可以将该曲线作为股价上涨中重要的支撑线。只要股价还运行在该曲线上方，就说明上涨行情还在继续。

2. 股价沿BBI线上涨到高位后，一旦跌破该曲线，就说明上涨行情结束，这是股价即将见顶下跌的信号。

股价在高位跌破BBI线的形态如图16-2所示。

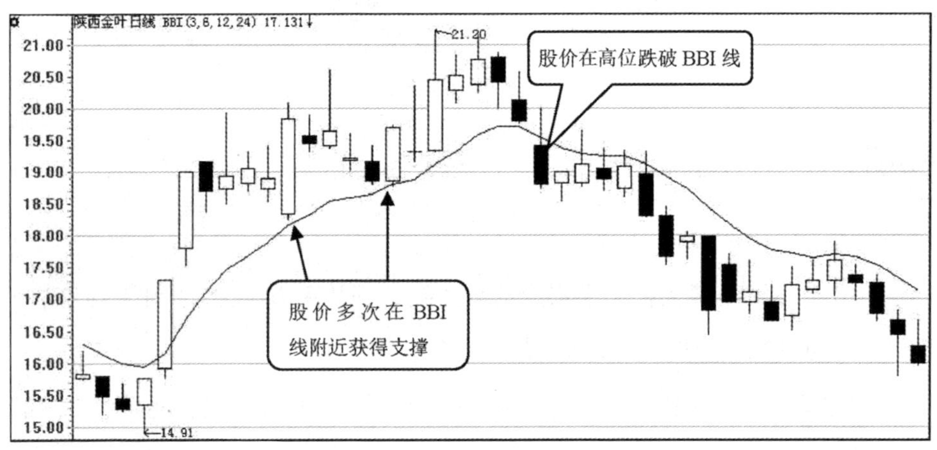

图16-2　股价在高位跌破BBI线

● 卖点出击

当股价跌破BBI线时，说明上涨行情结束。投资者应该尽快卖出股票。

● 经典案例

如图16-3所示，汉马科技（600375）在持续上涨过程中，多次在BBI线附近获得支撑。这样的形态说明BBI线是股价上涨重要的支撑线，只要股价位于该曲线上方，就说明上涨行情还在继续。

2023年3月6日，股价跌破了BBI线。这是上涨行情结束，股价即将见顶下跌的信号。此时投资者应该尽快卖出股票。

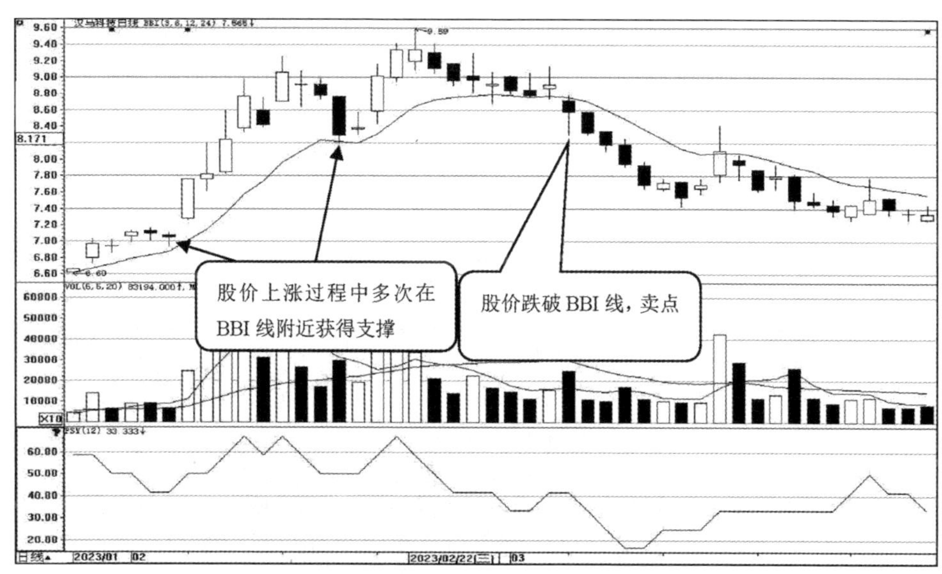

图16-3　汉马科技日K线

1．只有前期BBI线被确定为有效支撑线后，出现该形态才是有效的看跌信号。如果前期股价上涨过程中曾多次跌破BBI线，则说明BBI线无法对股价形成有效支撑，此时该形态不能作为有效的看跌信号。

2．有时股价可能会小幅跌破BBI线，但只要跌破的幅度不深且股价很快就回到BBI线上方，上涨行情就仍在继续。

3．一旦股价跌破BBI线，BBI线就会成为未来股价上涨时的阻力线。未来股价反弹到该曲线附近时，可能会遇到阻力下跌。

卖点67　BBI线在高位形成双重顶：跌破颈线时卖出

● 技术特征

1．当BBI线上涨到高位后，如果连续两次在几乎同一个价位遇阻下跌，就形成了双重顶形态。投资者以双重顶第一次回调的低点为基础画水平线，可以得到该形态的颈线。

2．BBI线形成双重顶说明股价上涨遇到较强阻力，多方无力将股价继续向上拉升。这是股价即将见顶下跌的信号。

BBI线在高位形成双重顶的形态如图16–4所示。

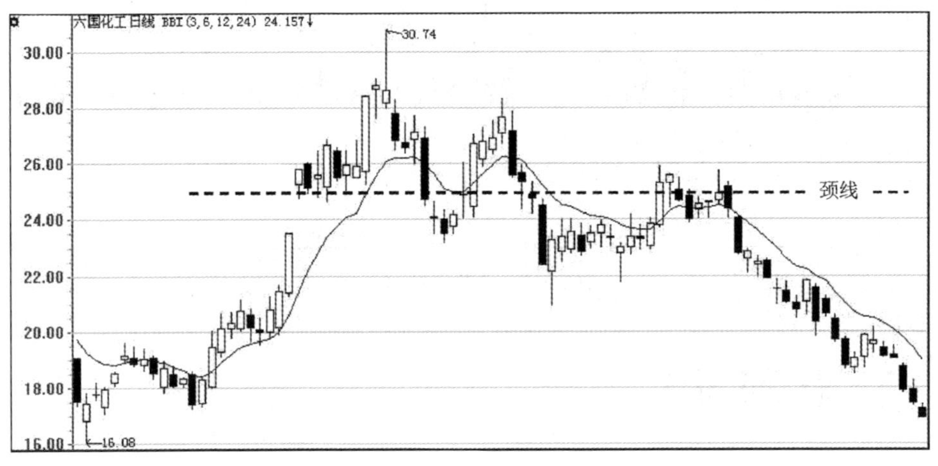

图16–4　BBI线在高位形成双重顶

● 卖点出击

当BBI线完成双重顶，股价跌破颈线时，说明股价已经完成筑顶，未来即将持续下跌。此时投资者应该尽快卖出股票。

● 经典案例

如图16–5所示，安泰集团（600408）股价在高位整理过程中，其BBI指标线形成了双重顶形态。这样的形态说明股价上涨遇到巨大阻力，多方无力将股价继续向上拉升。这是股价即将见顶下跌的信号。

2022年7月1日，BBI线跌破了双重顶形态的颈线。这标志着筑顶行情结束，股价即将下跌。此时投资者应该尽快卖出股票。

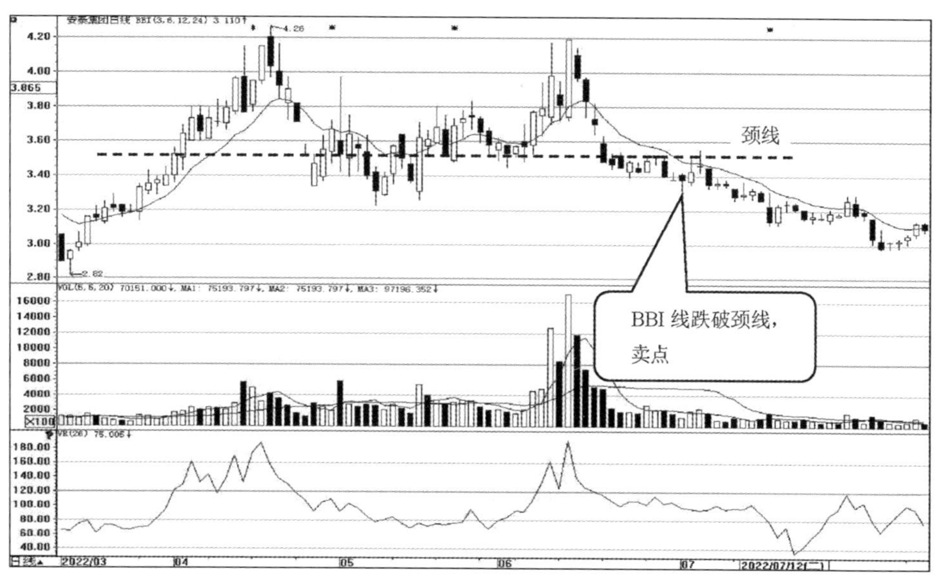

图16-5　安泰集团日K线

1．双重顶形态只有出现在股价上涨一段时间之后的顶部区域，才是有效的看跌信号。

2．除了双重顶形态，BBI线还可能形成三重顶、头肩顶等顶部形态。这些同样是看跌卖出信号。

3．如果形成第二个顶时的成交量比第一个顶的萎缩，说明拉升股价的多方力量逐渐萎缩。这样的情况下该形态的看跌信号会更可靠。

4．跌破双重顶的颈线后，BBI线可能小幅回抽，但回抽无法突破颈线就会遇到阻力再次下跌。这次回抽是对跌破形态的确认，也是逢高卖出股票的另一个机会。

第 17 章

EXPMA 指标的卖点

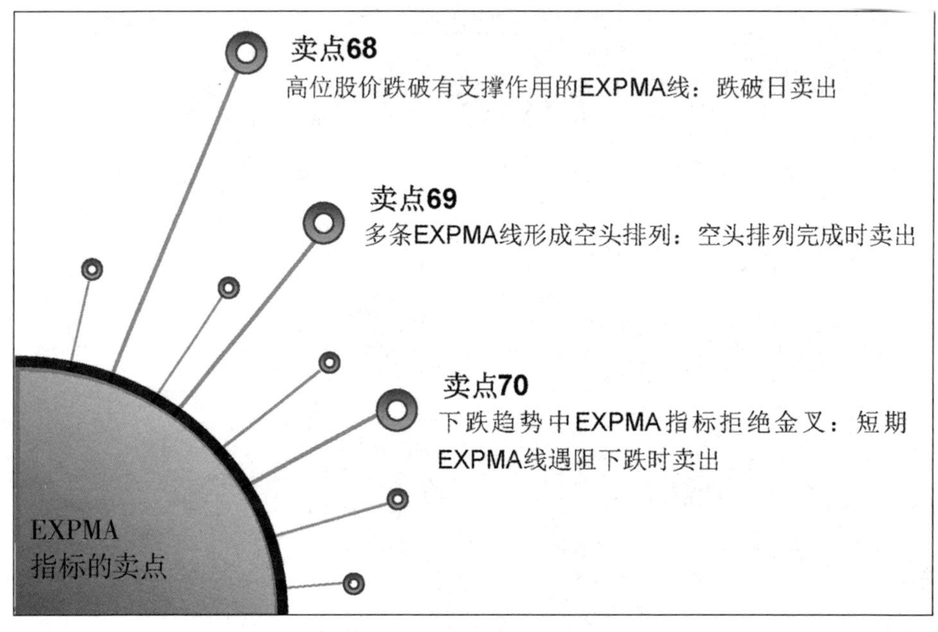
卖点68
高位股价跌破有支撑作用的EXPMA线：跌破日卖出
卖点69
多条EXPMA线形成空头排列：空头排列完成时卖出
卖点70
下跌趋势中EXPMA指标拒绝金叉：短期EXPMA线遇阻下跌时卖出
EXPMA
指标的卖点

指标概览

EXPMA指标即指数平均数指标。该指标的形态与移动平均线指标类似，是由3~5条与K线纠缠在一起的曲线组成的（见图17-1）。

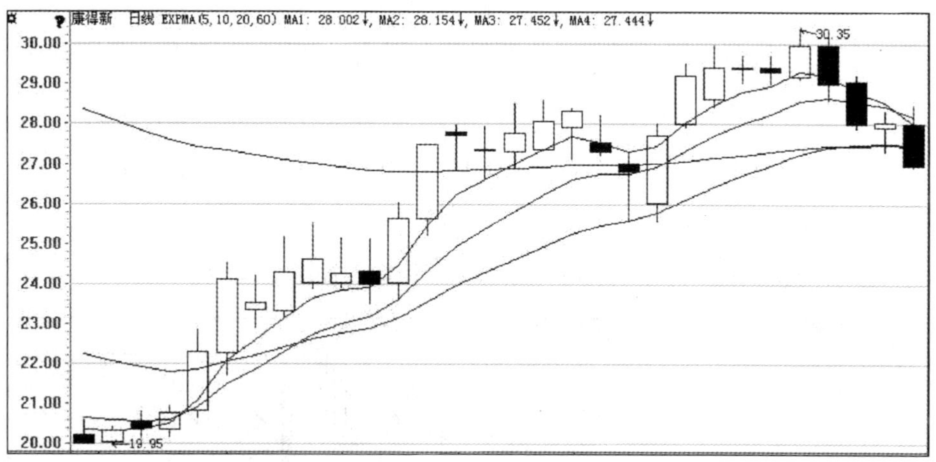

图17-1　EXPMA指标

EXPMA指标与移动平均线指标的不同之处在于EXPMA指标强调了当期行情的影响，即时间距离越近的收盘价，对指标线的影响也就越强。因此，该指标对趋势的变化会更加敏感。

EXPMA指标的具体用法与移动平均线指标大致相同。

卖点68　高位股价跌破有支撑作用的EXPMA线：跌破日卖出

● 技术特征

1．当股价在上涨行情中多次在某条EXPMA线位置获得支撑时，投资者可以确定该EXPMA线为股价上涨重要的支撑线。只要股价还在这条EXPMA线上方运行，就说明上涨行情还在持续。

2．一旦股价跌破有支撑作用的EXPMA线，就说明上涨行情结束。这是股价即将见顶下跌的信号。

高位股价跌破有支撑作用的EXPMA线的形态如图17–2所示。

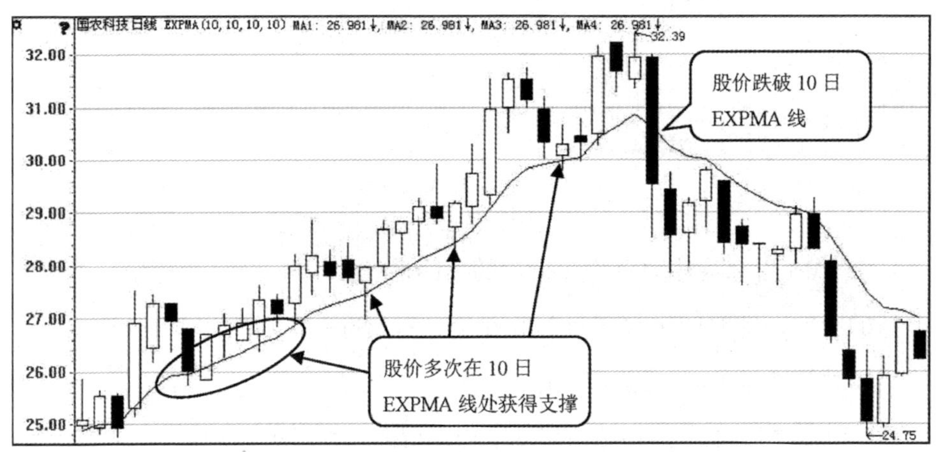

图17–2　高位股价跌破有支撑作用的EXPMA线

● 卖点出击

当股价跌破有支撑作用的EXPMA线时，说明上涨行情结束，股价见顶下跌。此时投资者应该尽快卖出手中的股票。

● 经典案例

如图17–3所示，小商品城（600415）股价在上涨过程中，多次在10

日 EXPMA 线附近获得支撑。这样的形态说明该 EXPMA 线是股价上涨重要的支撑线。只要股价运行在该趋势线上方，就说明上涨行情还在持续。

2023 年 5 月 12 日，股价跌破 EXPMA 线，这是上涨行情结束，股价即将见顶下跌的信号。此时投资者应该尽快卖出股票。

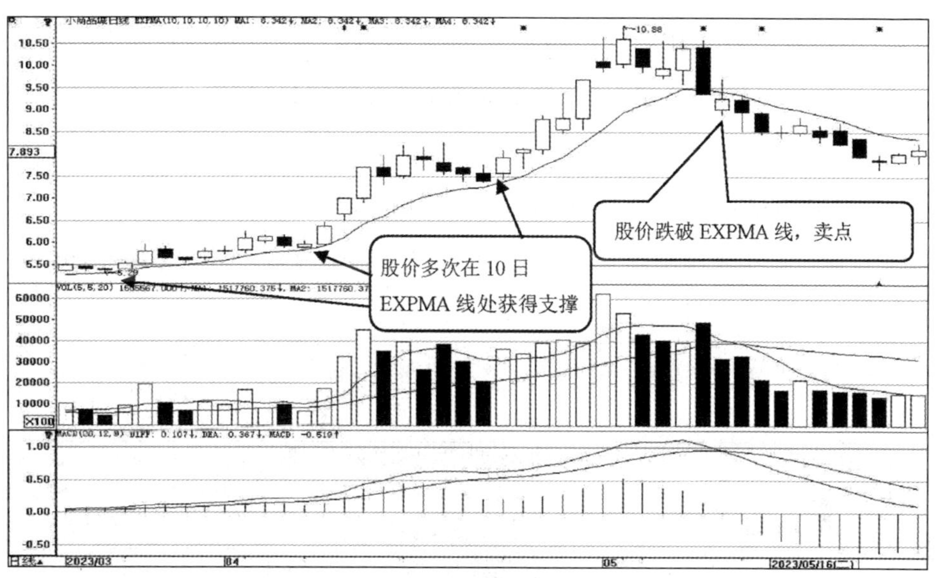

图 17-3　小商品城日 K 线

实战提高

1. 只有在股价上涨过程中能够对股价形成支撑的 EXPMA 线被跌破才是有效的看跌信号。

2. 股价跌破有支撑作用的 EXPMA 线后可能小幅回抽，但回抽一般无法突破 EXPMA 线就会遇到阻力下跌。此次回抽是对之前跌破行情的确认，也是投资者卖出股票的另一个机会。

3. 为了尽量避免踏空风险，投资可以等到某个交易日的收盘价确定会跌破有支撑作用的 EXPMA 线后再卖出股票。如果仅仅是盘中最低价跌破了 EXPMA 线，最终收盘价高于 EXPMA 线，则投资者可以稳定持有股票。

卖点69　多条EXPMA线形成空头排列：空头排列完成时卖出

● 技术特征

1．在多条EXPMA线的组合中，如果短期EXPMA线在中期EXPMA线下方，中期EXPMA线在长期EXPMA线下方，则构成EXPMA线的空头排列形态。

2．EXPMA线的空头排列形态说明短期平均股价低于中期平均股价，中期平均股价低于长期平均股价，这是股价走势越来越弱、处于下跌行情中的信号。

多条EXPMA线形成空头排列的形态如图17–4所示。

图17–4　多条EXPMA线形成空头排列

● 卖点出击

当多条EXPMA线最终形成空头排列形态时，说明持续的下跌趋势已经形成。此时投资者应该尽快卖出手中的股票。

● 经典案例

如图 17-5 所示，华嵘控股（600421）股价在顶部整理过程中，其 10 日 EXPMA 线连续跌破 20 日 EXPMA 线和 60 日 EXPMA 线。

2023年3月24日，其20日EXPMA线跌破60日EXPMA线，EXPMA指标形成空头排列。这样的形态说明股价的下跌趋势已经形成。此时投资者应该尽快卖出股票。

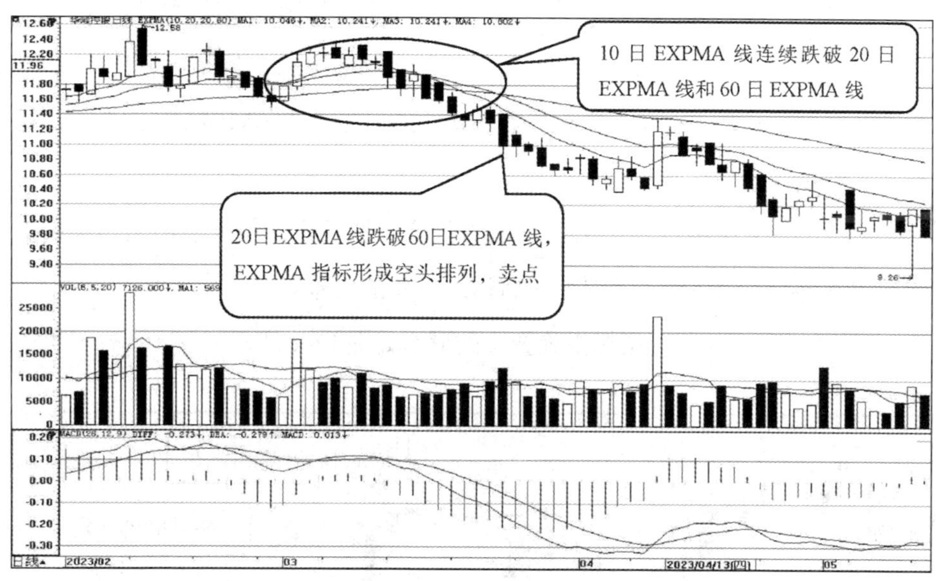

图 17-5　华嵘控股日 K 线

实战提高

1．判断EXPMA指标形成空头排列时，一般使用3条EXPMA线的组合。投资者可以选择5日EXPMA线、10日EXPMA线、20日EXPMA线，也可以选择10日EXPMA线、20日EXPMA线、60日EXPMA线。选择组合的EXPMA线周期越长，其看跌信号越准确，但相应的信号会越滞后。

2．为了减少股价下跌的损失，投资者可以在空头排列形成过程中就逐渐卖出股票。等最终空头排列完成后再将剩余的股票卖出。

3．空头排列形成过程中EXPMA线的波动幅度越小，空头排列形成得越快，该形态的看跌信号越强烈。

卖点70　下跌趋势中EXPMA指标拒绝金叉：短期EXPMA线遇阻下跌时卖出

● 技术特征

1．股价持续下跌过程中，短期EXPMA线在中长期EXPMA线下方。

2．此时股价出现反弹，短期EXPMA线也随之上扬。但是短期EXPMA线并没有突破中长期EXPMA线就遇阻下跌。此时这两条EXPMA线就形成了拒绝金叉形态。

3．EXPMA指标拒绝金叉形态说明股价虽然反弹，但未能凝聚足够的上涨动能就再次遇阻下跌。这是股价将持续下跌的信号。

下跌趋势中EXPMA指标拒绝金叉的形态如图17-6所示。

图17-6　下跌趋势中EXPMA指标拒绝金叉

● 卖点出击

当短期EXPMA线反弹至长期EXPMA线附近遇到阻力、继续下跌时，说明下跌行情还在继续。此时投资者应该卖出股票。

● 经典案例

如图17-7所示，片仔癀（600436）股价在下跌过程中出现了小幅反弹行情。在股价反弹过程中，其5日EXPMA线逐渐向20日EXPMA线靠拢。

2023年6月19日，股价遇阻下跌，同时其5日EXPMA线也在20日EXPMA线位置遇阻下跌。这样的形态说明股价反弹没能凝聚足够的上涨动能就开始再次下跌。这是该股股价会继续下跌的信号。此时投资者应该卖出股票。

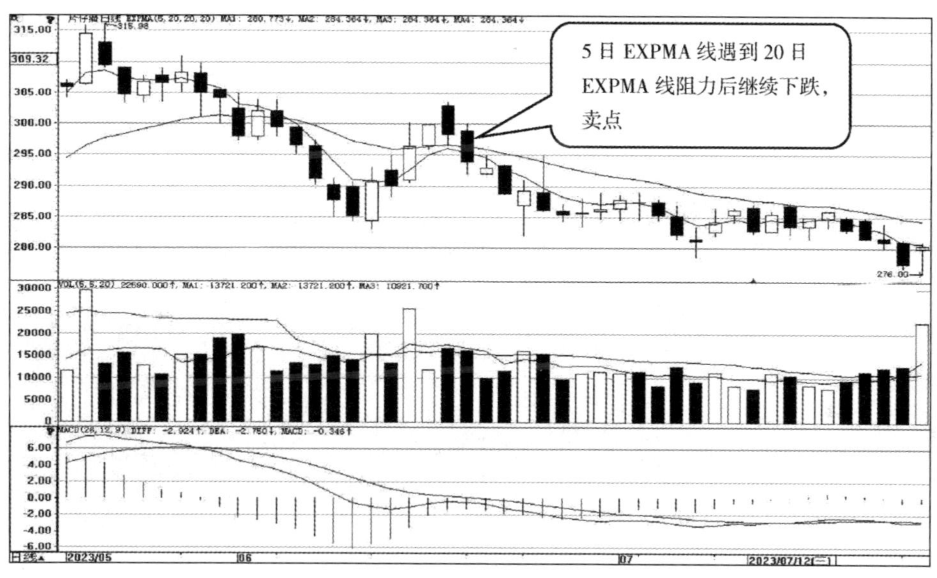

图17-7　片仔癀日K线

实战提高

1．有时短期EXPMA线可能会略微突破中长期EXPMA线，但不会持续太久就会再次下跌。只要突破幅度不大且持续时间不长，该形态的看跌信号就依然成立。

2．如果短期EXPMA线向中长期EXPMA线靠拢过程中成交量逐渐萎缩，则验证了多方力量萎缩的信号。此时该形态的看跌信号会更加可靠。

3．除了中长期EXPMA线会对短期EXPMA线形成阻力，股价也会在EXPMA线附近遇阻下跌。当股价在某条EXPMA线附近遇阻下跌时，同样是看跌卖出信号。

第 18 章

TRIX 指标的卖点

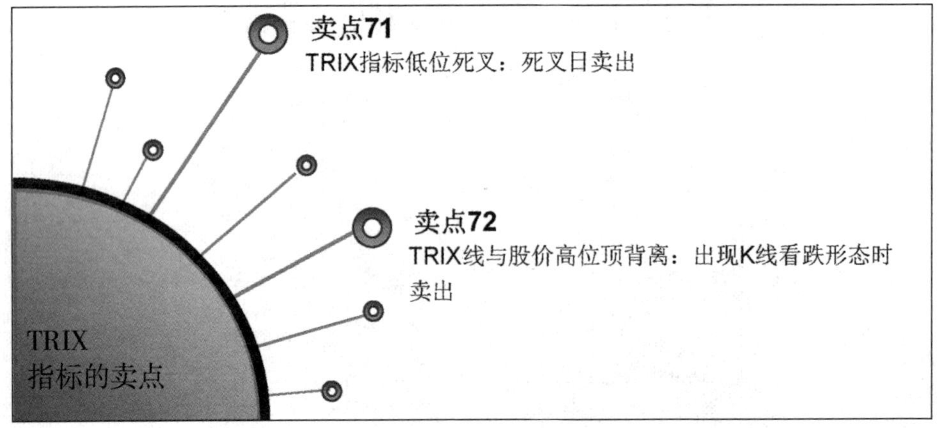
卖点71
TRIX指标低位死叉：死叉日卖出
卖点72
TRIX线与股价高位顶背离：出现K线看跌形态时卖出
TRIX
指标的卖点

指标概览

TRIX 指标即三重指数平滑平均线指标。该指标包括两条指标线，分别是TRIX线和TRMA线。其中波动较快的是TRIX线，波动较慢的是TRMA线（见图18-1）。

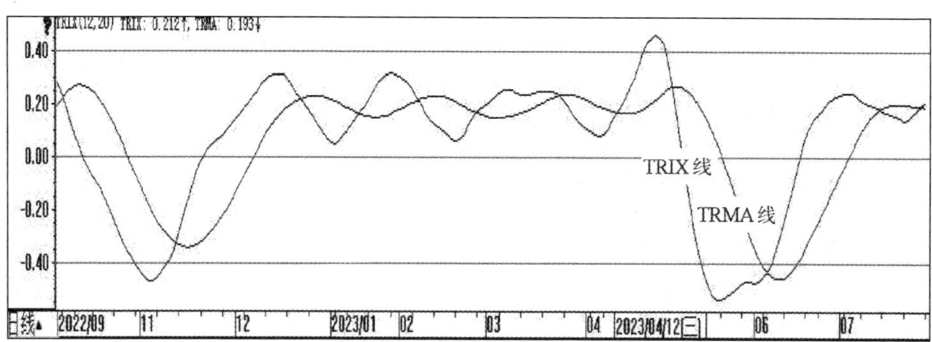

图 18-1　TRIX 指标

TRIX 指标在计算时，首先连续三次计算收盘价的 *n* 日平滑移动平均值，记为TR。TRIX 的计算公式为：（当日 TR－前一日 TR）÷ 前一日 TR × 100。TRMA线则表示TRIX线的 *m* 日移动平均线。

因为在计算过程中连续三次计算平滑移动平均值，所以该指标可以过滤掉一些短期波动的信号，避免交易次数过于频繁，造成部分无利润的买卖。该指标的信号更适合中长线投资者买卖股票时使用。

卖点71　TRIX指标低位死叉：死叉日卖出

● 技术特征

1. 当TRIX指标中的TRIX线跌破TRMA线时，就形成了死叉形态。如果TRIX指标死叉出现在零轴以下区域，则称为低位死叉。

2. TRIX指标在低位形成死叉，说明股价处于下跌行情中，并且股价在短期内的走势越来越弱。这是股价会持续下跌的信号。

TRIX指标低位死叉的形态如图18-2所示。

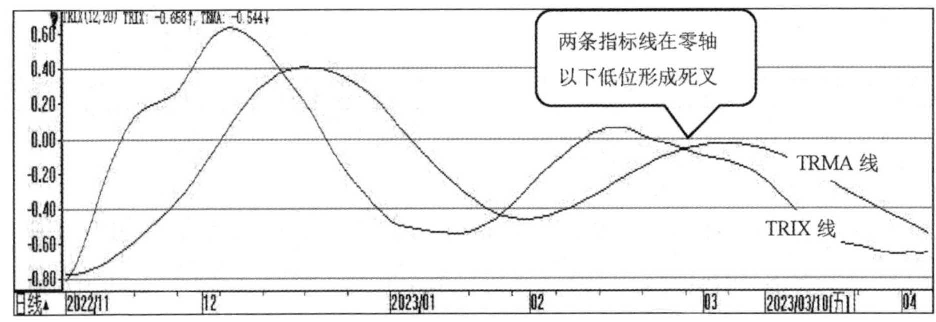

图18-2　TRIX指标低位死叉

● 卖点出击

当TRIX线跌破TRMA线形成低位死叉时，说明市场行情已经走弱。此时投资者应该尽快卖出股票。

● 经典案例

如图18-3所示，中山公用（000685）股价在下跌途中，其TRIX指标的两条指标线都位于零轴下方。

2022年9月20日，其TRIX线跌破了TRMA线，在零轴下方形成死叉形态。这样的形态说明该股处于持续下跌行情中，并且股价走势越来越弱。看到这样的形态，投资者应该尽快卖出股票。

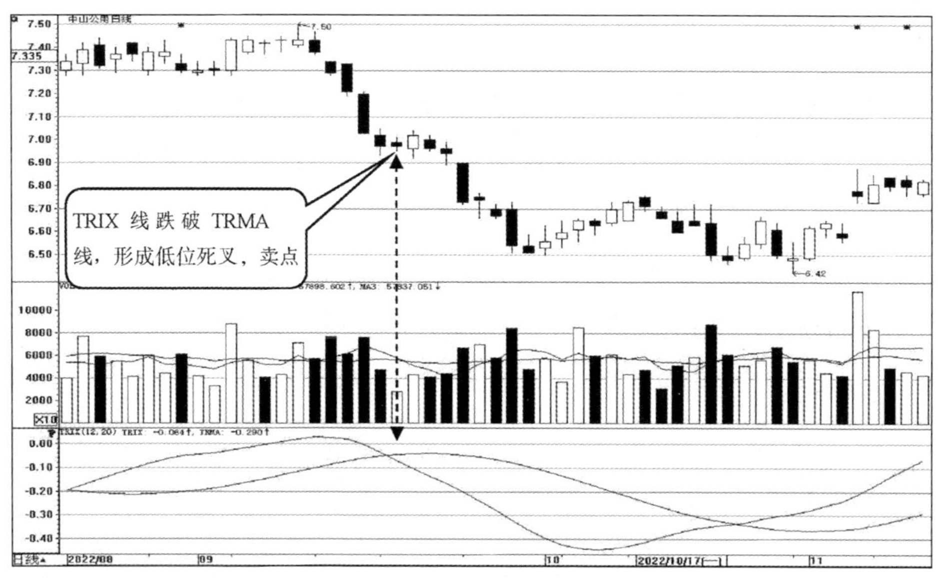

图18-3　中山公用日K线

实战提高

1．该死叉形态只有位于零轴下方低位才是有效的看跌信号。如果死叉出现在零轴上方的高位，则说明股价处于持续上涨行情中。此时即使股价下跌也可能是上涨过程中的小幅回调，不构成卖出信号。

2．如果TRIX线和TRMA线反复纠缠在一起，连续形成交叉，则说明市场上的投资者情绪纠结，没有决定方向。此时出现的死叉形态并不是看跌信号。

卖点72 TRIX线与股价高位顶背离：出现K线看跌形态时卖出

● 技术特征

1. 当股价在上涨行情中连续创出新高时，如果TRIX指标线位于零轴上方，并且形成了一顶比一顶低的下跌走势，二者就形成了高位顶背离形态。

2. TRIX线与股价形成高位顶背离形态，说明虽然股价持续上涨，但其上涨的趋势越来越弱。这是上涨动能不足，股价即将见顶下跌的信号。

TRIX线与股价高位顶背离的形态如图18-4所示。

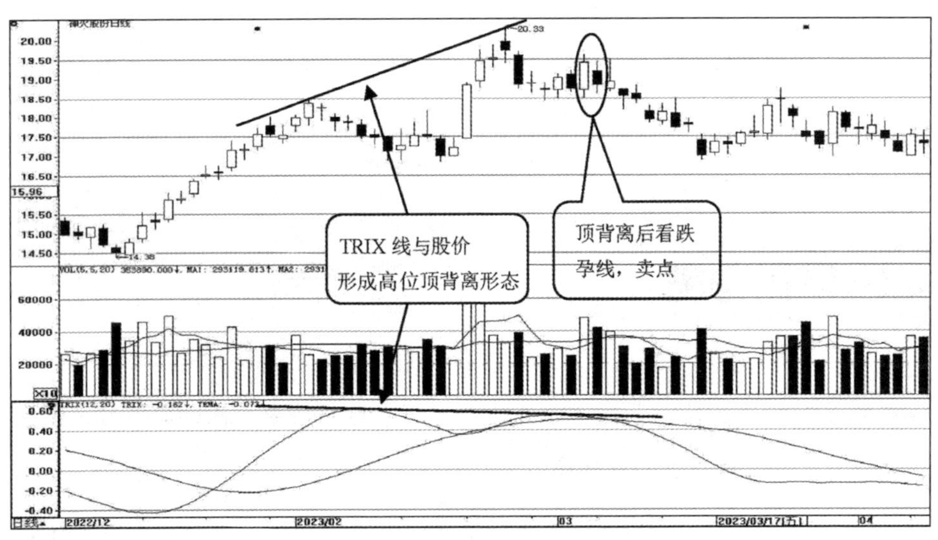

图18-4 TRIX线与股价高位顶背离

● 卖点出击

顶背离形态完成后，当K线在高位形成看跌形态时，说明股价即将进入下跌趋势。此时投资者应该尽快卖出股票。

● 经典案例

如图18–5所示，模塑科技（000700）股价在上涨行情中与TRIX指标形成了顶背离形态。这样的形态说明股价虽然持续上涨，但上涨趋势却越来越弱，未来将有见顶下跌的趋势。

2022年8月24日，TRIX线与股价顶背离之后，K线在高位形成乌云盖顶的看跌形态。这说明股价即将进入下跌行情，此时投资者应该尽快卖出股票。

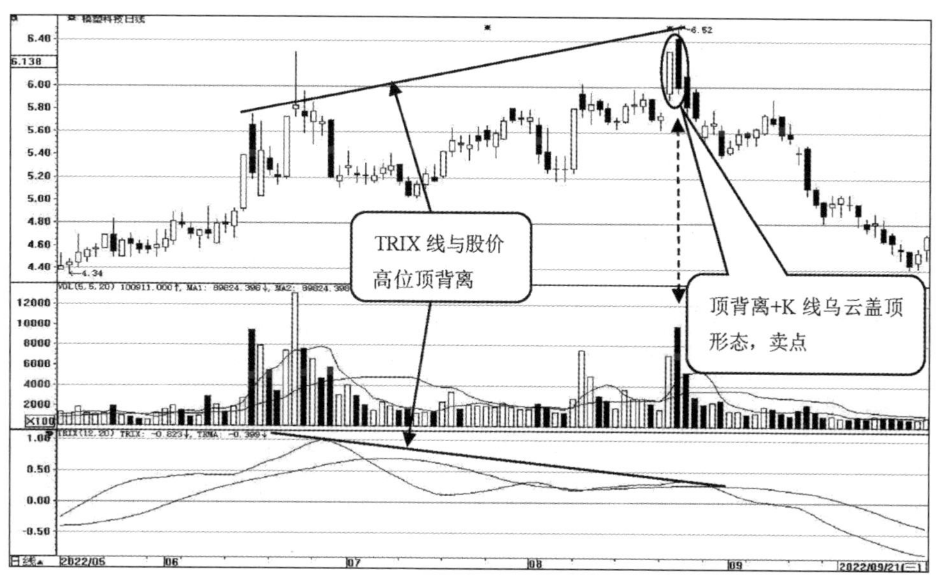

图 18–5　模塑科技日 K 线

实战提高

1．TRIX线在零轴上方持续整理的时间越长，顶背离的次数越多，则下跌趋势一旦形成，股价的下跌空间也就越大。

2．为了尽量减少亏损，投资者可以在顶背离过程中就逐渐减仓卖出股票，等顶背离完成后再将手中剩余的股票全部卖出。

3．如果顶背离形成过程中成交量持续萎缩，则验证了上涨动能越来越弱的趋势。此时该形态的看跌信号会更加强烈。

第 19 章

SAR 指标的卖点

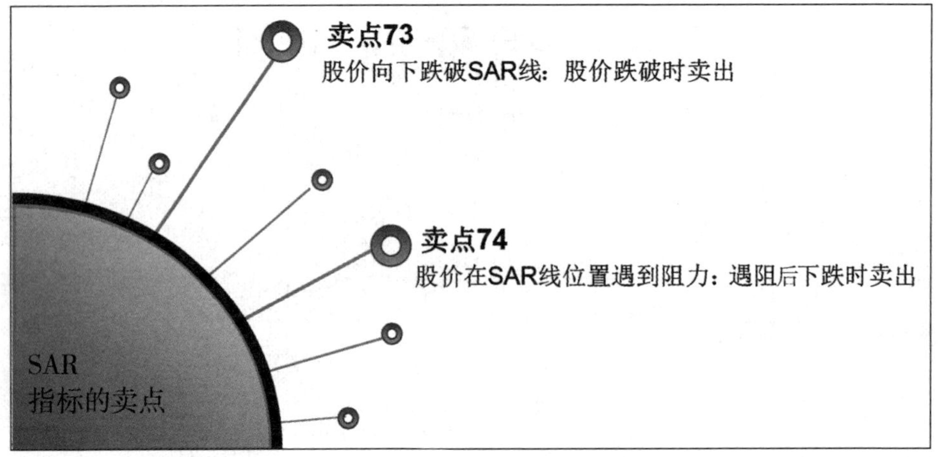
卖点73
股价向下跌破SAR线：股价跌破时卖出
卖点74
股价在SAR线位置遇到阻力：遇阻后下跌时卖出
SAR
指标的卖点

指标概览

SAR 指标即抛物转向指标。该指标由一组围绕股价上下波动的点状线组成（见图 19-1）。

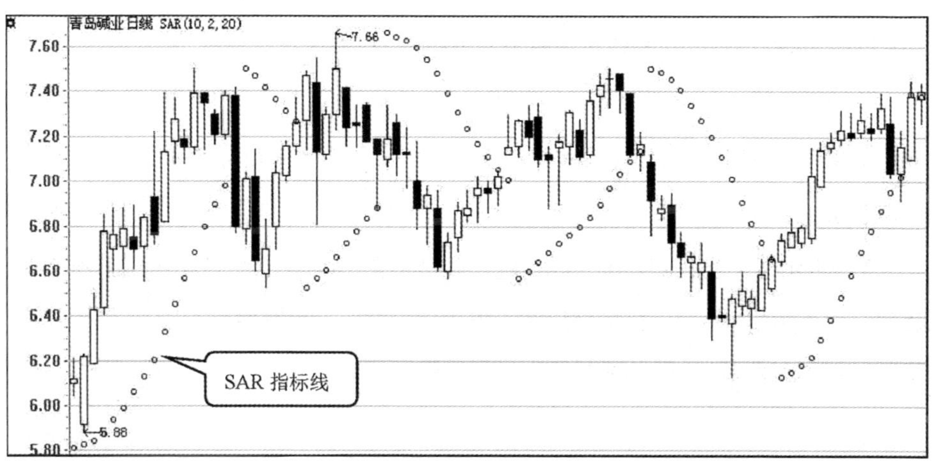

图 19-1　SAR 指标

当股价位于SAR 指标线上方时，SAR 指标显示为红色的点状线，说明此时股价处于强势上涨行情中。当股价位于SAR 指标线下方时，SAR 指标显示为绿色点状线，说明此时股价处于弱势下跌行情中。

卖点73 股价向下跌破SAR线：股价跌破时卖出

● 技术特征

1．当股价位于SAR线上方时，说明股价处于上涨趋势中。当股价位于SAR线下方时，说明股价处于下跌趋势中。

2．投资者如果持有股票，可以将SAR指标线作为止损线。一旦某个交易日的最低价跌破下方的SAR指标线，就说明股价由上涨趋势进入了下跌趋势，这是股价见顶下跌的信号。

3．如果某个交易日的最低价跌破了SAR线，则下个交易日，SAR线会移动到股价上方运行，形成股价上涨的阻力线。

股价向下跌破SAR线的形态如图19-2所示。

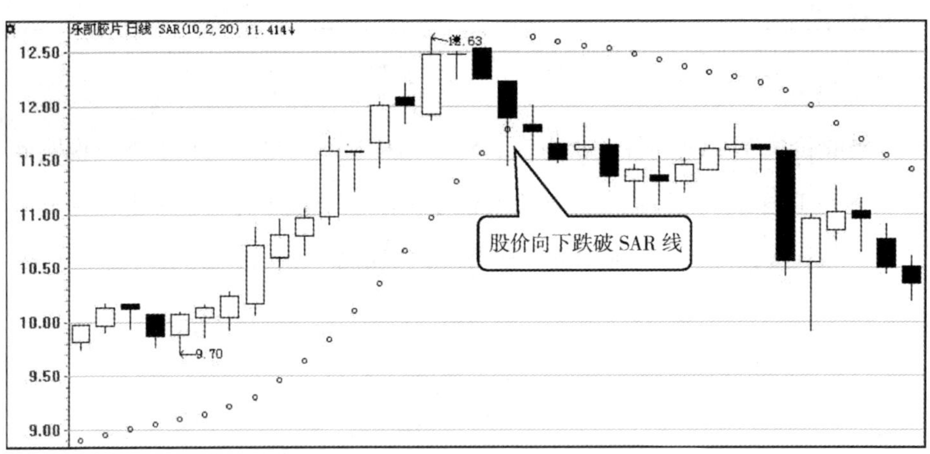

图19-2 股价向下跌破SAR线

● 卖点出击

当股价在盘中的最低价跌破SAR线时，投资者应该尽快卖出手中的股票。

● 经典案例

如图 19–3 所示，正虹科技（000702）股价在经过一波上涨走势后，于 2022 年 9 月 5 日跌破了 SAR 线。这一形态标志着该股由上涨行情进入下跌行情。看到这样的形态，投资者应该尽快卖出股票。

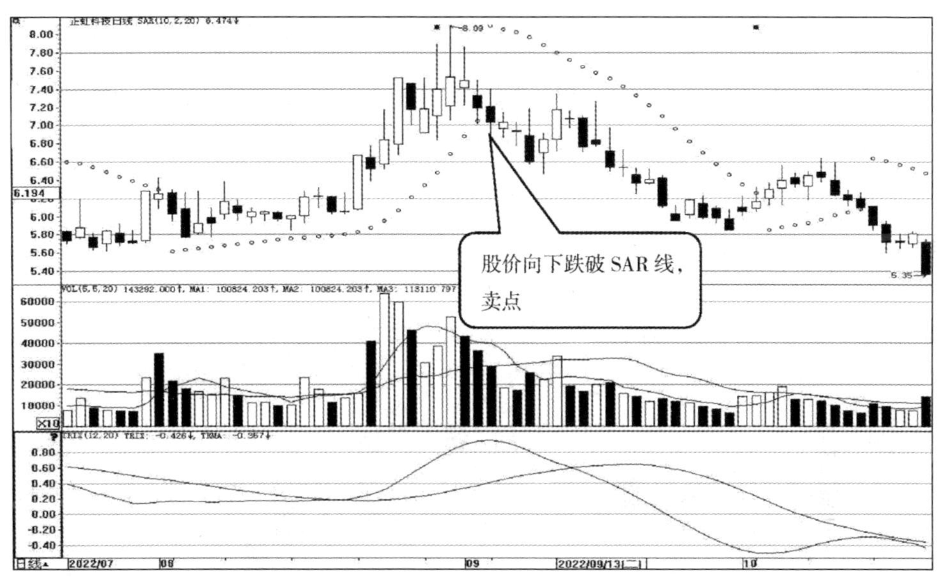

图 19–3　正虹科技日 K 线

实战提高

1．只要股价在盘中的最低价跌破 SAR 线，即使最终收盘价回到 SAR 线上方，依然说明股价跌破了 SAR 线。此时该形态同样是看跌信号。

2．股价跌破 SAR 线后的一个交易日，SAR 线会移动到股价上方运行。此时股价和 SAR 线之间的距离越远，则该形态的看跌信号就越强烈。

3．如果在之前的上涨行情中股价多次在 SAR 线附近获得支撑，则股价跌破 SAR 线后其看跌信号会更加强烈。

卖点74　股价在SAR线位置遇到阻力：遇阻后下跌时卖出

● 技术特征

1．在股价涨跌过程中，SAR线会对股价起到重要的支撑或者阻力作用。

2．股价在SAR线下方，小幅反弹到SAR线附近，但无法向上突破，而是在SAR线位置遇到阻力下跌。这样的形态说明股价上涨动能不足，无法形成有效的上涨就再次下跌。这是股价会持续下跌的信号。

股价在SAR线位置遇到阻力的形态如图19–4所示。

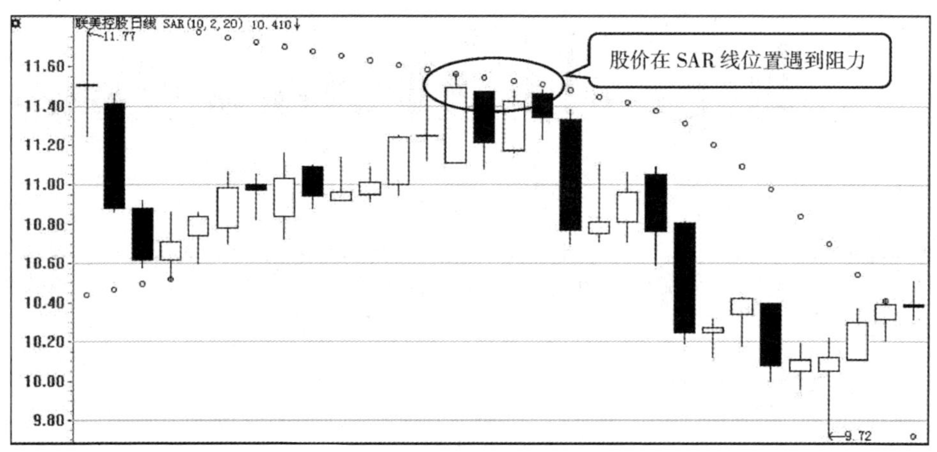

图19–4　股价在SAR线位置遇到阻力

● 卖点出击

当股价在SAR线位置遇到阻力继续下跌时，投资者应该尽快卖出股票。

● 经典案例

如图19–5所示，2023年4月14日，万年青（000789）股价上涨到SAR线位置遇到较强阻力。这样的形态说明股价虽然小幅上涨，但没能积攒足够的上涨动能。这是股价会继续下跌的信号。

4 月 17 日，股价低开低走，此时投资者应该尽快卖出股票。

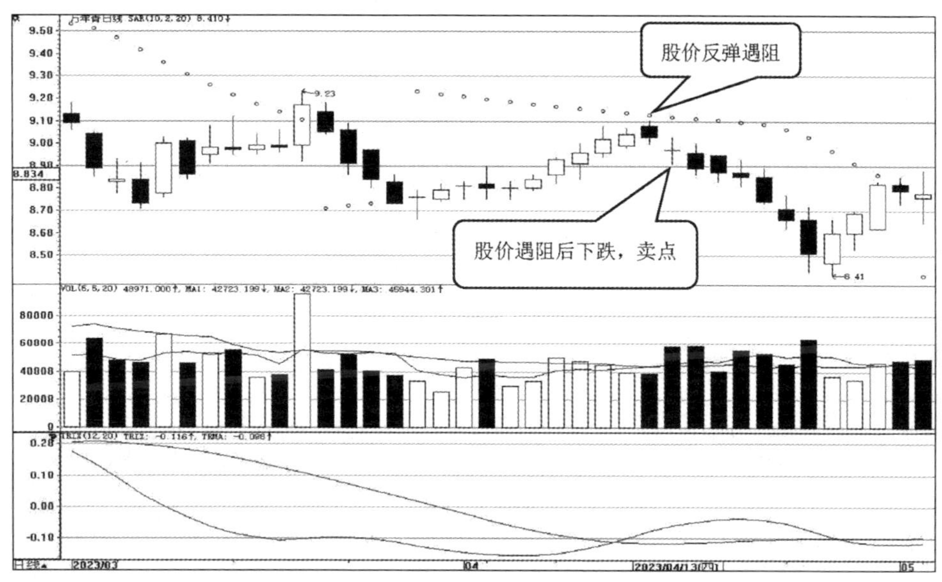

图 19-5　万年青日 K 线

1．当股价在 SAR 线位置遇阻后，只有开始再次下跌时，才是有效的看跌信号。

2．有时股价可能会略微突破 SAR 线，但随后一个交易日又向下跌破。此时该形态同样是有效的看跌信号。

3．如果股价向 SAR 线靠拢的同时成交量萎缩，则验证了股价上涨动能不足的信号。此时该形态的看跌信号会更加可靠。

第 20 章

ASI 指标的卖点

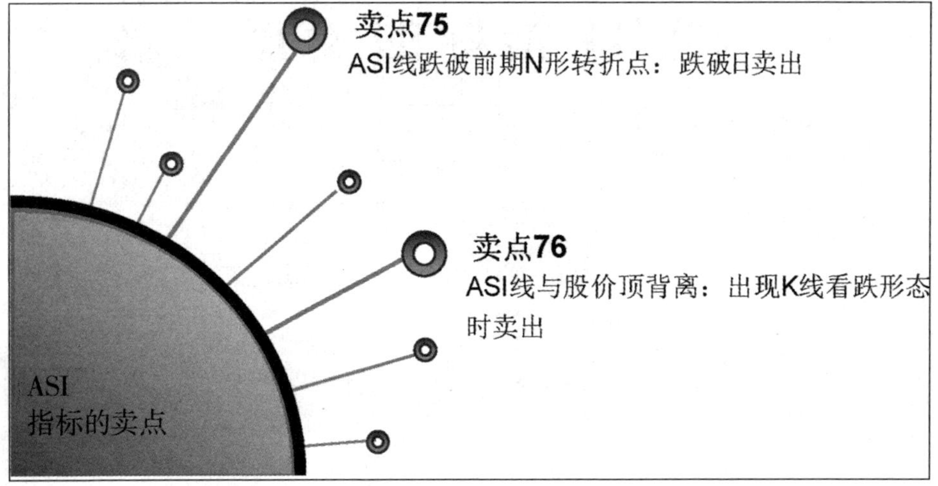
卖点75
ASI线跌破前期N形转折点：跌破日卖出
卖点76
ASI线与股价顶背离：出现K线看跌形态时卖出
ASI
指标的卖点

指标概览

ASI指标即震动升降指标。该指标包括两条曲线，其中波动比较频繁的是ASI线，比较平缓的是MASI线（见图20–1）。

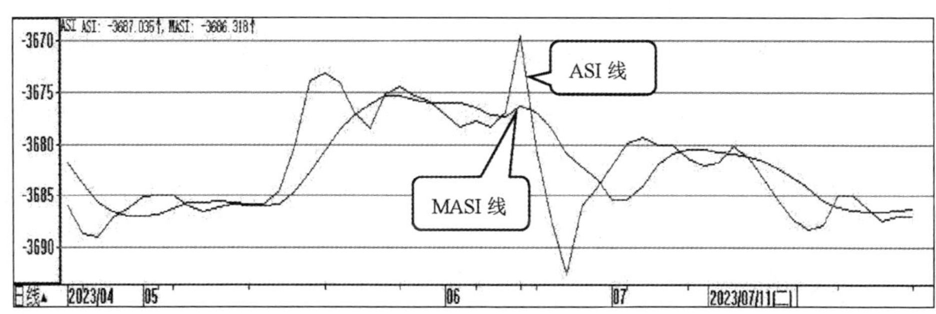

图 20−1　ASI 指标

该指标中的ASI线是以开盘价、最高价、最低价、收盘价为基础，计算出的一条曲线。该曲线几乎和股价同步波动，投资者可以将其作为判断股价走向的领先指标。MASI线是ASI线的移动平均线，投资者可以将其作为ASI线的辅助指标。

卖点75 ASI线跌破前期N形转折点：跌破日卖出

● 技术特征

1. 如果ASI指标线在上涨过程中小幅回调整理，之后继续上涨，就会形成一个N形的整理区间。其中回调时创出的低点就是N形转折点。

2. N形整理区间完成后，如果ASI线无法大幅上涨，而是很快就见顶下跌，当跌破N形转折点时，说明ASI线已经在此处筑顶，未来会持续下跌。

3. 当ASI线下跌时，股价也会同步下跌。

ASI线跌破前期N形转折点的形态如图20-2所示。

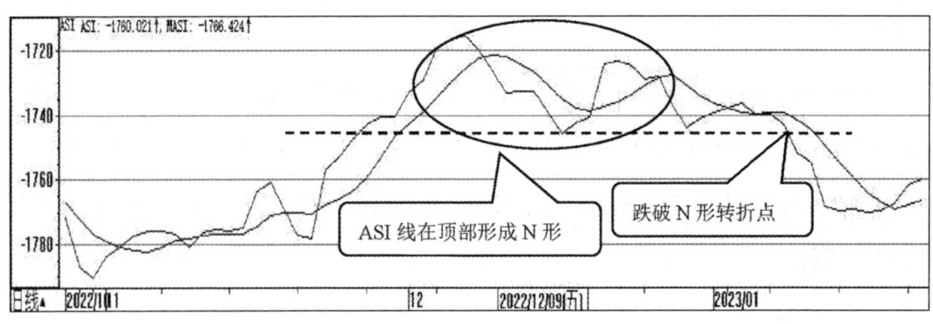

图20-2 ASI线跌破前期N形转折点

● 卖点出击

当ASI线跌破N形转折点时，说明下跌行情已经开始，此时投资者应该尽快卖出股票。

● 经典案例

如图20-3所示，津滨发展（000897）股价经过一段上涨行情后，其ASI指标在顶部形成了N形反转形态。这说明股价上涨遇到了一定阻力，但经过调整后再次上涨。

2022年12月20日，ASI指标线跌破了N形的转折点。这说明该指标已经在此处筑顶，未来将持续下跌。而随着ASI指标线下跌，股价也会持续下跌。这样的形态出现后，投资者应该尽快卖出股票。

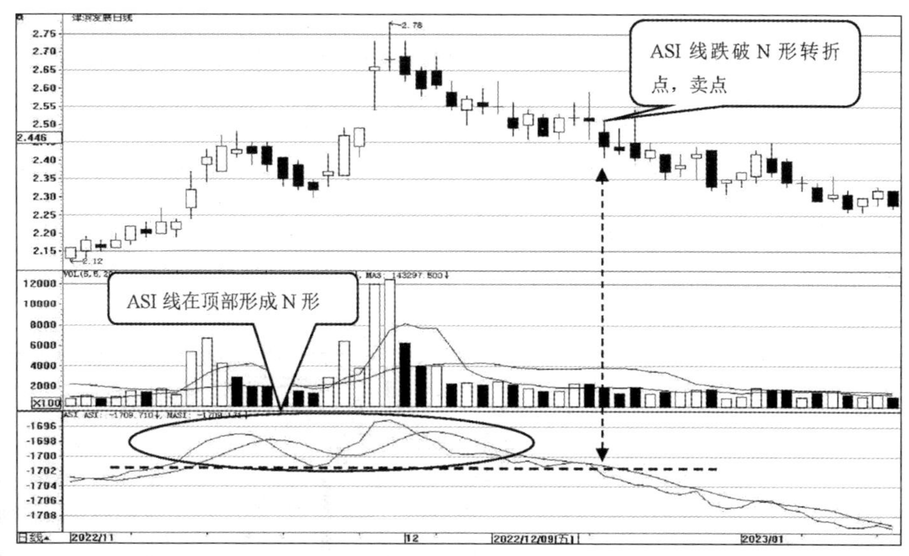

图20-3　津滨发展日K线

1．在ASI指标的N形中，股价经过调整后第二次上涨可能创出新高，也可能没有创新高就遇阻下跌。

2．如果ASI指标在顶部形成N形的同时，股价也在高位形成了类似的形态，则该形态的看跌信号会更加强烈。

3．如果ASI经过调整再次上涨过程中成交量持续萎缩，则验证了股价筑顶的信号，此时该形态的看跌信号会更加可靠。

卖点76　ASI线与股价顶背离：出现K线看跌形态时卖出

● 技术特征

1．当股价持续上涨，连续创出新高时，如果ASI指标线无法创出新高，而是形成一顶比一顶低的下跌走势，二者就形成了顶背离形态。

2．这样的形态说明股价虽然持续上涨，但按照ASI指标衡量的上涨趋势却有所减弱。这是股价上涨动能不足，未来即将见顶下跌的信号。

ASI线与股价顶背离的形态如图20-4所示。

图20-4　ASI线与股价顶背离

● 卖点出击

顶背离形态完成后，当股价K线形成看跌形态时，说明下跌行情即将开始。此时投资者应该尽快卖出股票。

● 经典案例

如图 20-5 所示，中粮科技（000930）股价在上涨过程中连创新高，但其 ASI 指标线却无法创出新高，反而形成了一顶比一顶低的下跌走势，二者形成顶背离。这样的形态说明股价上涨趋势减弱，是看跌卖出信号。

2022年6月15日，股价开盘后高开高走，但迅速放量下跌，连创新低，这是主力不顾一切卖出的信号，同时K线形成乌云盖顶的看跌形态。这说明股价见顶下跌，此时投资者应该尽快卖出股票。

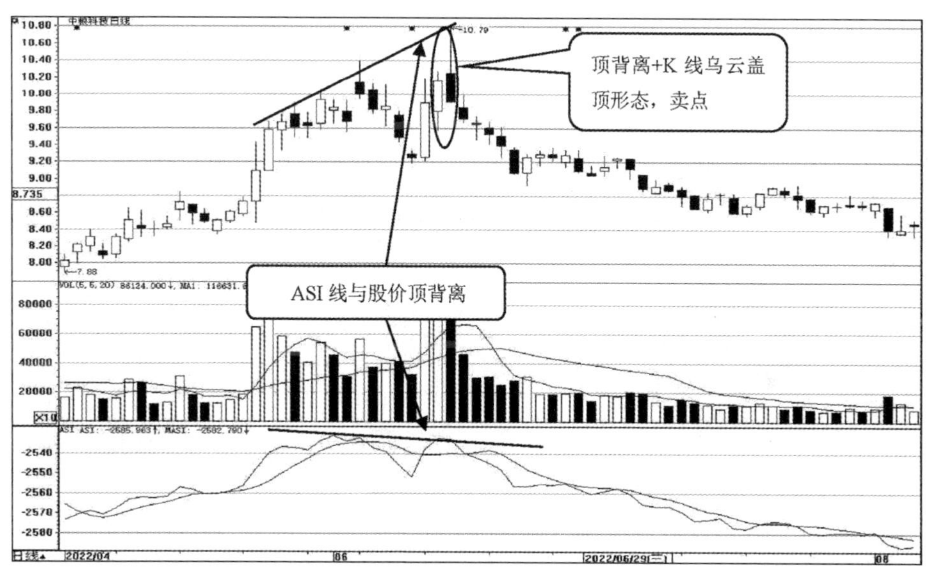

图 20-5　中粮科技日 K 线

1. ASI 线与股价顶背离持续的时间越长，背离的次数越多，未来股价的下跌空间也就越大。

2. 如果在顶背离过程中成交量持续萎缩，则验证了股价上涨动能不足的信号。此时该形态的看跌信号会更加可靠。

3. 如果 ASI 线与股价顶背离的同时，MASI 线也与股价形成了类似的顶背离形态，则该形态的看跌信号会更加可靠。

第 21 章

BIAS 指标的卖点

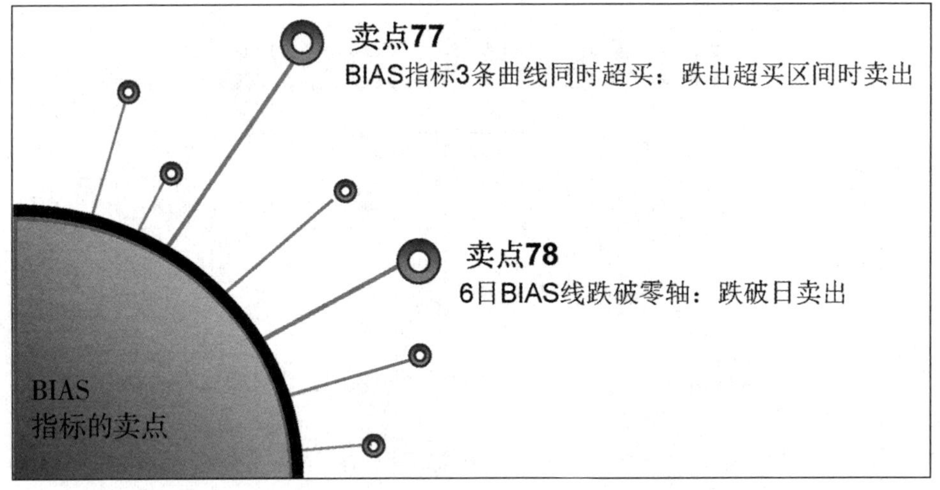
卖点77
BIAS指标3条曲线同时超买：跌出超买区间时卖出
卖点78
6日BIAS线跌破零轴：跌破日卖出
BIAS
指标的卖点

指标概览

BIAS指标即乖离率指标。该指标由三条曲线组成，分别为不同周期的BIAS曲线。周期越短的BIAS线，其波动速度也就越快（见图21-1）。

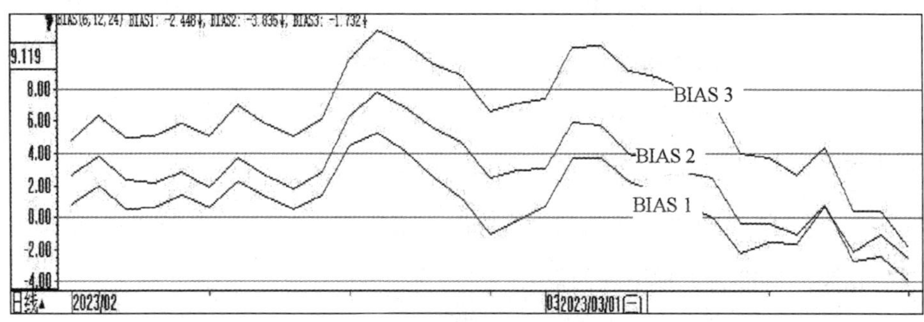

图 21-1　BIAS 指标

乖离率指标表示当日收盘价与相应周期移动平均线之间的偏离程度。该指标大于0时，说明股价在移动平均线上方；指标小于0时，说明股价在移动平均线下方。

正的乖离率越大，表示短期获利筹码越多，未来股价遭到获利卖盘打压的可能性也就越大；负的乖离率越大，则短期内有抄底资金拉升股价的可能性越大。

卖点77　BIAS指标3条曲线同时超买：跌出超买区间时卖出

● 技术特征

1．当BIAS线上涨到零轴上方很高的位置后，说明股价已经进入极度强势的行情。这种行情被称为超买行情，是股价强势上涨难以持续、将见顶下跌的信号。

2．当6日BIAS线突破5，12日BIAS线突破7，24日BIAS线突破11时，标志着市场进入超买状态。

3．当3条BIAS线都进入超买区间时，说明整个市场进入了较强的超买状态。这是股价即将见顶下跌的信号。

BIAS指标3条曲线同时进入超买区间的形态如图21-2所示。

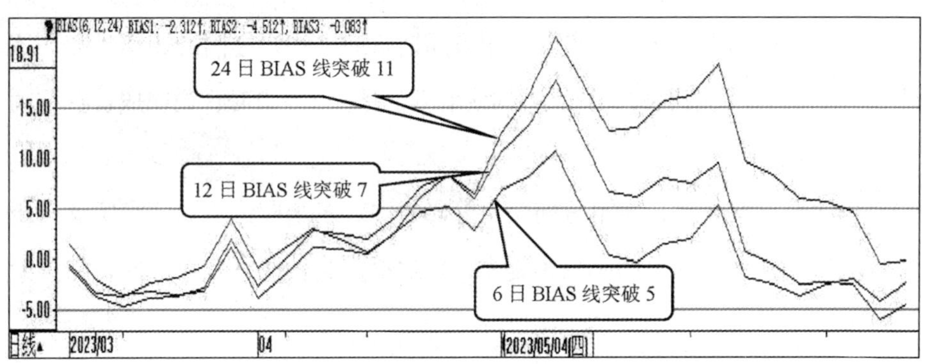

图21-2　BIAS指标3条曲线同时超买

● 卖点出击

当3条BIAS线见顶下跌，跌出超买区间时，说明强势上涨行情结束，此时投资者应该尽快卖出股票。

● 经典案例

如图21-3所示，2023年5月4日日照港（600017）股价上涨一段时间后，其

BIAS指标的3条曲线纷纷进入各自的超买区间。这样的形态说明股价进入极度强势的上涨行情，但这种强势上涨行情难以持续，未来股价可能会见顶下跌。

5月10日，BIAS指标中的6日BIAS线跌出超买区间。这是上涨行情走弱的标志，此时投资者可以先将手中的股票卖出一部分。

5月11日，12日和24日BIAS线也跌出超买区间。这标志着超买状态完全结束，此时投资者应该将剩余股票全部清空。

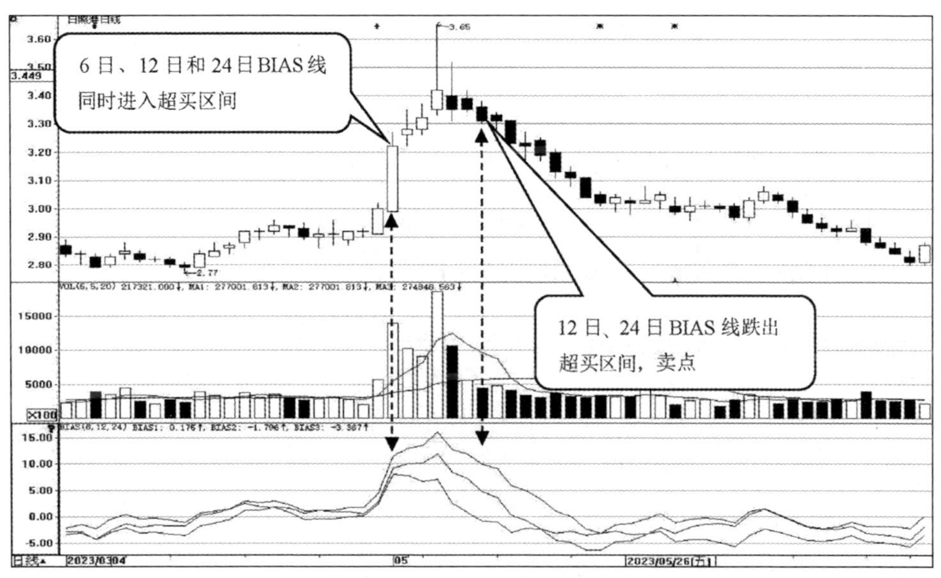

图21-3　日照港日K线

实战提高

1．按照该形态卖出股票时，投资者可以选择在每条BIAS线跌出超买区间时分别卖出部分股票。这样操作的好处是可以尽量减少下跌造成的损失。

2．除了分笔卖出外，投资者还可以选择在3条BIAS线都跌出超买区间后将手中的股票一次性全部卖出。这样可以避免踏空风险。

3．3条BIAS线在各自超买区间内整理的时间越长，则推动股价上涨的多方力量就会被消耗得越严重。未来股价一旦见顶下跌，就会有更大的下跌空间。

卖点78　6日BIAS线跌破零轴：跌破日卖出

● 技术特征

1. 6日BIAS指标统计的是股价较6日移动平均线的偏离程度。当6日BIAS线在零轴上方时，说明股价位于6日移动平均线上方，且BIAS线位置越高，股价离移动平均线越远。当6日BIAS线在零轴下方时，说明股价位于6日移动平均线下方，且BIAS线位置越低，股价离移动平均线越远。

2. 当6日BIAS线跌破零轴时，说明股价跌破了6日移动平均线。这是股价在短期内进入下跌行情，还会继续下跌的信号。

6日BIAS线跌破零轴的形态如图21-4所示。

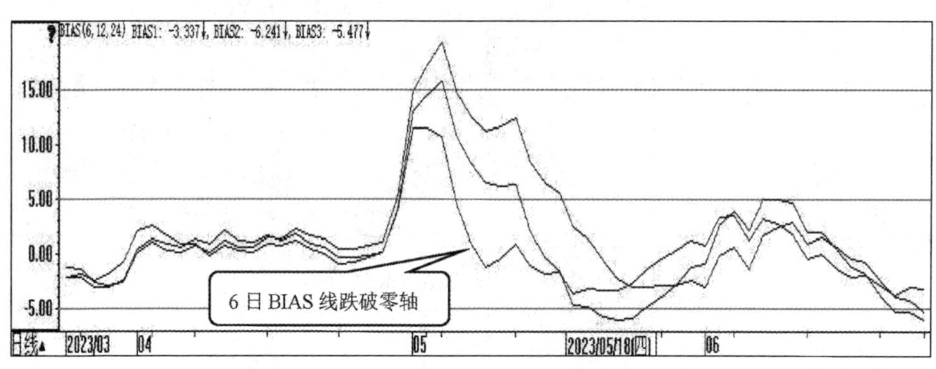

图21-4　6日BIAS线跌破零轴

● 卖点出击

当6日BIAS线跌破零轴时，说明股价在短期内进入下跌行情。此时投资者应该尽快卖出股票。

● 经典案例

如图21-5所示，2023年7月5日东风科技（600081）股价在经过一波快速上涨走势后迅速下跌，6日BIAS线跌破零轴。这说明股价进入了短期的下跌行情。此时投资者应该尽快卖出股票。

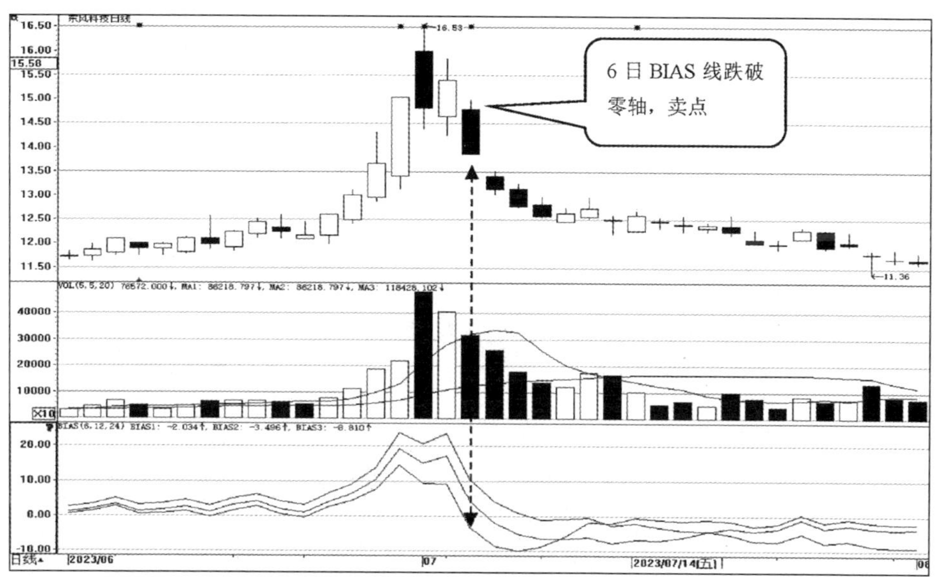

图21-5　东风科技日K线

实战提高

1．6日BIAS线跌破零轴可以被当作短线卖出信号。而12日BIAS线和24日BIAS线跌破零轴，则分别可以被当作中短线和中线卖出信号。

2．如果6日BIAS线曾经多次在零轴附近获得支撑，说明6日移动平均线是股价下跌的重要支撑线。此时6日BIAS线一旦跌破零轴，将会是十分强烈的看跌信号。

3．6日BIAS线跌破零轴后可能小幅反弹，但反弹无法突破零轴就将再次下跌。这次回抽是对跌破行情的确认，也是看跌卖出股票的机会。

第 22 章

EMV 指标的卖点

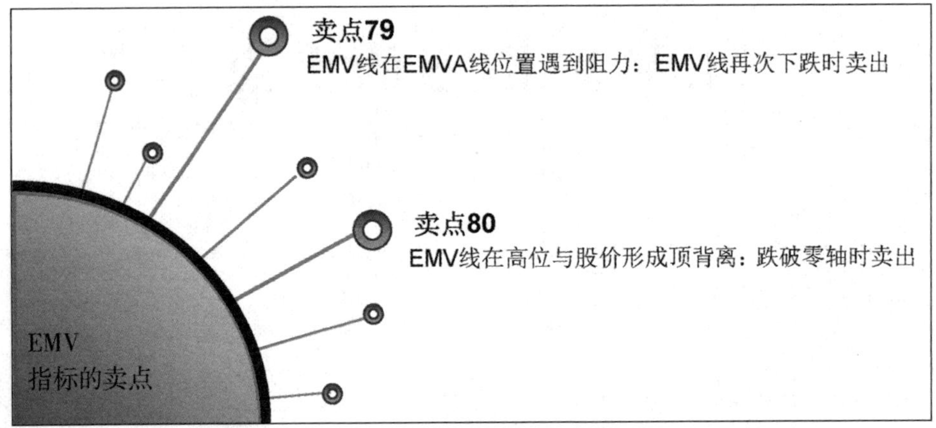
卖点79
EMV线在EMVA线位置遇到阻力：EMV线再次下跌时卖出
卖点80
EMV线在高位与股价形成顶背离：跌破零轴时卖出
EMV
指标的卖点

指标概览

EMV指标即简易波动指标，包括两条曲线，分别是波动速度较快的EMV线和波动较平缓的EMVA线。其中，EMVA线是EMV线的移动平均线（见图22-1）。

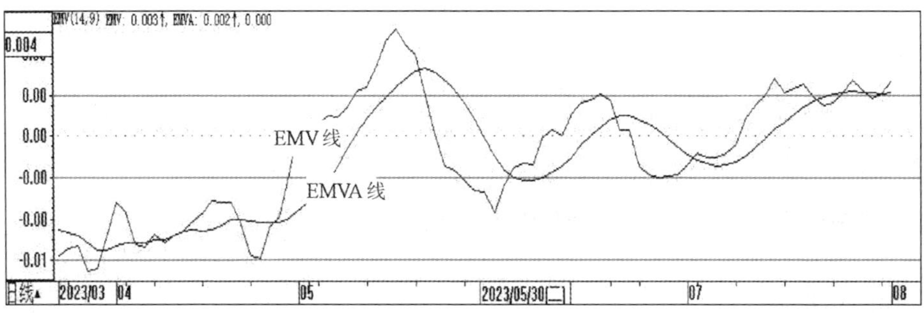

图 22-1　EMV 指标

EMV指标根据成交量和股价的变化得出。如果较少的成交量便能推动股价上涨，则EMV数值会升高；相反，如果股价下跌时仅伴有较少的成交量，则EMV数值会降低；倘若股价不涨不跌，或者股价的上涨和下跌都伴有较大的成交量，则EMV的数值会趋近于零。

卖点 79　EMV 线在 EMVA 线位置遇到阻力：EMV 线再次下跌时卖出

● 技术特征

1. 在EMV线涨跌过程中，EMVA线会对其起到较强的支撑或阻力作用。

2. 如果EMV线在EMVA线下方，逐渐上升到EMVA线附近后无法形成有效突破，而是遇到阻力继续下跌，则该形态完成。

3. 这样的形态说明市场上的多方力量虽然短暂聚集，但无法推动股价持续上涨。该形态出现时，预示着股价将会持续下跌。

EMV线在EMVA线位置遇到阻力的形态如图22-2所示。

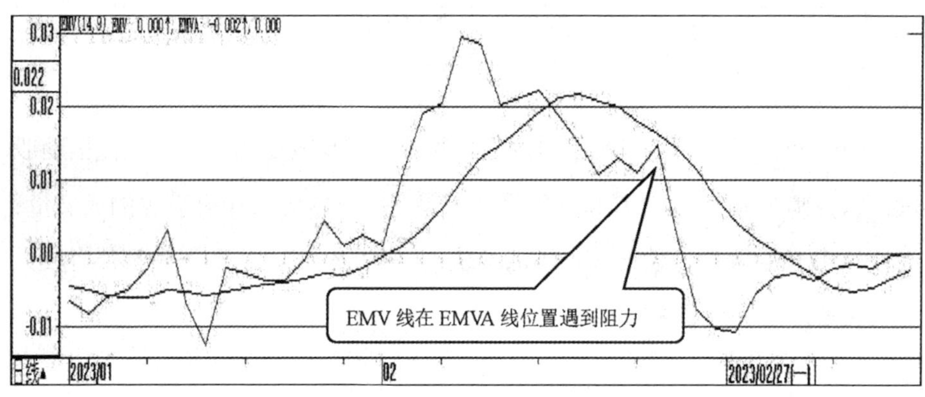

图 22-2　EMV 线在 EMVA 线位置遇到阻力

● 卖点出击

当EMV线在EMVA线位置遇阻下跌时，说明股价再次进入持续下跌的行情。此时投资者应该尽快卖出股票。

● 经典案例

如图22-3所示，2022年11月下旬国网信通（600131）股价冲高回落，其 EMV 指标中的 EMV 线也跌破 EMVA 线。11 月 29 日，EMV 线向上突破 EMVA 线未成，遇到阻力后再次向下。这样的形态说明市场上虽然积攒了一定的上涨动能，但无法持续将股价向上拉升，未来股价还会持续下跌，此时投资者应该尽快卖出股票。

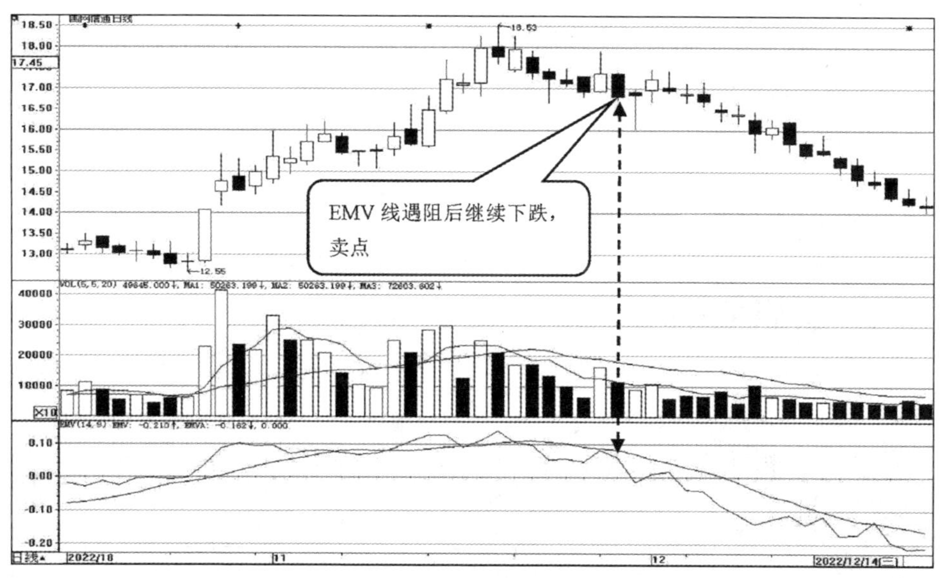

图 22–3　国网信通日 K 线

实战提高

1．只有 EMV 线遇到阻力再次下跌时，才是有效的看跌信号。

2．该形态出现的位置越低，其看跌信号就越强。出现在零轴下方的看跌信号强度要超过零轴上方。

3．如果 EMV 线多次上升到 EMVA 线附近遇到阻力，则该形态的看跌信号会更加可靠。

4．如果 EMV 线向 EMVA 线靠拢的过程中成交量持续萎缩，则验证了多方无力拉升股价的信号，此时该形态的看跌信号会更加可靠。

卖点 80　EMV 线在高位与股价形成顶背离：跌破零轴时卖出

● 技术特征

1. 当股价在上涨过程中连创新高时，如果EMV线一直保持在零轴上方，且无法创新高，反而形成了一顶比一顶低的下跌走势，二者就形成了高位顶背离形态。

2. 当EMV线与股价形成顶背离时，说明股价虽然持续上涨，但是其上涨动能却越来越弱。背离形态完成后，股价即将见顶下跌。

EMV线在高位与股价形成顶背离的形态如图22-4所示。

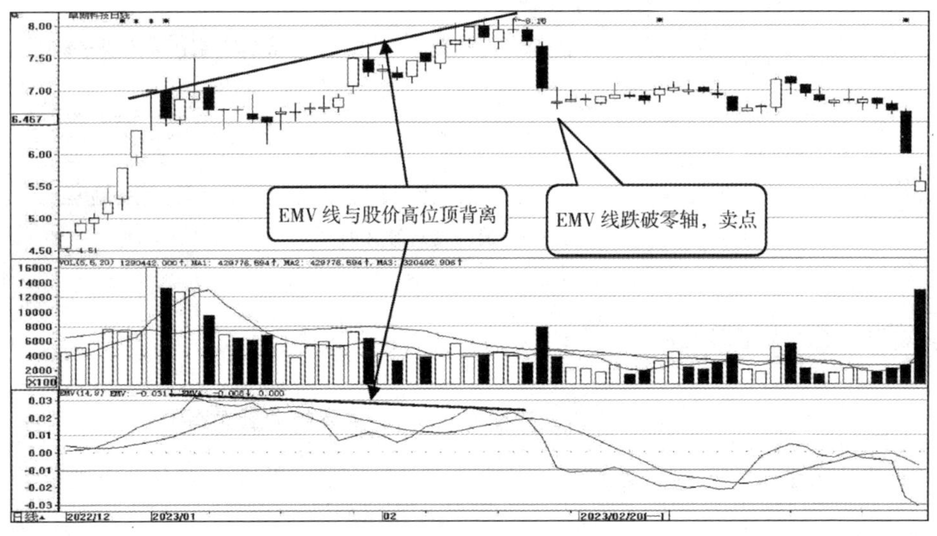

图 22-4　EMV 线在高位与股价形成顶背离

● 卖点出击

顶背离形态完成后，当EMV线跌破零轴时，说明股价已经开始见顶下跌。此时投资者应该尽快卖出股票。

● 经典案例

如图22-5所示，中远海特（600428）股价在上涨过程中，其股价与EMV线形成了顶背离形态。这样的形态说明股价上涨动能不足，是该股即将见顶下跌的信号。

2023年5月15日，顶背离后EMV线跌破零轴。这说明下跌行情开始，此时投资者应该尽快卖出股票。

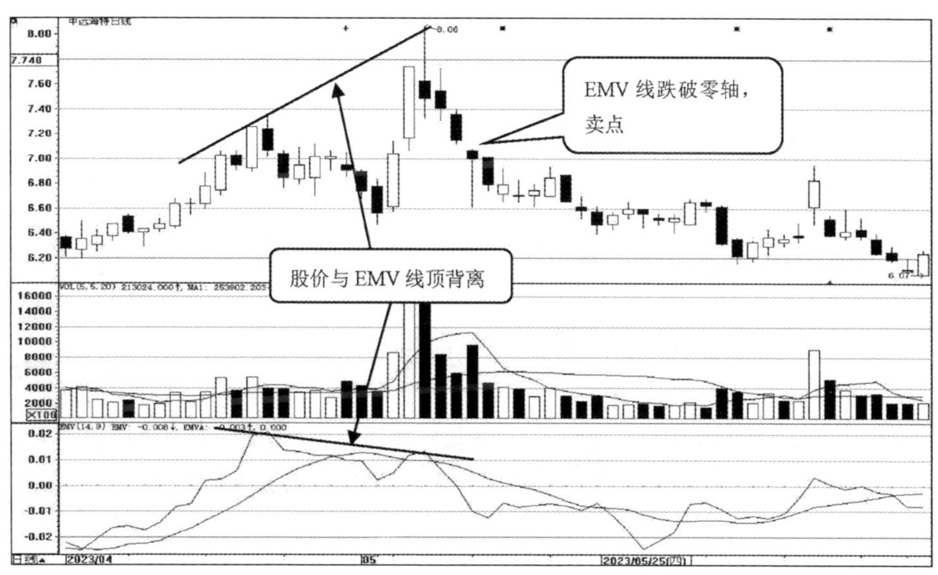

图22-5　中远海特日K线

实战提高

1．顶背离持续时间越长，股价与EMV线背离的次数越多，该形态的看跌信号就越强烈。

2．如果在EMV线与股价背离的同时，EMVA线也与股价形成了类似的顶背离形态，则该形态的看跌信号会更加强烈。

3．在顶背离过程中，如果成交量持续萎缩，则验证了多方力量逐渐衰弱的信号。在这样的情况下，该形态的看跌信号会更加可靠。

第 23 章

ROC 指标的卖点

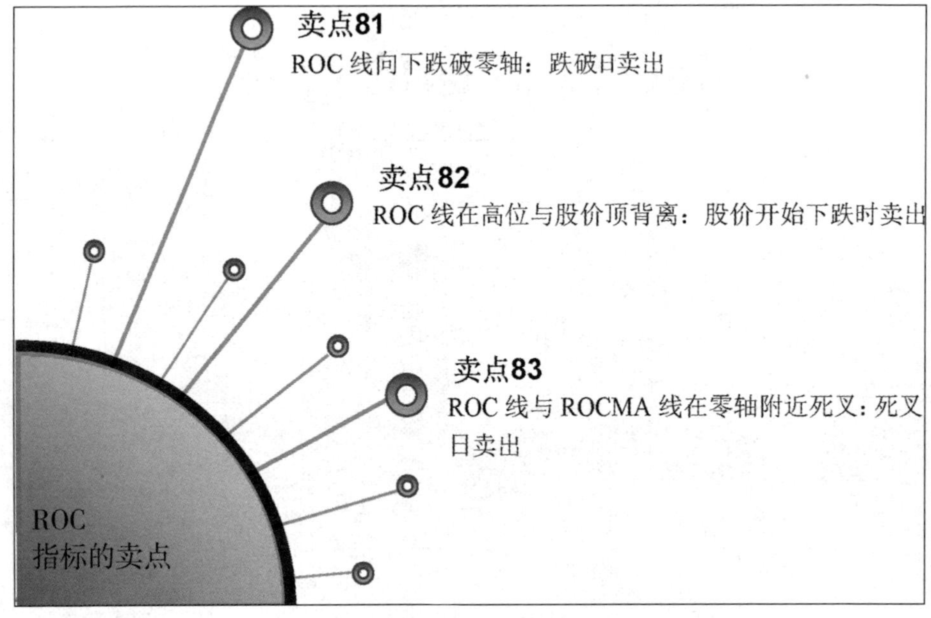
卖点81
ROC 线向下跌破零轴：跌破日卖出
卖点82
ROC 线在高位与股价顶背离：股价开始下跌时卖出
卖点83
ROC 线与 ROCMA 线在零轴附近死叉：死叉日卖出
ROC
指标的卖点

指标概览

ROC指标即变动速率指标，包括两条指标线，分别是波动较快的ROC线和波动较慢的ROCMA线。其中ROCMA线是ROC线的移动平均线（见图23-1）。

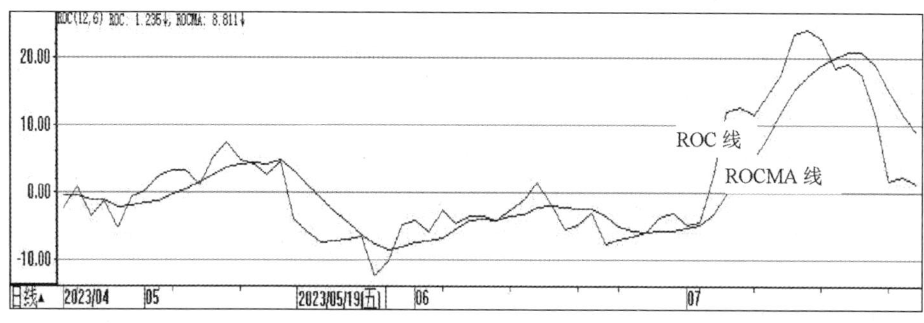

图 23-1　ROC指标

ROC指标线反映当日收盘价与n日前收盘价的对比情况。当ROC值大于0时，说明当日收盘价比n日前的收盘价高，且曲线位置越高，当日收盘价与n日前的相比就高出越多。当ROC值小于0时，说明当日收盘价比n日前的收盘价低，且曲线位置越低，当日收盘价与n日前的相比就低得越多。

卖点81　ROC线向下跌破零轴：跌破日卖出

● 技术特征

1. 当ROC线位于零轴上方时，说明当前股价与n日前相比是上涨的，股价处于上涨行情中。当ROC线位于零轴下方时，说明当前股价与n日前相比是下跌的，股价处于下跌行情中。

2. 一旦ROC线自上向下跌破了零轴，就说明股价由上涨行情进入下跌行情，这是股价即将见顶下跌的信号。

ROC线向下跌破零轴的形态如图23-2所示。

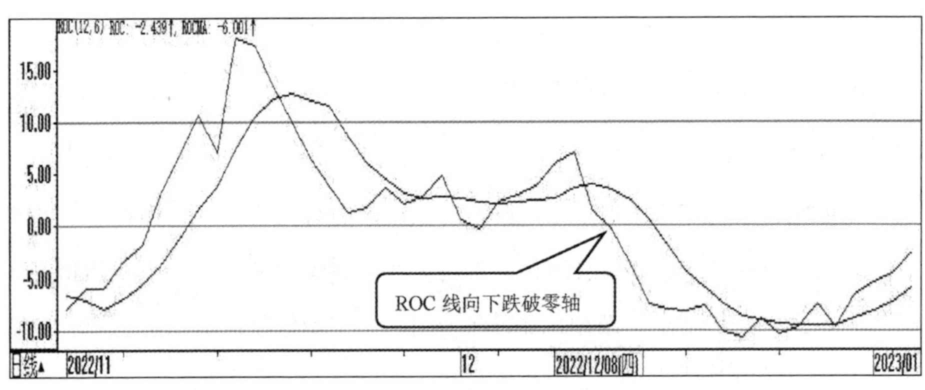

图23-2　ROC线向下跌破零轴

● 卖点出击

当ROC线跌破零轴时，说明股价进入下跌行情。此时投资者应该尽快卖出股票。

● 经典案例

如图23-3所示，国投资本（600061）股价经过一段时间下跌后，2022年12月19日，其ROC线跌破了零轴。这样的形态说明该股已经由上涨行情进入下跌行情。看到这样的形态，投资者应该尽快卖出股票。

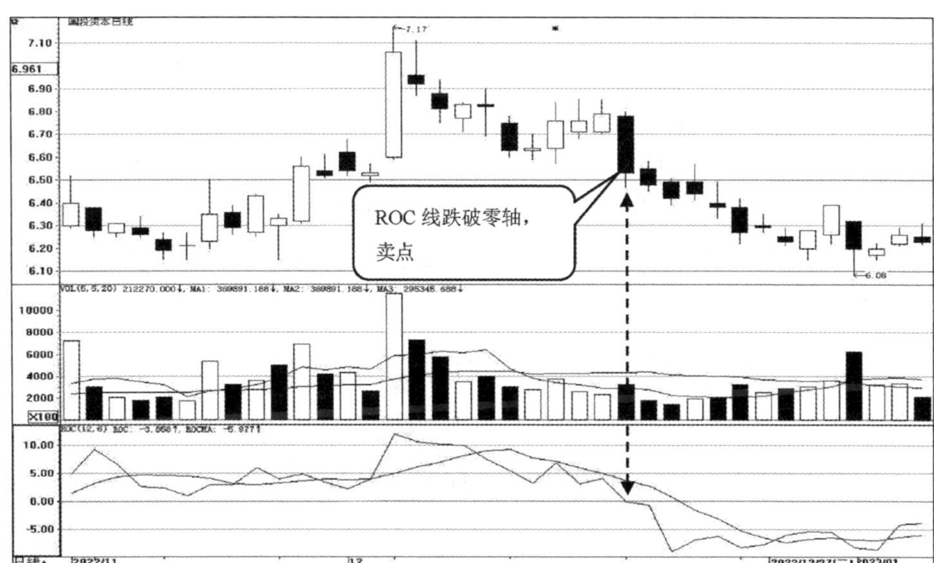

图 23-3　国投资本日 K 线

实战提高

1．ROC 线跌破零轴后可能小幅反弹，但反弹无法突破零轴就有可能再次遇到阻力下跌。这次反弹是投资者又一次逢高卖出股票的机会。

2．如果 ROC 线跌破零轴的同时也跌破了 ROCMA 线，则该形态的看跌信号会更加强烈。

3．ROC 线向下跌破得越坚决，该指标的看跌信号也就越强烈。

卖点82　ROC线在高位与股价顶背离：股价开始下跌时卖出

● 技术特征

1. 当股价在持续上涨过程中连创新高时，如果ROC线一直位于零轴上方，却无法持续上涨，而是形成了一顶比一顶低的下跌走势，二者就形成了顶背离形态。

2. ROC线与股价形成顶背离，说明虽然股价持续上涨，但上涨速度越来越慢，这是上涨动能减弱、股价即将见顶下跌的信号。

ROC线在高位与股价顶背离的形态如图23-4所示。

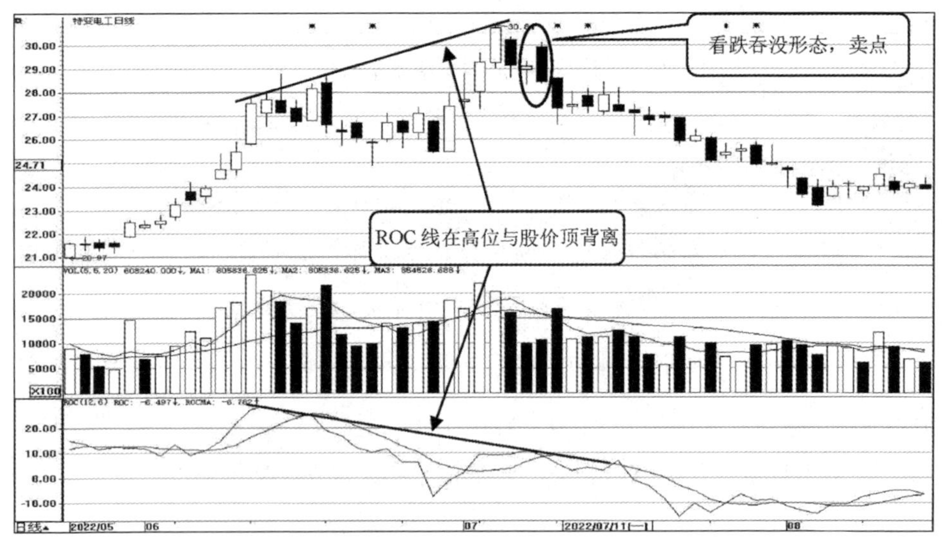

图23-4　ROC线在高位与股价顶背离

● 卖点出击

顶背离形态完成后，当股价出现明显下跌尤其当K线形成看跌形态时，说明下跌行情已经启动，此时投资者应该尽快卖出股票。

● 经典案例

如图23-5所示，云天化（600096）股价在上涨过程中与ROC线形成了顶背离形态。这样的形态说明股价上涨动能越来越弱，是股价将见顶下跌的信号。

2022年7月6日，顶背离后股价明显放量下跌，同时K线形成倾盆大雨的看跌形态，这说明股价已经进入下跌行情。此时投资者应该尽快卖出股票。

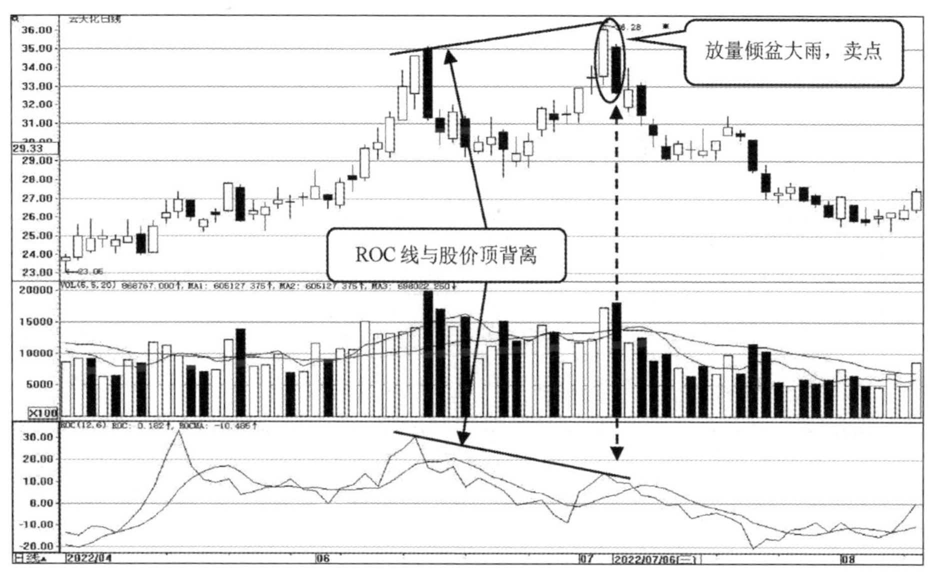

图23-5　云天化日K线

实战提高

1．ROC线与股价顶背离持续的时间越长，背离的次数越多，则未来股价的下跌空间也就越大。

2．在顶背离过程中，如果成交量持续萎缩，就验证了股价上涨动能减弱的信号。此时该形态的看跌信号会更加可靠。

3．投资者为了尽量规避下跌的损失，可以在顶背离过程中就逐渐减仓卖出股票，等最终ROC线跌破零轴时再将剩余股票全部清空。

卖点83　ROC线与ROCMA线在零轴附近死叉：死叉日卖出

● 技术特征

1．当ROC线自上向下跌破ROCMA线时，就形成了ROC指标的死叉形态。

2．如果ROC指标的死叉形态出现在零轴附近区域，说明当前市场正在由上涨进入下跌的过程中，并且会出现加速下跌的趋势。这是十分强烈的看跌卖出信号。

ROC线与ROCMA线在零轴附近死叉的形态如图23-6所示。

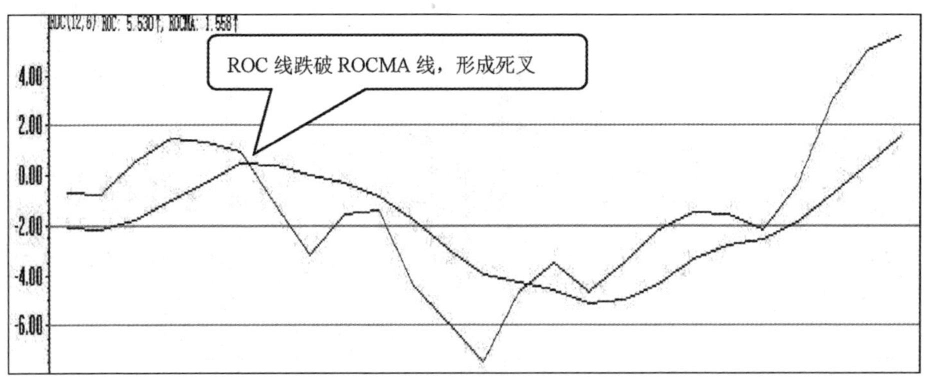

图23-6　ROC线与ROCMA线在零轴附近死叉

● 卖点出击

一旦死叉形态完成，投资者就应该尽快卖出股票。

● 经典案例

如图23-7所示，2023年4月底至5月中旬，诺德股份（600110）出现一波反弹向上走势，但反弹明显乏力。2023年5月19日，股价低开，K线形成上吊线的看跌形态，同时其ROC指标的ROC线在零轴附近跌破ROCMA

线，形成死叉形态。这样的形态说明股价正在转入跌势，且有加速迹象，此时投资者应该尽快卖出股票。

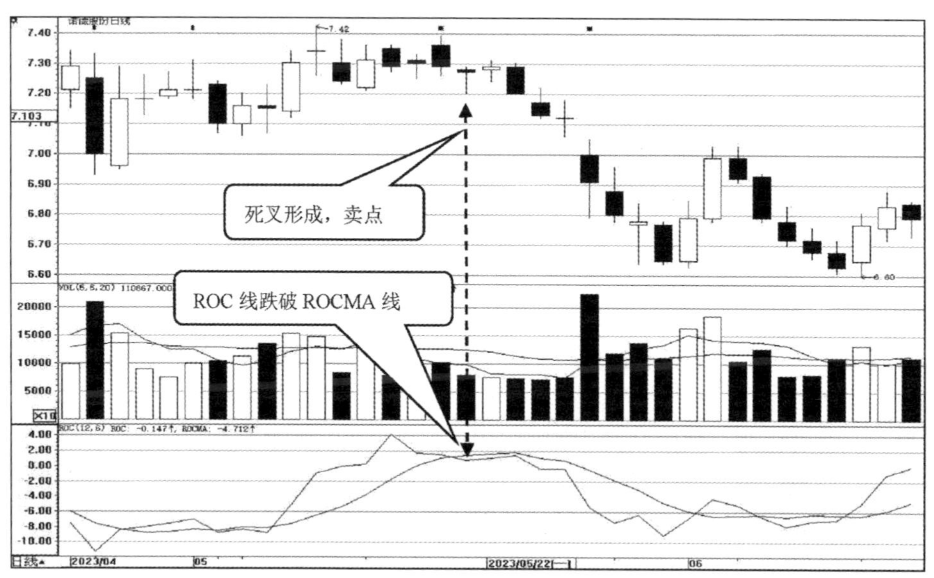

图23-7　诺德股份日K线

实战提高

1．如果ROC线和ROCMA线在零轴上方或者下方远离零轴的位置形成死叉，这同样是看跌信号，但是其看跌信号强度有限。

2．指标死叉出现的位置越接近零轴，其看跌信号也就越强烈。

3．如果ROC线和ROCMA线反复纠缠，形成连续的金叉和死叉形态，则该形态并不能被当作有效的看跌信号。

第 24 章

TAPI 指标的卖点

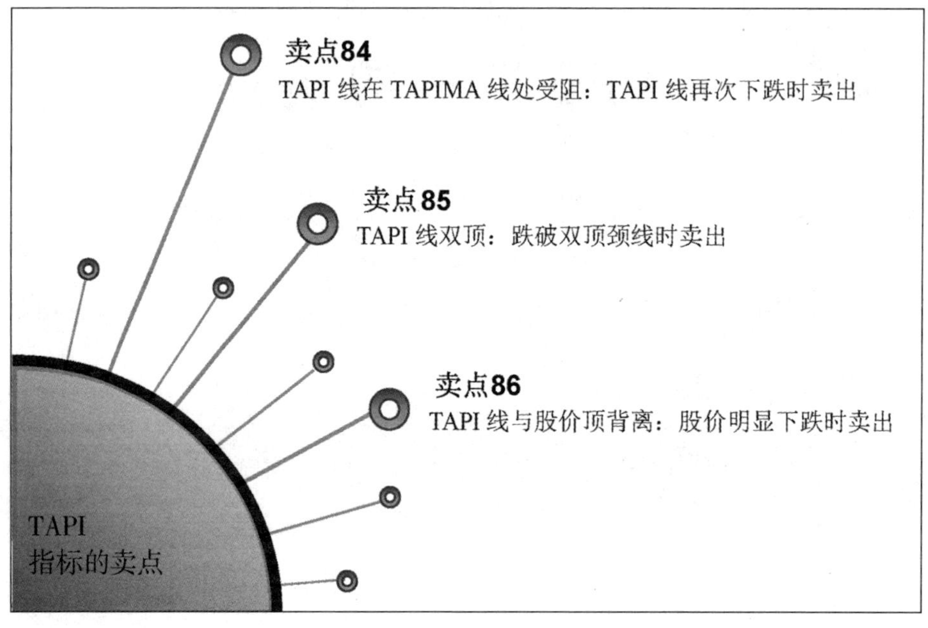
卖点84
TAPI 线在 TAPIMA 线处受阻：TAPI 线再次下跌时卖出
卖点85
TAPI 线双顶：跌破双顶颈线时卖出
卖点86
TAPI 线与股价顶背离：股价明显下跌时卖出
TAPI
指标的卖点

指标概览

TAPI即指数点成交值指标。该指标包括两条指标线，分别是波动较快的TAPI线和波动较慢的TAPIMA线（见图24–1）。

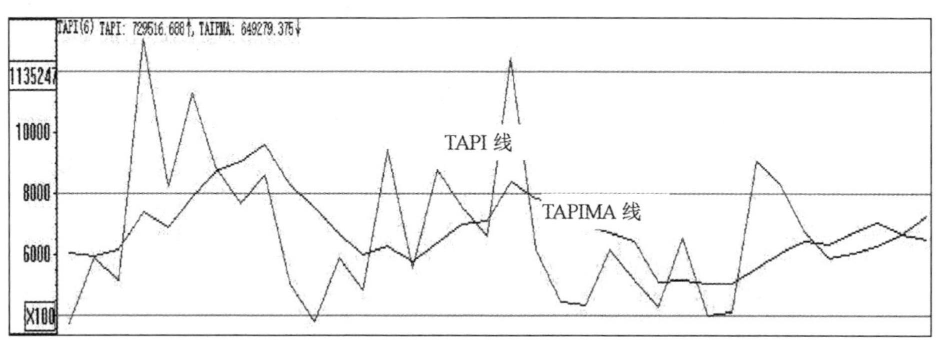

图 24–1　TAPI 指标

该指标中的TAPI线统计的是每点指数所对应的个股成交量数值。其计算公式为：股票当日总成交额 ÷ 股票对应的指数点位 = 当日该股的TAPI指标值。例如浦发银行（600000）为上海证券交易所股票，其对应的指数为上证指数。用该股的某日总成交额除以上证指数的收盘点位，就可以得到当日该股的TAPI指标值。

该指标中的TAPIMA线是TAPI线的移动平均线，可以用来作为判断TAPI线走向的辅助指标。

卖点84　TAPI线在TAPIMA线处受阻：TAPI线再次下跌时卖出

● 技术特征

1. 当TAPI线在TAPIMA线下方，上升到TAPI线附近后，无法向上突破，而是在TAPIMA线附近遇到阻力下跌，就形成了该形态。

2. TAPI线在TAPIMA线附近受阻下跌，说明该股的上涨量能虽然有所放大，但无法形成持续增强的趋势。这是该股股价即将持续下跌的信号。

TAPI线在TAPIMA线处受阻的形态如图24-2所示。

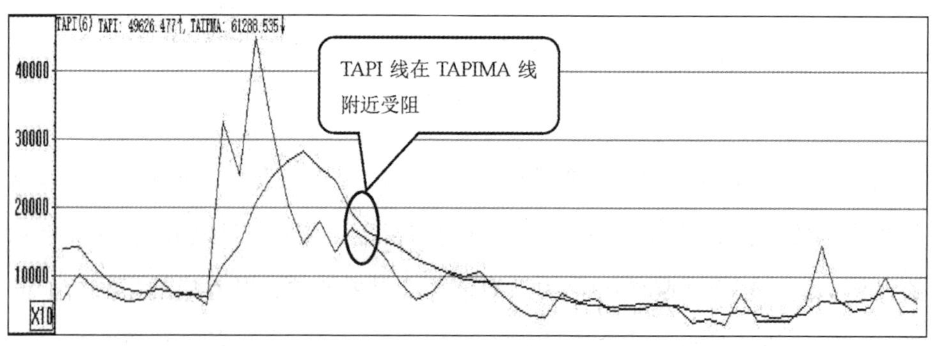

图24-2　TAPI线在TAPIMA线处受阻

● 卖点出击

当TAPI线遇到阻力后继续下跌时，说明股价结束反弹，弱势下跌行情还在继续。此时投资者应该尽快卖出股票。

● 经典案例

如图24-3所示，2023年4月底至5月初，巨化股份（600160）股价下跌，其TAPI线上涨到TAPIMA线附近受阻。这样的形态说明该股反弹动能不足，未来还会继续下跌。

2023年5月4日，TAPI线受阻后继续下跌，此时投资者应该尽快卖出股票。之后不久，5月10日，TAPI线再次出现受阻回落的卖出信号，还没有出场的投资者要注意卖出。

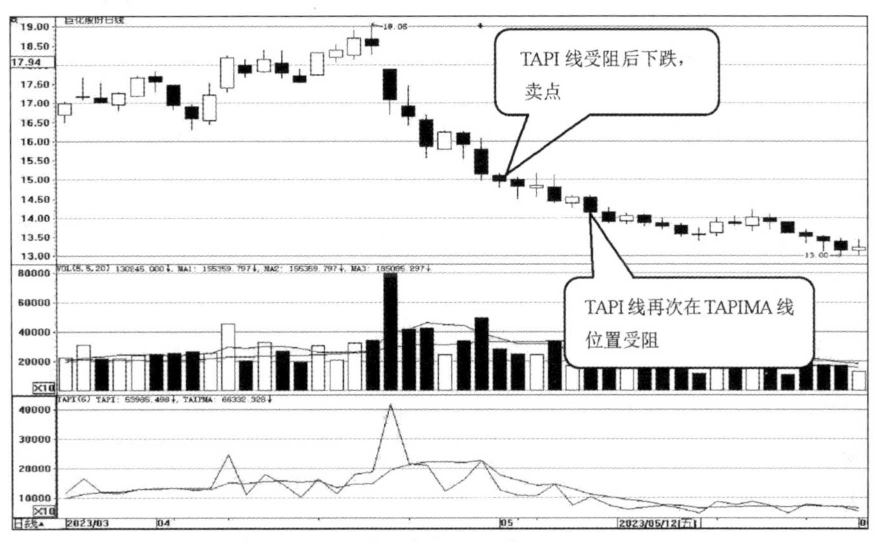

图 24-3　巨化股份日 K 线

实战提高

1．在下跌行情中，如果TAPI线多次在TAPIMA线位置受阻下跌，说明该曲线位置有很强的阻力，此时该形态的看跌信号会更加强烈。

2．利用该指标分析大盘股的走势会比分析小盘股更加有效。

3．为了避免踏空风险，投资者最好等到TAPI线受阻下跌后再卖出股票。

4．TAPI线可能会短暂地突破TAPIMA线，只要突破的幅度不大且持续时间不长，该形态的看跌信号就仍然有效。

卖点85　TAPI线双顶：跌破双顶颈线时卖出

● 技术特征

1．在上涨一段时间后的顶部区域，当TAPI线连续两次上升到几乎同一个点位遇阻下跌时，就形成了双顶形态。

2．以TAPI线第一次回调的低点为基础画水平线，可以得到双顶形态的颈线。

3．当TAPI线形成双顶形态时，说明推动股价上涨的多方力量已经强势到极致，无法继续增强。这是股价即将见顶下跌的信号。

TAPI线双顶形态如图24-4所示。

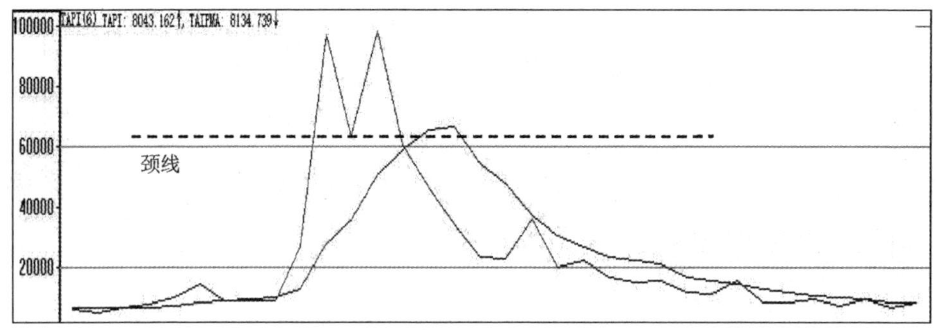

图24-4　TAPI线双顶

● 卖点出击

当TAPI线跌破双顶形态的颈线时，说明下跌行情已经开始。此时投资者应该尽快卖出股票。

● 经典案例

如图24-5所示，2023年2月，美克家居（600337）股价上涨到高位后，其TAPI线在高位形成了双顶形态。这样的形态说明股价上涨受阻，即将见顶下跌。

2023 年 2 月 20 日，TAPI 线跌破双顶颈线。这预示着下跌行情开始，此时投资者应该尽快卖出股票。

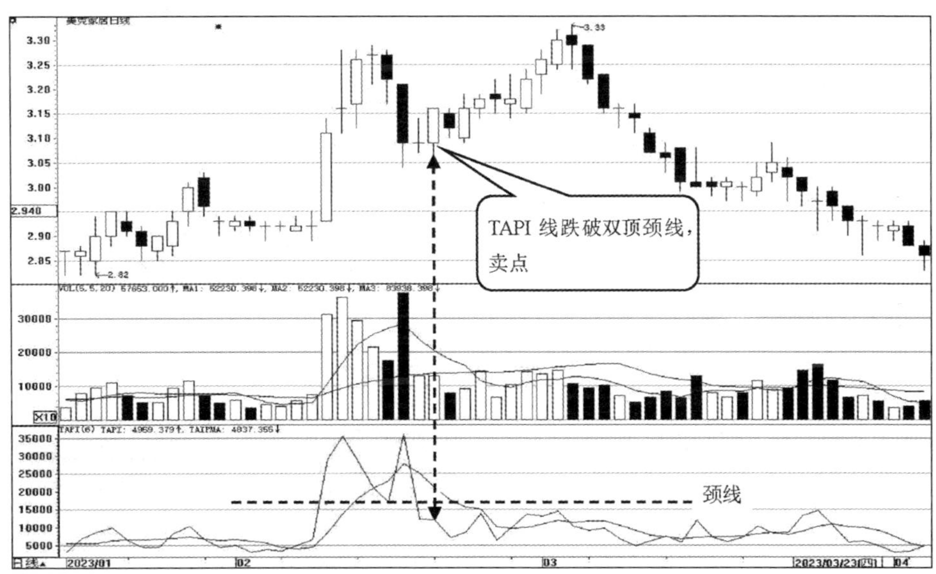

图 24-5　美克家居日 K 线

1．如果 TAPIMA 线和双顶的颈线几乎重合在一起，TAPI 线跌破颈线的同时也跌破了 TAPIMA 线，则该形态的看跌信号会更加强烈。

2．双顶有时会持续较长时间，演变为三重顶或者头肩顶形态。这同样是看跌卖出信号。

3．双顶持续时间越长，TAPI 线跌破颈线后，股价的下跌空间也就会越大。

卖点86　TAPI线与股价顶背离：股价明显下跌时卖出

● 技术特征

1．当股价在上涨过程中连续创出新高时，如果TAPI线无法创新高，而是形成了一顶比一顶低的下跌走势，二者就形成了顶背离形态。

2．这样的形态说明虽然股价持续上涨，但是其上涨动能越来越弱。这是股价即将见顶下跌的信号。

TAPI线与股价顶背离的形态如图24-6所示。

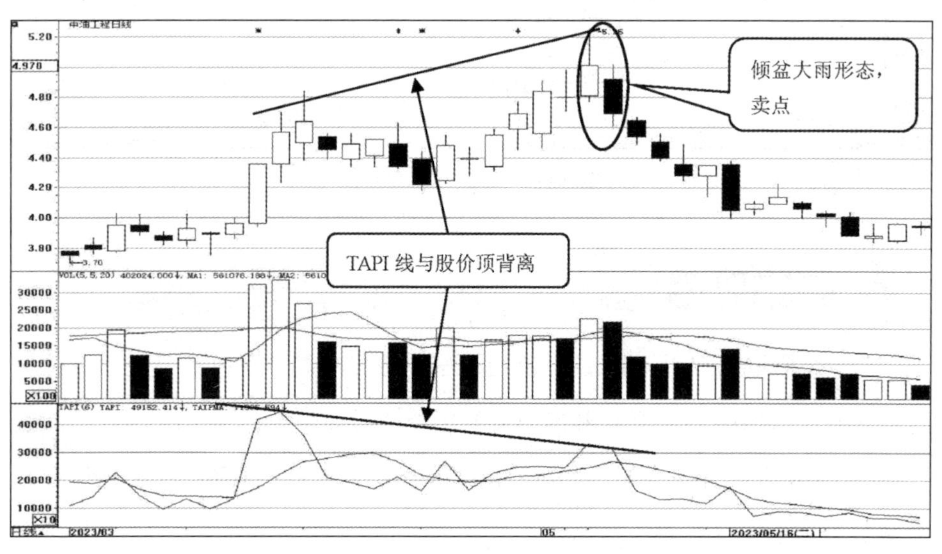

图24-6　TAPI线与股价顶背离

● 卖点出击

顶背离完成后，当股价明显下跌尤其当K线出现看跌形态时，说明股价已经开始见顶下跌，此时投资者应该尽快卖出股票。

● 经典案例

如图24-7所示，2023年2月中旬至3月初，盘江股份（600395）股价上涨过程中，与其TAPI线形成了顶背离形态。这样的形态说明股价上涨动能越来越弱，是该股即将见顶下跌的信号。

2023年3月6日，股价明显下跌，K线形成看跌吞没形态。这说明上涨行情已经结束，股价将要下跌，此时投资者应该尽快卖出股票。

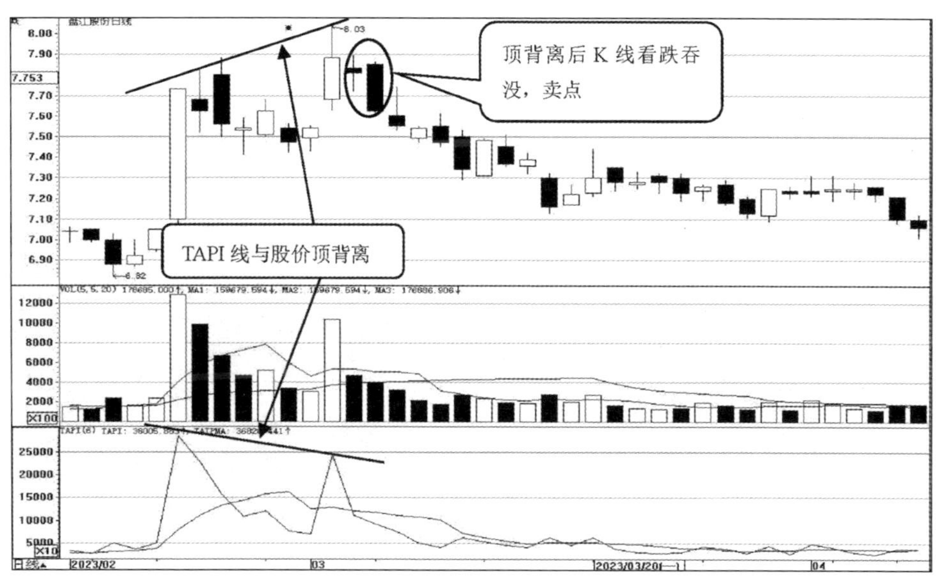

图24-7　盘江股份日K线

实战提高

1．为了尽量规避下跌风险，投资者可以在顶背离过程中就逐渐减仓，等卖点出现后完成清仓。

2．顶背离完成后，如果股价上涨时无法创出新高就遇阻下跌，同样说明上涨行情已经结束。这也是卖出股票的机会。

3．TAPI线与股价顶背离持续的时间越长，背离的次数越多，该形态的看跌信号也就越强烈。

第 25 章

宝塔线指标的卖点

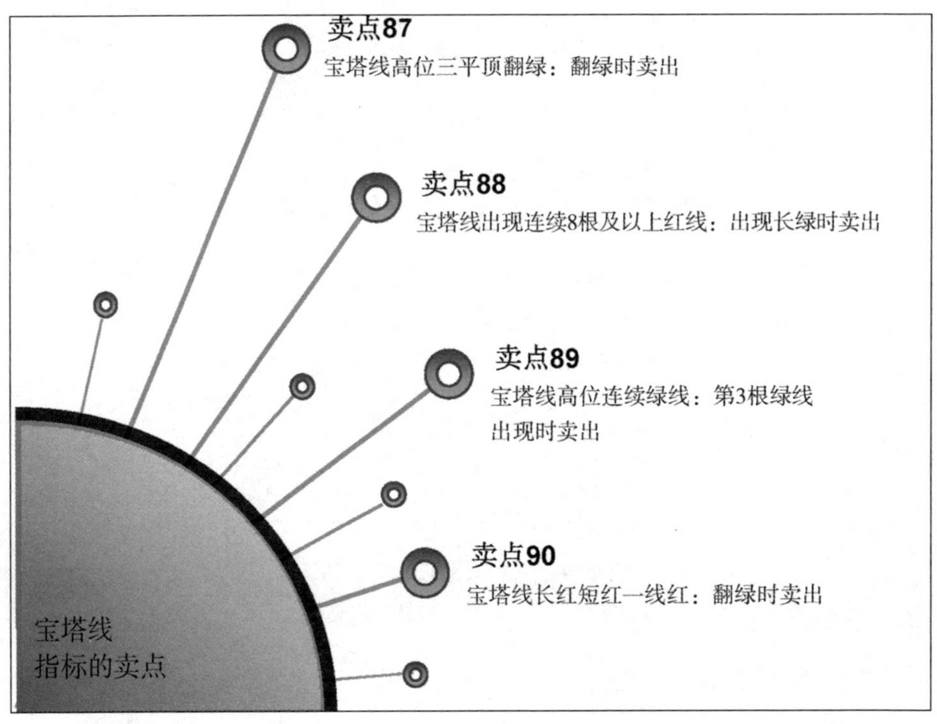
卖点87
宝塔线高位三平顶翻绿：翻绿时卖出
卖点88
宝塔线出现连续8根及以上红线：出现长绿时卖出
卖点89
宝塔线高位连续绿线：第3根绿线
出现时卖出
卖点90
宝塔线长红短红一线红：翻绿时卖出
宝塔线
指标的卖点

指标概览

宝塔线指标（TWRF）是以不同颜色的柱线来区分股价涨跌的一种图表型指标，其形态与K线有些相似（见图25-1）。

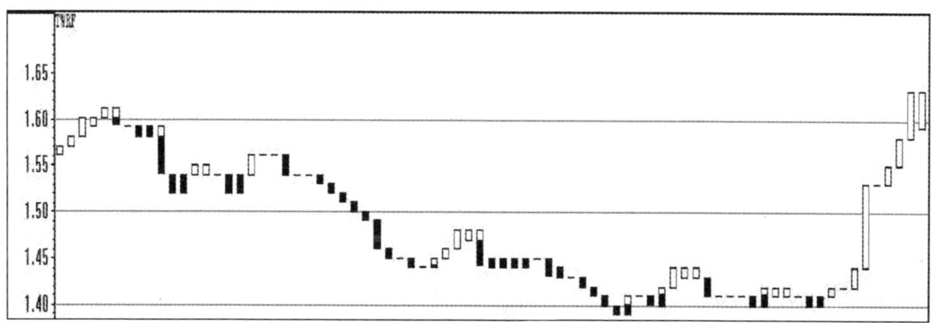

图 25-1　宝塔线指标

宝塔线指标将股价多空之间的争斗过程和力量的转变表现在图表中，包括三类柱线：

第一类是红色（空心）柱线。这类柱线显示市场上的多方强势，正在将股价向上拉升。红色柱线越长，说明多方力量越强。

第二类是绿色（实心）柱线。这类柱线显示市场上的空方强势，正在持续打压股价。绿色柱线越长，说明空方力量越强。

第三类是上方红色、下方绿色的柱线。这类柱线表示市场上的多空力量正在僵持。

投资者通过宝塔线指标中红绿柱线的变化，可以判断未来股价的涨跌趋势，并选择适当的买卖时机。

卖点87　宝塔线高位三平顶翻绿：翻绿时卖出

● 技术特征

1. 在持续上涨一段时间之后的顶部区域，如果出现连续三根顶部基本水平的宝塔线，且最后一根宝塔线为上红下绿的柱线，就形成了宝塔线高位三平顶翻绿的形态。

2. 这样的形态说明股价上涨遇到了较强阻力，无力继续向上，是股价即将见顶下跌的信号。

宝塔线高位三平顶翻绿的形态如图25-2所示。

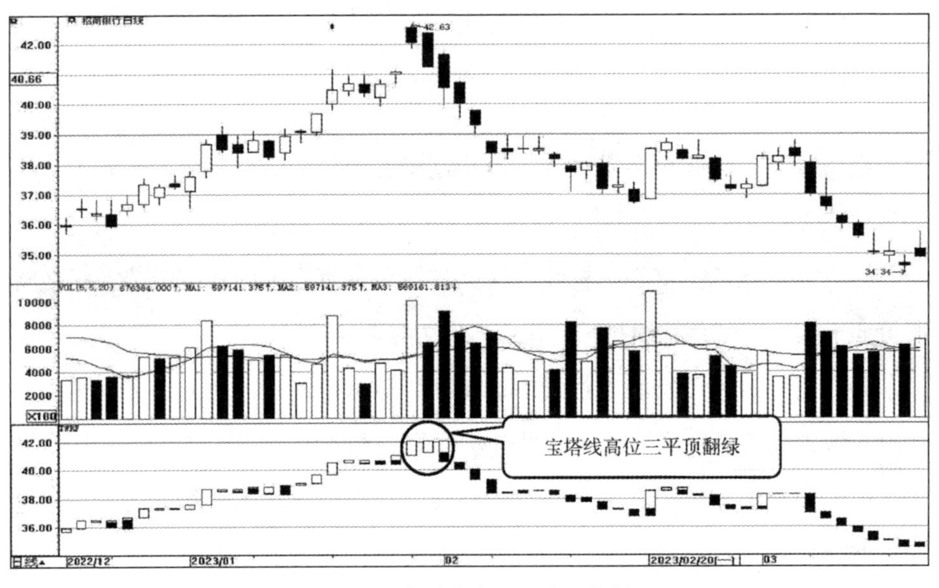

图25-2　宝塔线高位三平顶翻绿

● 卖点出击

当最后一根上红下绿的宝塔线形成时，投资者可以认为形态已经翻绿。此时应该尽快卖出股票。

● 经典案例

如图25–3所示，红豆股份（600400）股价在经过一波上涨走势后开始反转向下，其宝塔线指标形成了三平顶翻绿的形态，这样的形态说明股价上涨受阻。

2023年2月10日，一根上红下绿的宝塔线形成，三平顶翻绿形态完成。这标志着股价开始下跌，此时投资者应该尽快卖出股票。

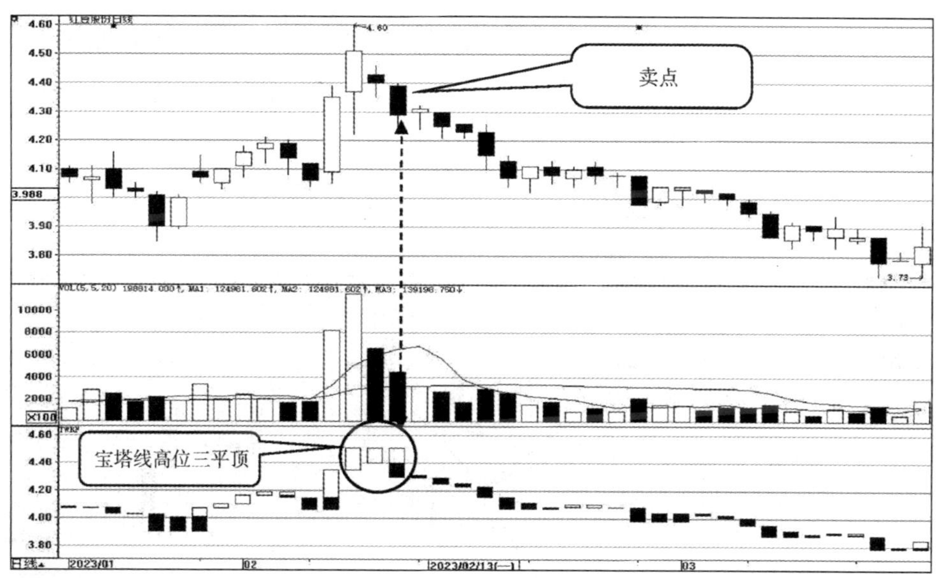

图25–3　红豆股份日K线

实战提高

1．如果三根柱线全部是顶点基本水平的红色柱线，这同样是看跌信号，不过其看跌信号强度较弱，投资者可以等出现绿色柱线后再卖出股票。

2．在K线图中，与宝塔线高位三平顶对应的往往是黄昏之星或者其变形形态。

3．如果宝塔线高位三平顶形态出现前成交量持续萎缩，则验证了多方力量减弱的信号。此时该形态的看涨信号会更加强烈。

卖点88　宝塔线出现连续8根及以上红线：出现长绿时卖出

● 技术特征

1. 在持续的上涨行情中，宝塔线出现了连续8根及以上的红色柱线。

2. 这样的形态说明股价的上涨行情极度强势，不过这种强势上涨的行情可能难以持续。一旦强势上涨行情结束，将会有大量获利盘抛出，打压股价持续下跌。

宝塔线出现连续8根及以上红线的形态如图25-4所示。

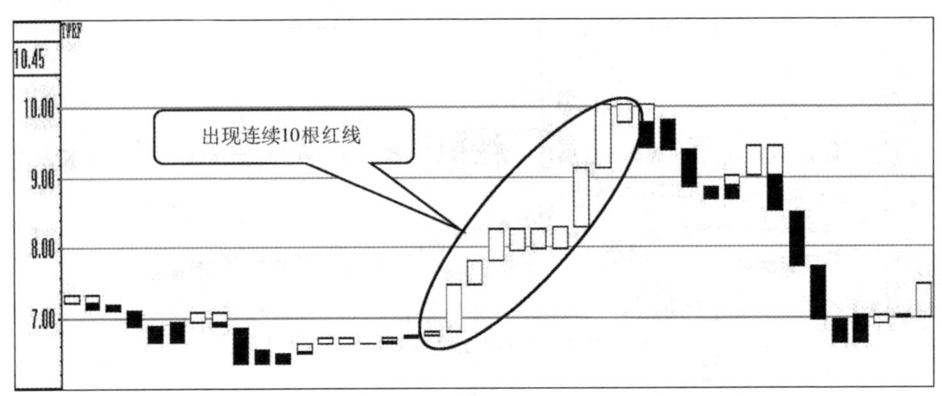

图25-4　宝塔线出现连续8根及以上红线

● 卖点出击

宝塔线出现连续8根及以上的红色柱线后，当股价大幅下跌，出现较长的绿色柱线时，说明下跌行情已经开始，此时投资者应该尽快卖出股票。

● 经典案例

如图25-5所示，2023年3月中旬至4月初，双良节能（600481）的股价在持续上涨过程中，其宝塔线指标形成了连续12根红色柱线。这说明此时上涨行情极度强势，但这种强势行情难以持续，短期内股价将有见顶下跌的风险。

2023年4月11日，股价明显下跌，宝塔线指标形成一根较长的绿色柱线。这说明下跌行情已经开始，此时投资者应该尽快卖出股票。

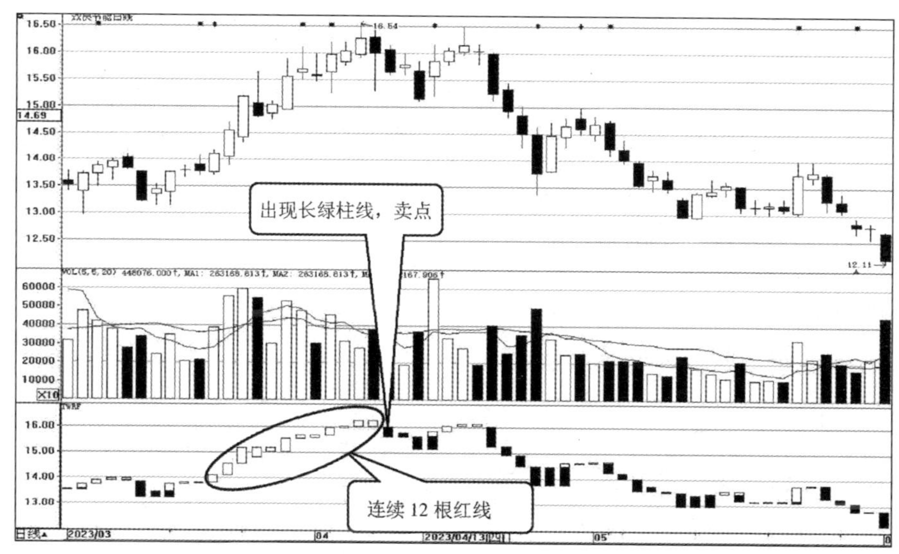

图25-5　双良节能日K线

实战提高

1．连续出现的红色柱线数量越多，说明上涨行情越强势，未来股价一旦见顶下跌，其下跌空间也就越大。

2．连续8根及以上红色宝塔线形成后，多方力量可能依旧会十分强势，市场需要一段时间来筑顶，然后逐渐进入下跌行情。投资者最好等到较长的绿色柱线出现后再卖出股票。

3．如果连续多根红色宝塔线中，越往后的宝塔线柱线长度越短，则验证了多方力量减弱的信号，此时该形态的看跌信号会更加强烈。

卖点89　宝塔线高位连续绿线：第3根绿线出现时卖出

● 技术特征

1. 在宝塔线上升一段时间之后的顶部区域，出现了连续的绿色柱线。

2. 这样的形态说明股价上涨遇到十分强烈的阻力，多方力量无法将股价向上拉升，空方力量逐渐在顶部聚集。

3. 一旦顶部出现连续3根及以上的绿色柱线，就说明空方已经积攒了足够的力量，这是股价会见顶下跌的信号。

高位连续绿线的形态如图25–6所示。

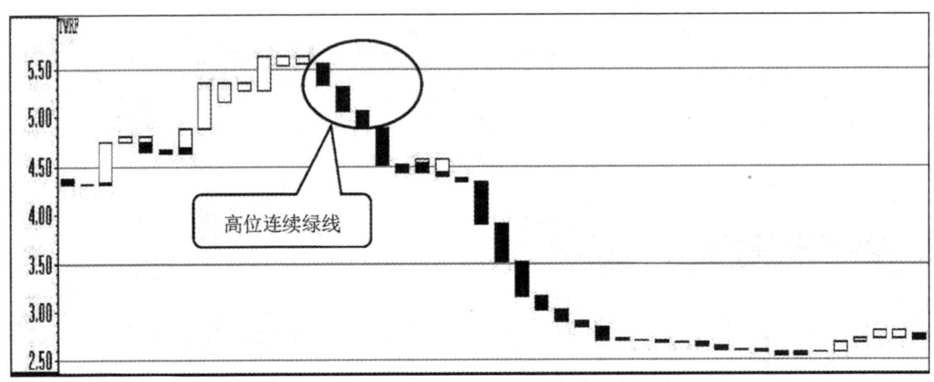

图25–6　高位连续绿线

● 卖点出击

当出现3根连续的绿色柱线时，说明空方已经积攒了足够的力量，此时投资者应该尽快卖出股票。

● 经典案例

如图25–7所示，2023年5月中旬，江苏舜天（600287）股价在经过一波涨势后高位滞涨，其宝塔线指标形成了连续多根绿色柱线的形态。这样的形态说明该股上涨到高位后遇到巨大阻力，空方力量正在顶部聚集，未来股价将会遭到空方持续打压。

2023年5月18日，顶部的第3根绿色柱线形成，此时投资者应该尽快卖出股票。

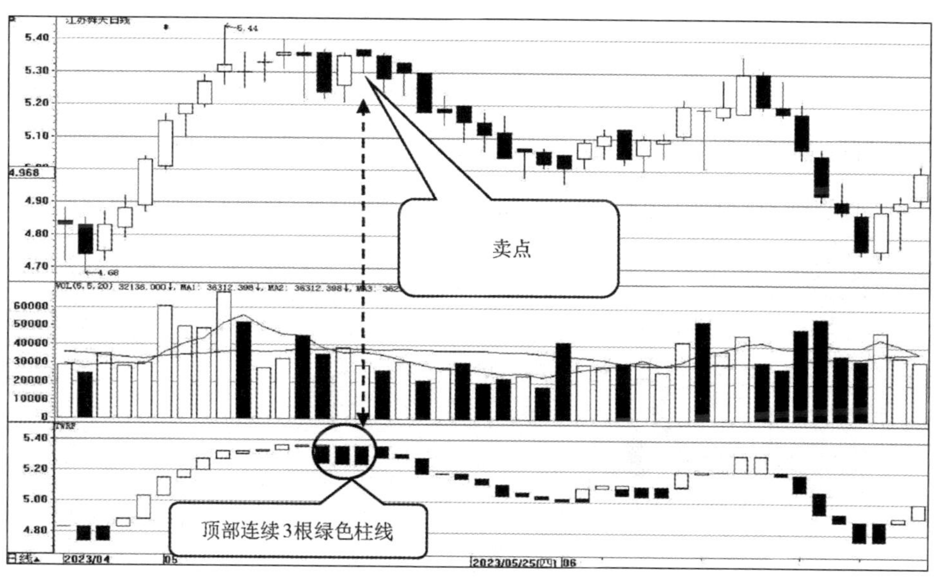

图25-7　江苏舜天日K线

实战提高

1. 连续多根绿色柱线的累计下跌幅度越大，该形态的看跌信号就越强烈。

2. 如果第1根绿色柱线就有比较大的跌幅，则可能会引发恐慌性抛盘大量涌出。此时投资者为了规避风险，可以先适当减仓。

3. 在连续多根绿色柱线出现之前，如果宝塔线上涨已经遭遇明显的阻力，则验证了股价见顶的信号，此时该形态的看跌信号会更加可靠。

4. 顶部连续出现的绿色柱线越多，未来该股的下跌空间也就越大。

卖点90 宝塔线长红短红一线红：翻绿时卖出

● 技术特征

1. 在一段上涨行情的尾端，出现连续多根长度逐渐变短的红色柱线。首先是长红色柱线，其次是短红色柱线，最后是长度极短、像是一根横线的红色柱线。

2. 这样的形态说明股价上涨动能逐渐减弱，最后多方几乎已经无力拉动股价继续上涨。未来一旦空方力量有所增强，股价即将见顶下跌。

宝塔线长红短红一线红的形态如图25-8所示。

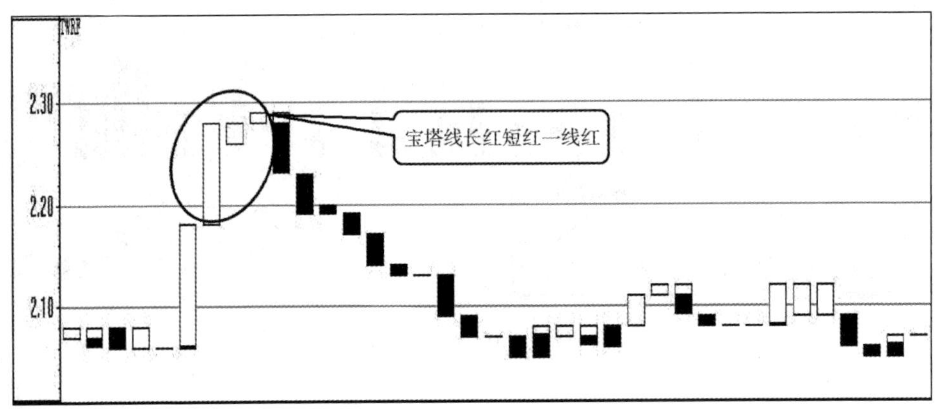

图25-8 宝塔线长红短红一线红

● 卖点出击

该形态出现后，当宝塔线出现绿色柱线，或者上红下绿、且绿色占绝大部分的柱线时，说明已经有空方力量进入，股价即将遭到打压。此时投资者应该尽快卖出股票。

● 经典案例

如图25-9所示，在一段上涨行情的尾端，千金药业（600479）的宝塔线指标形成了长红短红一线红的形态。这样的形态说明股价上涨遇到较强阻力，上涨动能越来越弱，是该股即将见顶下跌的信号。

2023 年 5 月 11 日股价大幅下跌，宝塔线形成一根较长的绿色柱线。这说明股价已经开始遭到打压，此时投资者应该尽快卖出股票。

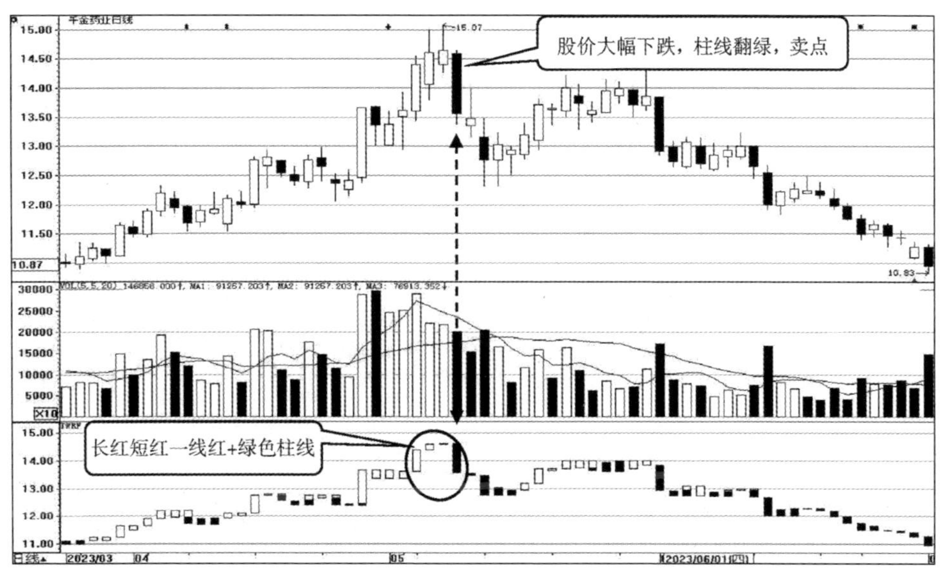

图 25-9　千金药业日 K 线

实战提高

1．该形态完成后，股价可能在高位整理一段时间后再下跌，投资者最好耐心等待出现绿色柱线时再卖出股票。

2．如果该形态形成的过程中成交量持续萎缩，则验证了多方力量逐渐减弱的信号，此时该形态的看跌信号会更加可靠。

3．在长红短红一线红形态的尾端，如果宝塔线演变为高位三平顶形态，则该形态的看跌信号会更加强烈。

4．该形态中最后的红色柱线越短，说明上方压力越强，其看跌信号也就越强烈。

第 26 章

分水岭指标的卖点

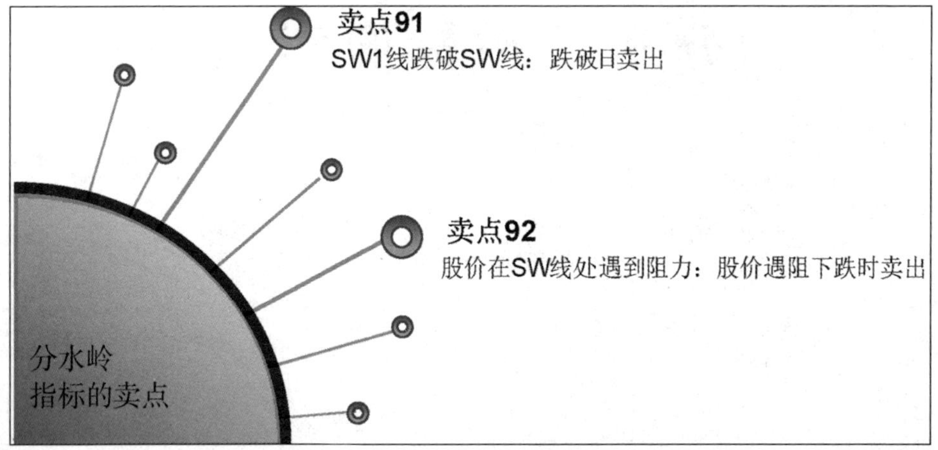
卖点91
SW1线跌破SW线：跌破日卖出
卖点92
股价在SW线处遇到阻力：股价遇阻下跌时卖出
分水岭
指标的卖点

指标概览

分水岭指标（FSL）是在K线附近的主图指标。该指标由两条指标线组成，分别是波动频繁的SW1线和波动缓慢的SW线（见图26-1）。

图26-1　分水岭指标

分水岭指标中，SW1线几乎和股价同涨同跌，反映股价的运行趋势。而SW线的波动则十分缓慢，是强势和弱势的分水岭。当SW1线位于SW线上方时，说明股价处于强势行情中。当SW1线位于SW线下方时，说明股价处于弱势行情中。

卖点91 SW1线跌破SW线：跌破日卖出

● 技术特征

1. 在SW1线上升过程中，多次获得SW线的支撑，说明SW线是SW1线上涨过程中的重要支撑线。只要SW1线还在SW线上方，就说明上涨行情还在继续。

2. 当SW1线跌破曾经对其有支撑作用的SW线时，说明该股由上涨行情进入了下跌行情。这是股票会持续下跌的信号。

SW1线跌破SW线的形态如图26-2所示。

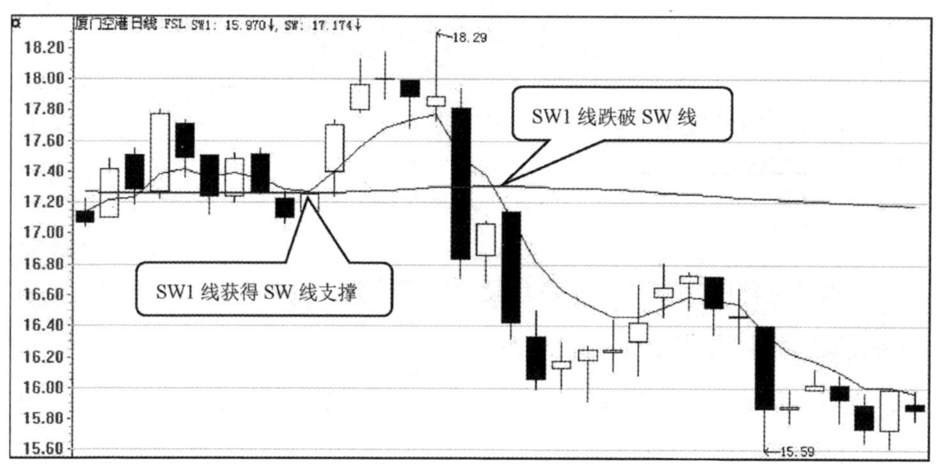

图26-2 SW1线跌破SW线

● 卖点出击

一旦SW1线跌破曾经对其有支撑作用的SW线，就说明下跌行情已经开始。此时投资者应该尽快卖出股票。

● 经典案例

如图26-3所示，2022年11月下旬至12月初，精工钢构（600496）股价在持续上涨过程中，其分水岭指标的SW1线两次在SW线附近获得支撑，这说明SW线是SW1线上涨过程中重要的支撑线。只要SW1线还在SW线上方，就说明上涨行情还在继续。

2022年12月7日，SW1线放量跌破SW线。这说明上涨行情结束，股价见顶下跌。此时投资者应该尽快卖出股票。

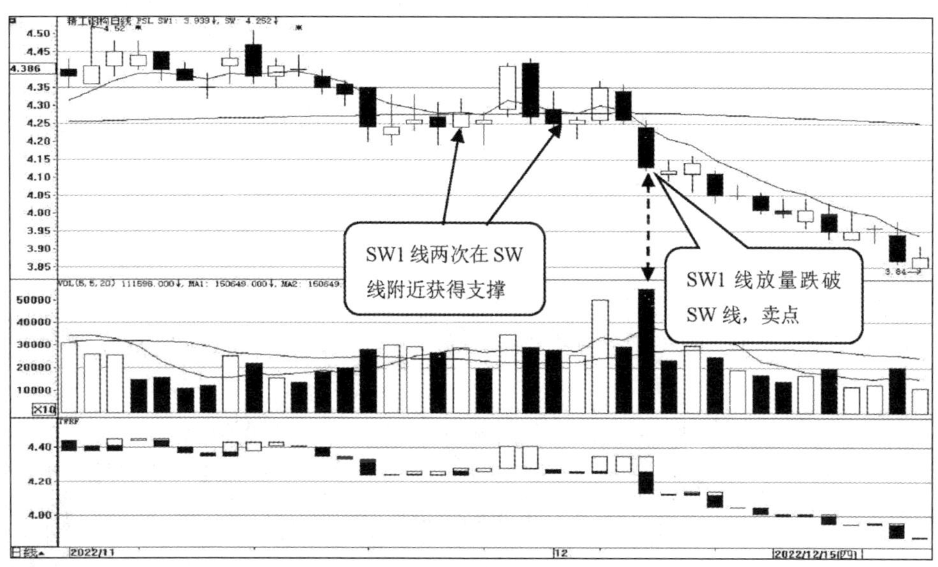

图 26-3　精工钢构日 K 线

实战提高

1. 只有根据过去行情可以判定SW线是SW1线的重要支撑线，该形态出现后才是有效的看跌卖出信号。

2. SW1线曾经在SW线位置获得支撑的次数越多，说明SW线的支撑作用越强。未来SW1线跌破SW线时，其看跌信号也就越强烈。

3. SW1线跌破SW线后，可能小幅回抽，但回抽往往无法突破SW线。这次回抽是对之前看跌信号的确认，也是又一次逢高卖出股票的机会。

4. SW1线跌破SW线的前后几个交易日内，股价可能也会跌破SW线。投资者可以将其作为判断卖点的辅助信号。

卖点92　股价在SW线处遇到阻力：股价遇阻下跌时卖出

● 技术特征

1．在下跌行情中，股价出现小幅反弹时，无法对SW线形成有效突破，而是遇到阻力后再次下跌。

2．这样的形态说明股价反弹无力，无法形成有效的上涨趋势就遇阻下跌。这是股价会继续下跌行情的信号。

股价在SW线处遇到阻力的形态如图26-4所示。

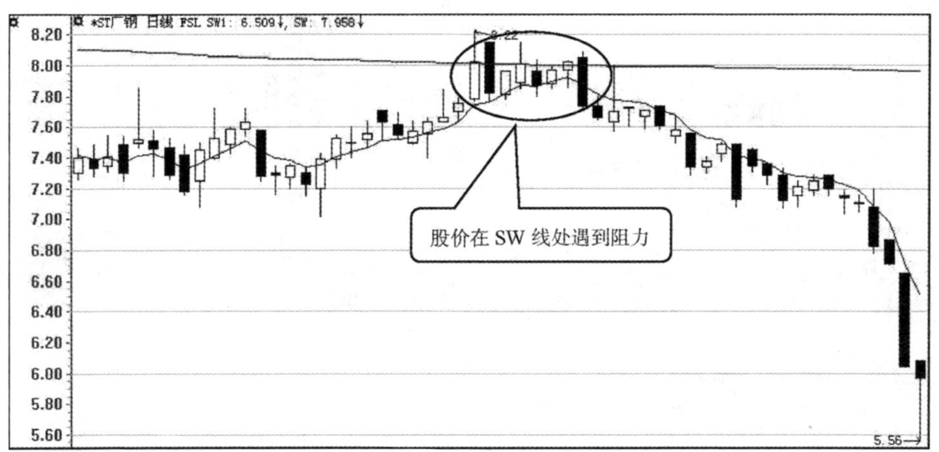

图26-4　股价在SW线处遇到阻力

● 卖点出击

当股价上涨遇阻，开始下跌时，说明下跌行情继续。此时投资者应该尽快卖出股票。

● 经典案例

如图26-5所示，2021年12月底至2022年1月中旬，烽火通信（600498）

股价在持续下跌过程中，股价出现小幅反弹，逐渐向SW线靠拢。但是当股价反弹到SW线附近时，无法向上突破，而是遇到阻力后再次下跌。这样的形态说明股价反弹无力，未来还会继续下跌行情。

2022年1月21日，股价遇阻后再次开始下跌，此时投资者应该尽快卖出股票。

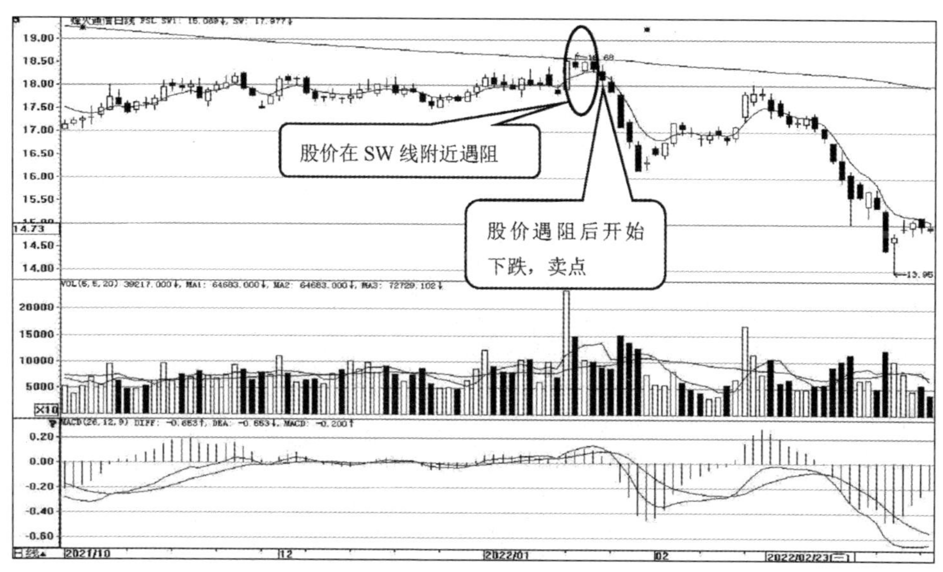

图 26-5　烽火通信日 K 线

实战提高

1．只有股价再次下跌，才足以说明股价上涨受阻。投资者需要等到此时再将手中的股票卖出。

2．如果股价向SW线靠拢的过程中成交量逐渐萎缩，说明上涨趋势越来越弱，这是对看跌信号的验证。

3．有时股价可能会略微突破SW线，但只要突破幅度不大且持续时间不长，投资者就可以认为该曲线是有效的阻力线。

4．如果在之前的行情中，SW线曾经对股价形成较强的阻力作用，则该形态形成后，其看跌信号会更加强烈。

第 27 章

散户线指标的卖点

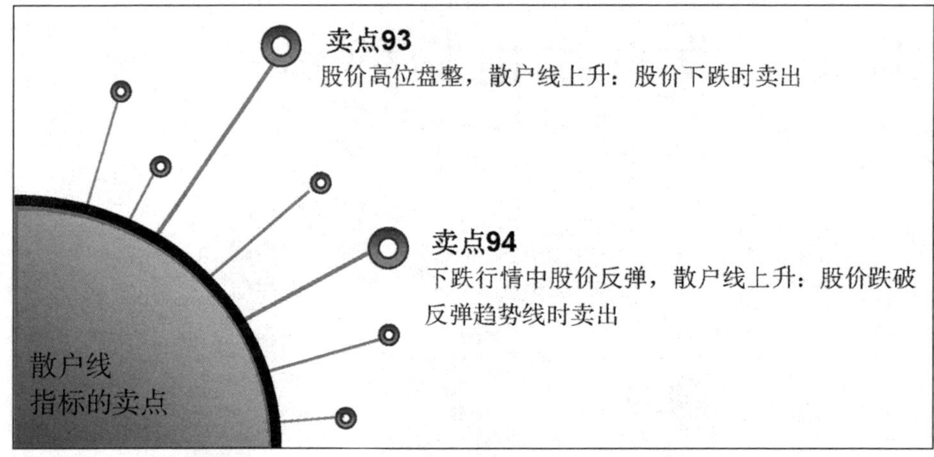
卖点93
股价高位盘整，散户线上升：股价下跌时卖出
卖点94
下跌行情中股价反弹，散户线上升：股价跌破反弹趋势线时卖出
散户线
指标的卖点

指标概览

散户线指标只有一条指标线，即SHX线（见图27-1）。

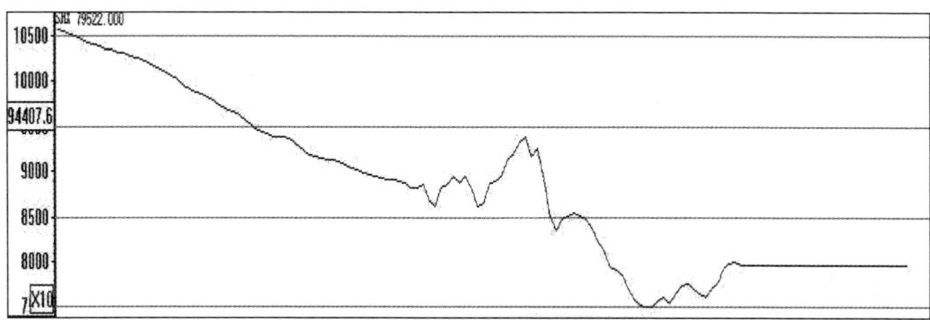

图 27-1　散户线指标

散户线指标反映了市场上散户的持股数量。散户线指标值较大时，说明散户持有的股票数量较多，股票主要集中在散户手中，难以有强势行情。散户线指标值较小时，则说明散户手中的股票较少，股票主要集中在主力手中，可能会在主力的推动下大幅上涨。

卖点93　股价高位盘整，散户线上升：股价下跌时卖出

● 技术特征

1. 当股价上涨一段时间后，在顶部横盘整理的过程中，散户线并没有横盘整理，而是持续上升。散户线上升的幅度明显超过同期股价涨幅。

2. 这样的形态说明在顶部横盘整理过程中，市场上散户持有的股票越来越多，有主力出货的迹象。这是股价见顶下跌的信号。

股价高位盘整，散户线上升的形态如图 27–2 所示。

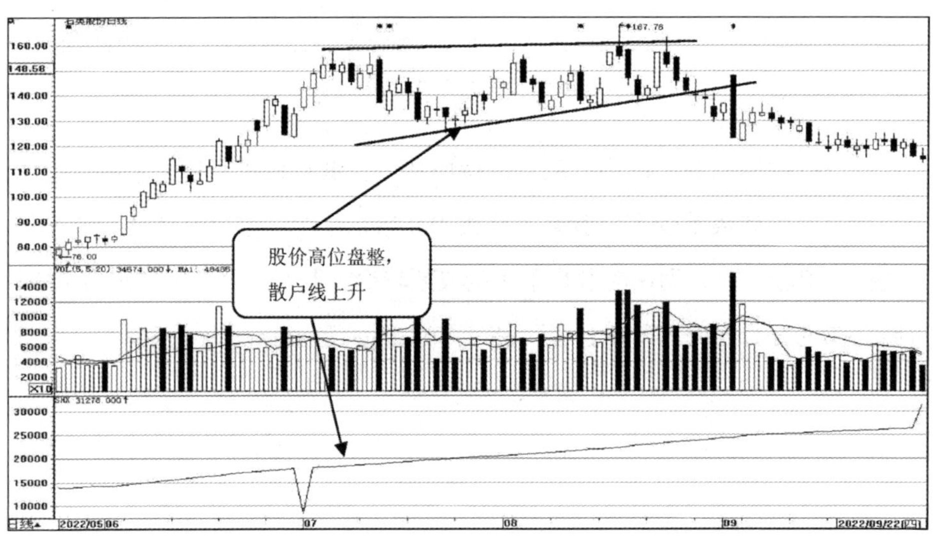

图 27–2　股价高位盘整，散户线上升

● 卖点出击

当股价跌破顶部整理区间时，说明主力完成顶部出货过程，股价开始被持续打压。此时投资者应该尽快卖出股票。

● 经典案例

如图 27–3 所示，建友股份（603707）股价上涨到高位后开始在顶部形

成矩形的整理区间，同时其散户线指标持续上升。这样的形态说明在顶部整理区间内，主力逐渐完成出货。这是未来股价会遭到持续打压的信号。

2023年2月21日，股价跌破顶部整理区间。这样的形态说明主力已经完成顶部出货，开始将股价向下打压。此时投资者应该尽快卖出股票。

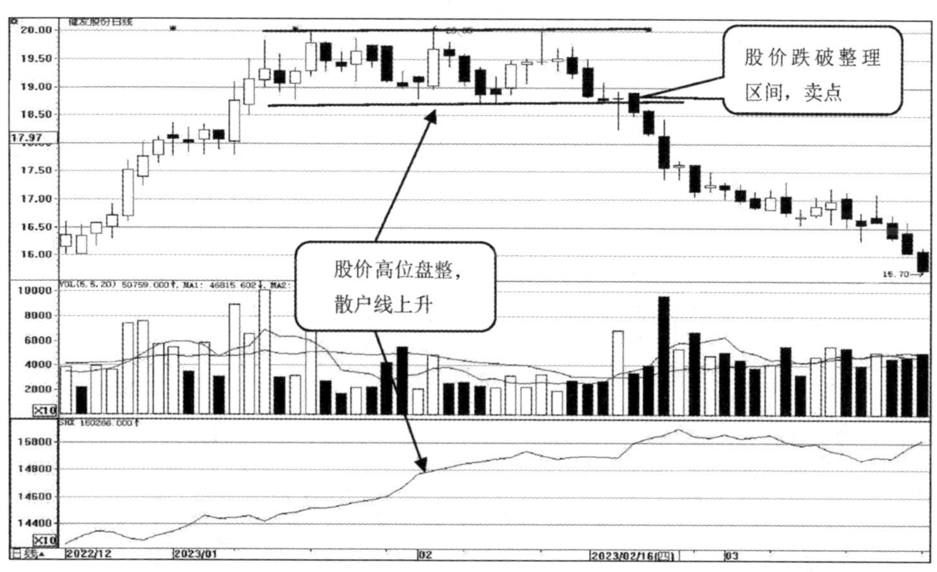

图 27-3　建友股份日 K 线

实战提高

1. 股价在顶部横盘整理过程中，可能会小幅上涨。只要散户线的上升速度明显超过股价涨速，该形态的看跌信号就仍然有效。

2. 股价在顶部整理过程中，可能形成三角形、矩形等多种整理形态，这并不影响该形态作为看跌信号。

3. 如果在顶部整理区间内的成交十分活跃，明显超过前期拉升阶段的成交量，则验证了主力出货的动作。此时该形态的看跌信号会更加可靠。

4. 股价在顶部横盘整理的时间越长，庄家出货就会越彻底。股价开始下跌时，下跌幅度可能较大。

卖点94　下跌行情中股价反弹，散户线上升：股价跌破反弹趋势线时卖出

● 技术特征

1．在持续下跌行情中，股价形成了小幅反弹行情。在股价上涨的同时，散户线也同步上升。

2．这样的形态说明在这轮股价反弹的行情中，主要是散户在持续买入股票，是散户推动这轮行情上涨。不过，这种由散户推动的上涨行情必定难以持续太长时间。一旦散户追涨的热情耗尽，股价将会继续下跌。

下跌行情中股价反弹，散户线上升的形态如图27–4所示。

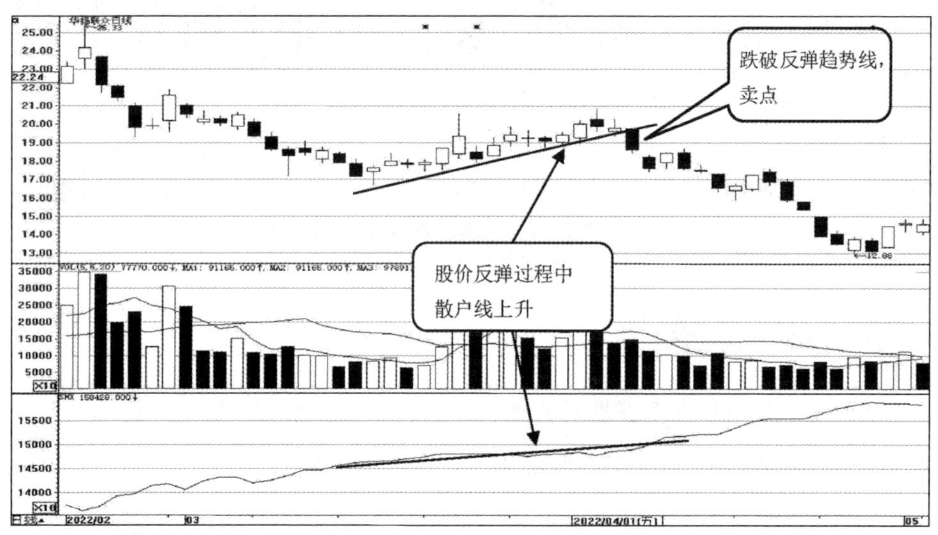

图27–4　下跌行情中股价反弹，散户线上升

● 卖点出击

当股价跌破反弹行情中的趋势线时，说明上涨行情已经结束，此时投资者应该尽快卖出股票。

● 经典案例

如图 27-5 所示，得利斯（002330）股价在持续下跌过程中形成小幅反弹行情。在股价反弹时，其散户线指标同步上升。这样的形态说明此时股价的反弹主要由散户推动，这种由散户推动的上涨难以持续太长时间。

2023 年 2 月 27 日，股价跌破反弹形成的趋势线。这说明散户追涨的热情已经耗尽，此时投资者应该尽快卖出股票。

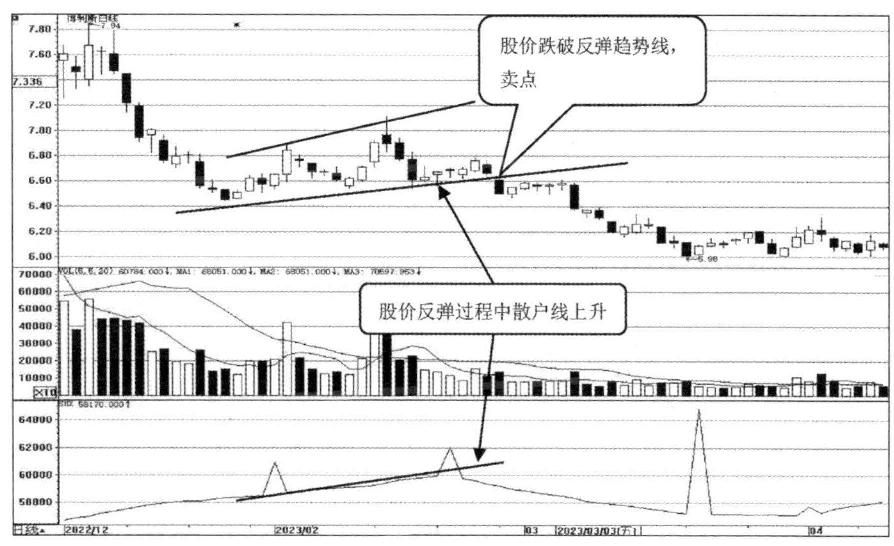

图 27-5　得利斯日 K 线

实战提高

1．当股价反弹时，可能形成三角形、旗形、楔形等整理形态。

2．如果股价反弹过程中成交量持续萎缩，就验证了追涨散户越来越少的信号，此时该形态的看跌信号会更加强烈。

3．如果在股价反弹过程中，散户线先是上升，之后开始快速下降，则说明这轮行情先是由散户向上拉升，随后主力进入。这样的形态出现后，是股价将见底反弹的信号。

4．股价反弹持续的时间越短，说明看涨的散户数量越少，未来股价继续下跌的空间也就会越大。

第 28 章

主力进出指标的卖点

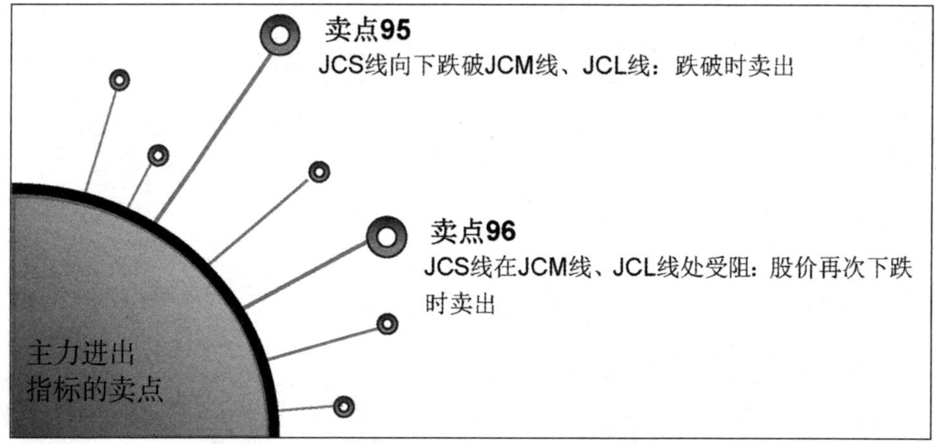
卖点95
JCS线向下跌破JCM线、JCL线：跌破时卖出
卖点96
JCS线在JCM线、JCL线处受阻：股价再次下跌时卖出
主力进出
指标的卖点

指标概览

主力进出指标包括三条曲线，按照波动频率由快到慢分别是JCS线、JCM线和JCL线（见图28-1）。

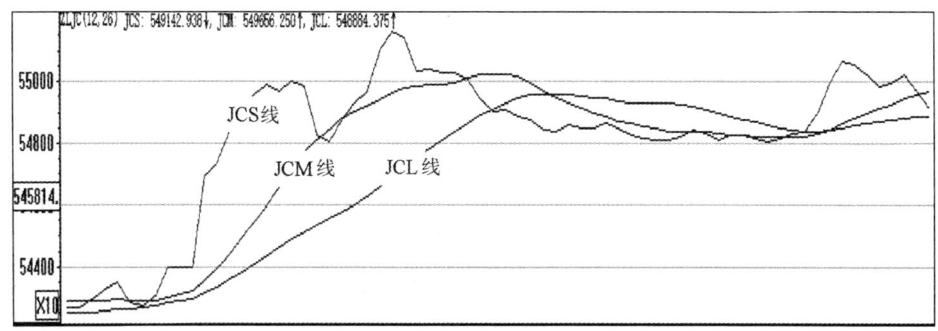

图28-1　主力进出指标

主力进出指标中的JCS线通过统计股价和成交量的变化，来表示主力在较短时间内的运行轨迹。JCM线和JCL线则分别为JCS线中期和长期的移动平均线，可以分别用来表示主力在中期和长期内的运行轨迹。

卖点95　JCS线向下跌破JCM线、JCL线：跌破时卖出

● 技术特征

1．JCS线持续上升一段时间后见顶下跌。在下跌过程中，JCS线先是跌破了JCM线，之后又跌破了JCL线。

2．这样的形态说明主力的坐庄思路已经由拉升股价进入打压股价。未来一段时间内，主力将会大量抛出股票，股价将会遭到主力的持续打压。

JCS线向下跌破JCM线、JCL线的形态如图28-2所示。

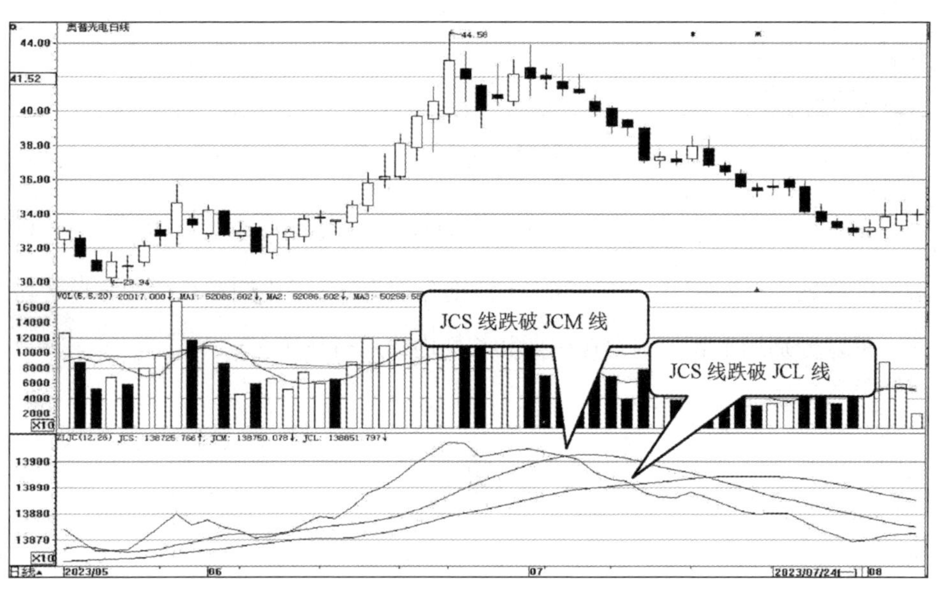

图28-2　JCS线向下跌破JCM线、JCL线

● 卖点出击

当JCS线跌破JCM线时，投资者可以先卖出一部分股票，等JCS线跌破JCL线时，投资者应该将剩余的股票全部卖出。

● 经典案例

如图 28-3 所示，积成电子（002339）股价经过持续上涨行情后见顶下跌。同时，JCS 线也几乎与股价同时开始下跌。

2023 年 3 月 2 日，JCS 线跌破 JCM 线，说明主力已经不再持续拉升股价。此时投资者应该先将手中的股票卖出一部分，保留一定仓位继续观望。

3 月 7 日，JCS 线跌破 JCL 线，说明主力已经开始将股价向下打压。此时投资者应该尽快卖出手中剩余的股票。

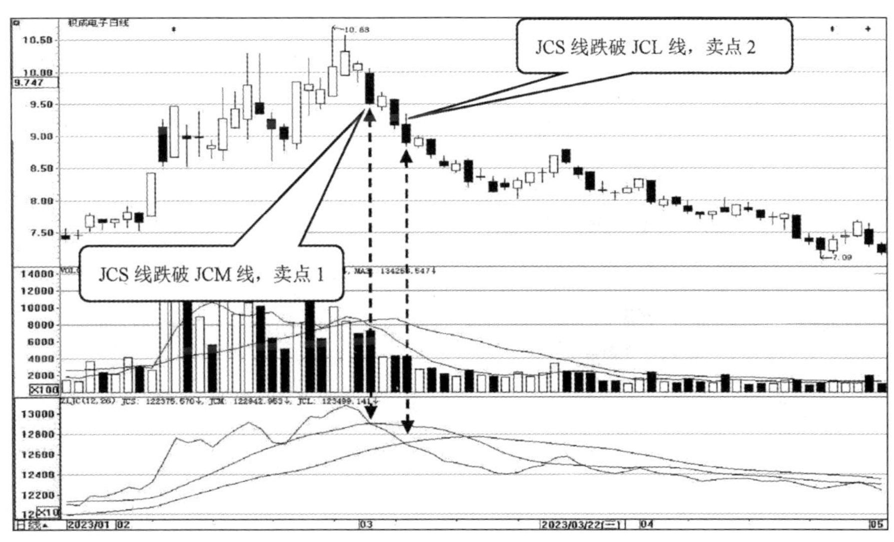

图 28-3　积成电子日 K 线

实战提高

1．如果投资者希望避免踏空风险，也可保留少量仓位，等 JCM 线跌破 JCL 线时再清空股票。不过，这时股价可能已经有了比较大的跌幅。

2．在个别特殊的情况下，JCS 线也可能会先跌破 JCL 线，再跌破 JCM 线。这同样是看跌卖出信号。

3．这样的形态出现时，可能是主力想通过打压股价洗盘，未来会继续将股价向上拉升，也可能是主力已经完成顶部出货，未来股价将进入持续下跌行情。无论是什么情况，投资者都应该先卖出股票，以规避风险。

卖点96　JCS线在JCM线、JCL线处受阻：股价再次下跌时卖出

● 技术特征

1．在持续的下跌行情中，当JCS线反弹到JCM线和JCL线附近时，没能成功向上突破，而是遇到阻力后开始下跌。

2．这样的形态说明虽然庄家在拉升股价，但没有把股价拉升至高位就撤出。该形态出现在下跌行情中时，是庄家在制造假信号、诱骗投资者买入股票的信号。

JCS线在JCM线、JCL线处受阻的形态如图28-4所示。

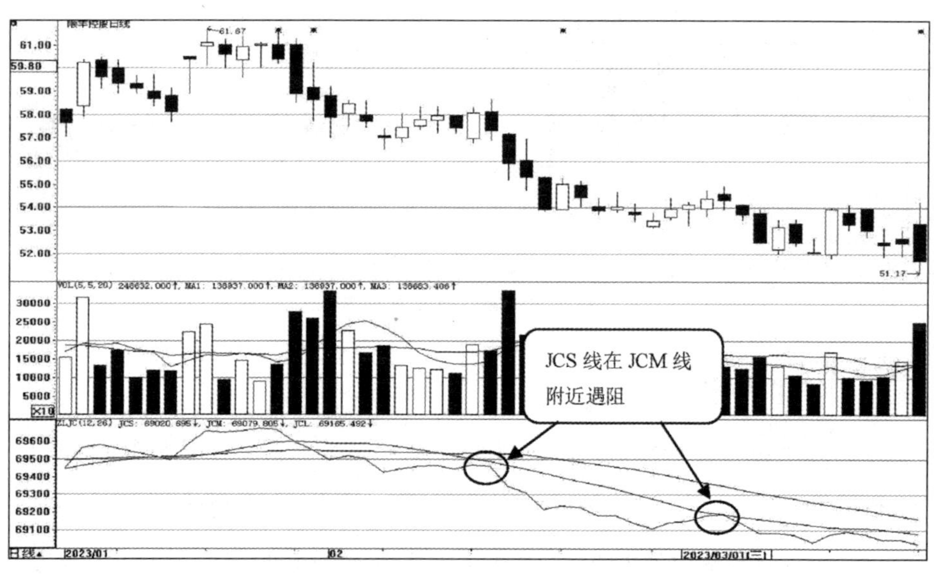

图28-4　JCS线在JCM线、JCL线处受阻

● 卖点出击

当JCS线遇到阻力后继续下跌时，投资者应该尽快卖出股票。

● 经典案例

如图 28-5 所示，天原股份（002386）股价持续下跌过程中出现小幅反弹。同时其JCS线上升到JCL线附近遇阻下跌。这样的形态说明庄家推动股价反弹只是为了诱骗散户买入股票。当散户买入后，庄家就将自己的力量撤去，开始打压股价出货。这是股价会持续下跌的信号。

2023年3月6日，JCS线遇到阻力后股价开始放量下跌，此时投资者应该尽快卖出股票。

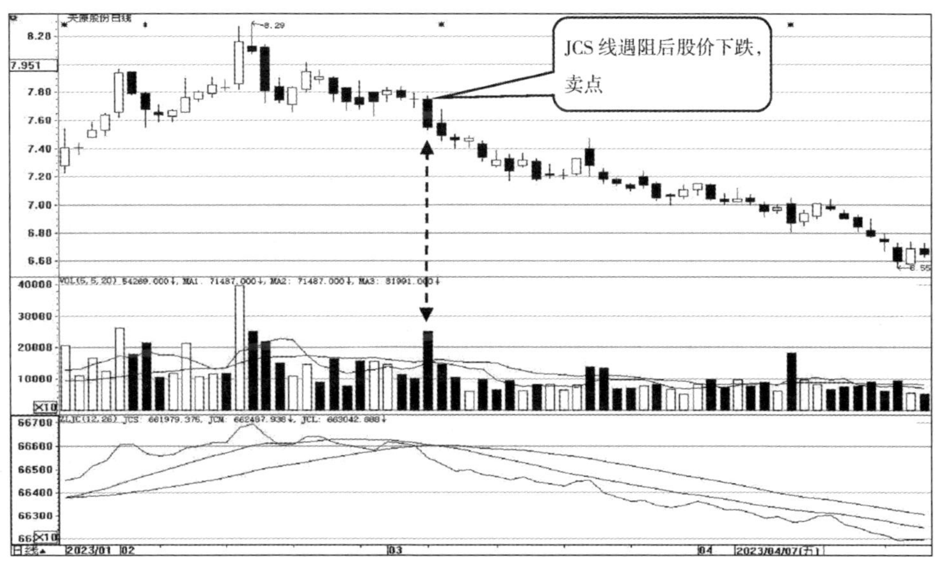

图 28-5　天原股份日 K 线

1. JCS线只要在JCM线和JCL线之间的区间内遇阻下跌，就形成有效的看跌卖出信号。

2. 投资者最好耐心等JCS线真正遇阻下跌后再卖出手中的股票。

3. 该形态出现时，只有JCM线位于JCL线下方，才是有效的看跌信号。如果JCM线位于JCL线上方，说明从中长期来看，股价还在庄家的拉升下持续上涨，此时投资者可以持股观望。

第 29 章

主力买卖指标的卖点

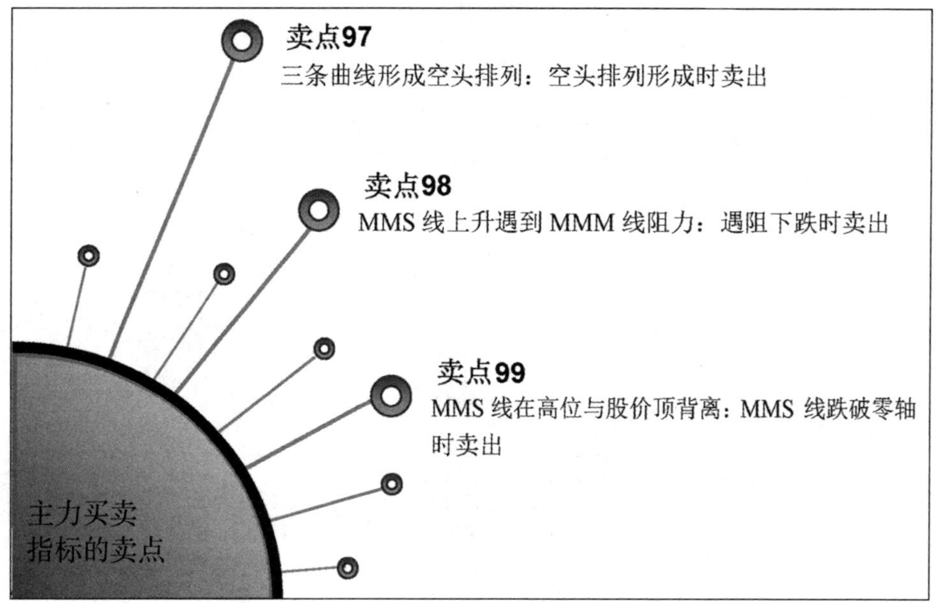
卖点97
三条曲线形成空头排列：空头排列形成时卖出
卖点98
MMS 线上升遇到 MMM 线阻力：遇阻下跌时卖出
卖点99
MMS 线在高位与股价顶背离：MMS 线跌破零轴时卖出
主力买卖指标的卖点

指标概览

主力买卖指标由三条曲线组成，按照波动的快慢分别是MMS线、MMM线和MML线（见图29-1）。

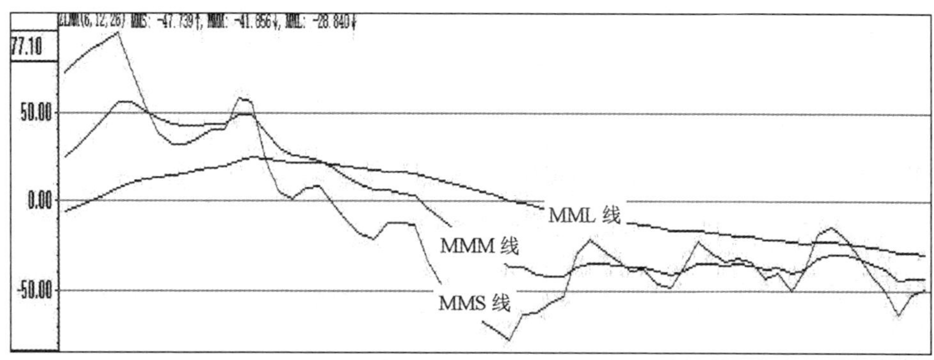

图 29-1　主力买卖指标

主力买卖指标的三条曲线分别统计市场上短期、中期和长期内主力买卖股票的力量强弱。曲线在零轴上方时，说明主力正在买入股票，且曲线位置越高，说明主力买入力量越强。曲线在零轴下方时，说明主力正在卖出股票，且曲线位置越低，说明主力卖出的力量越强。

卖点97　三条曲线形成空头排列：空头排列形成时卖出

● 技术特征

1．经过一段上涨行情后，MMS线在顶部连续跌破了MMM线和MML线，MMM线也在几乎同一时间跌破了MML线。三条曲线由上到下依次是MML线、MMM线、MMS线，这样的排列形态是空头排列。

2．这样的形态说明主力改变了操作思路，由以买入股票为主变成了以卖出股票为主。未来股价可能会遭到主力的持续打压。

三条曲线形成空头排列形态如图29-2所示。

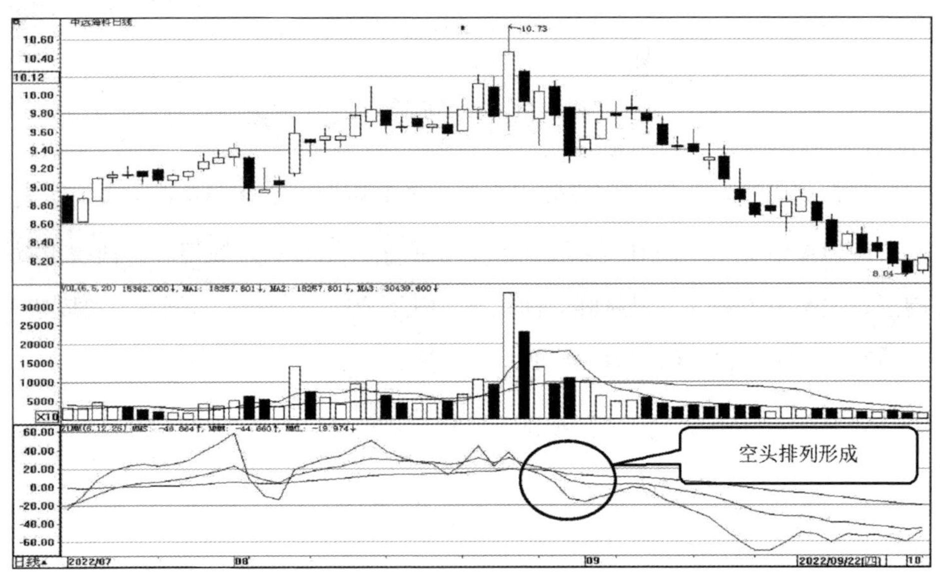

图29-2　三条曲线形成空头排列

● 卖点出击

当空头排列形成时，投资者应该尽快卖出股票。

● 经典案例

如图 29-3 所示，力生制药（002393）股价见顶下跌的过程中，其 MMS 线连续跌破了 MMM 线和 MML 线。2022 年 3 月 22 日，MMM 线也跌破了 MML 线，空头排列形成。这说明主力已经开始大量卖出股票，未来股价会遭到持续打压。当空头排列形成时，投资者应该尽快卖出股票。

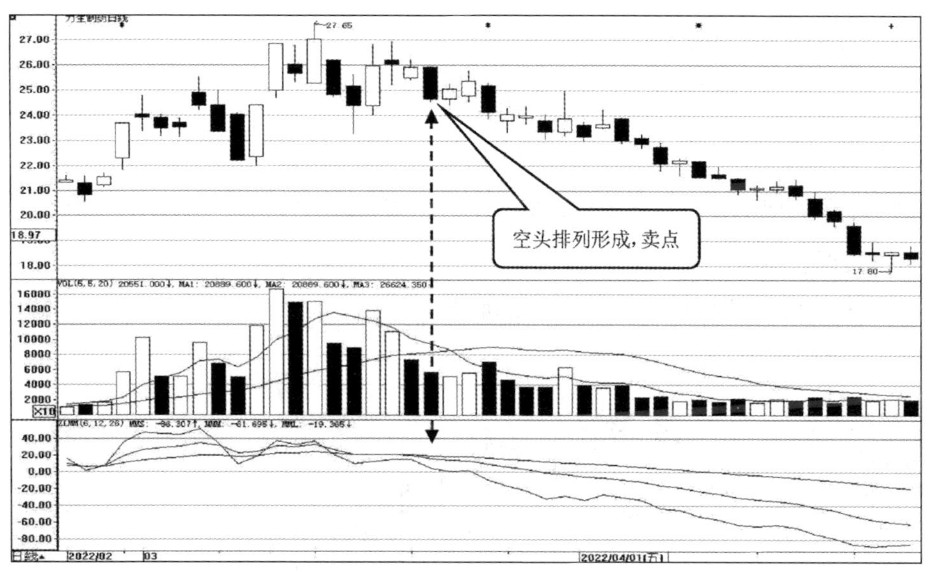

图 29-3　力生制药日 K 线

实战提高

1．为了尽量规避股价下跌的损失，投资者可以在 MMS 线和 MMM 线跌破 MML 线时，分别卖出一部分股票。

2．空头排列形成的过程越快，该形态的看跌信号就越强烈。如果三条曲线经过反复纠缠后才形成空头排列，则该形态的看跌信号较弱。

3．空头排列形成的标志多数都是 MMM 线跌破 MML 线，但也有个别情况是以 MMS 线跌破 MML 线为标志的。

卖点 98　MMS 线上升遇到 MMM 线阻力：遇阻下跌时卖出

● 技术特征

1．在持续的下跌行情中，当 MMS 线向 MMM 线靠拢时，没能形成突破，而是遇到阻力后再次进入下跌走势。

2．这样的形态说明庄家虽然在短期内买入股票，但买入行为没有持续太长时间。这可能是庄家在弱势行情中的诱多操作，通过制造短暂强势行情来诱骗散户买入股票，自己则趁机卖出股票。该形态完成后，未来股价还会遭到庄家的持续打压。

MMS 线上升遇到 MMM 线阻力的形态如图 29-4 所示。

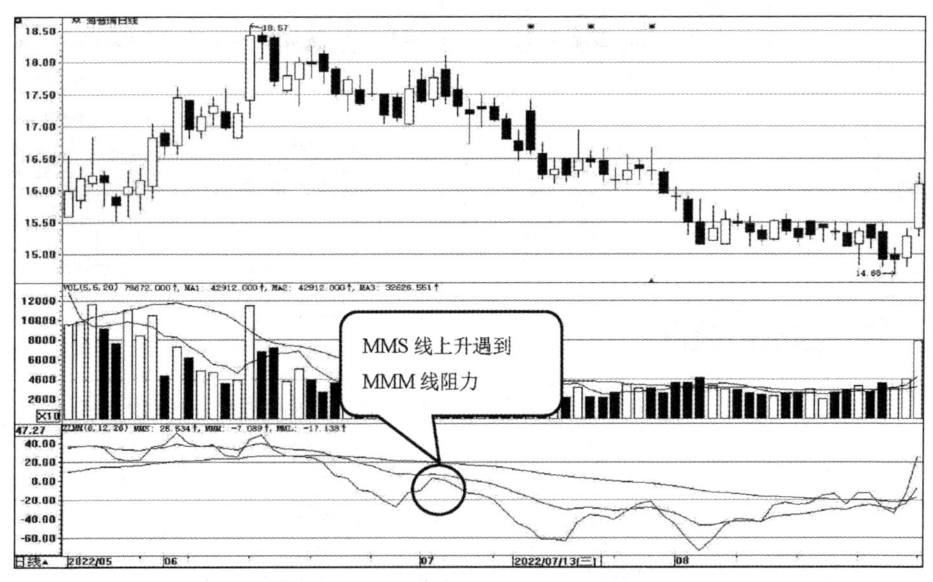

图 29-4　MMS 线上升遇到 MMM 线阻力

● 卖点出击

当 MMS 线遇到阻力后继续下跌时，说明庄家开始再次将股价向下打压。

此时投资者应该尽快卖出股票。

● 经典案例

如图 29-5 所示，2023 年 2 月中旬开始，康盛股份（002418）股价经过一波上涨走势后在高位滞涨。这个过程中，其主力买卖指标 MMS 线在靠近 MMM 线位置遇阻下跌。这样的形态说明市场上涨动能不足，股价有较大可能彻底转势向下。

2023 年 2 月 16 日，MMS 线遇阻后开始继续下跌，下降趋势启动。看到这样的形态，投资者应该尽快卖出手中的股票。

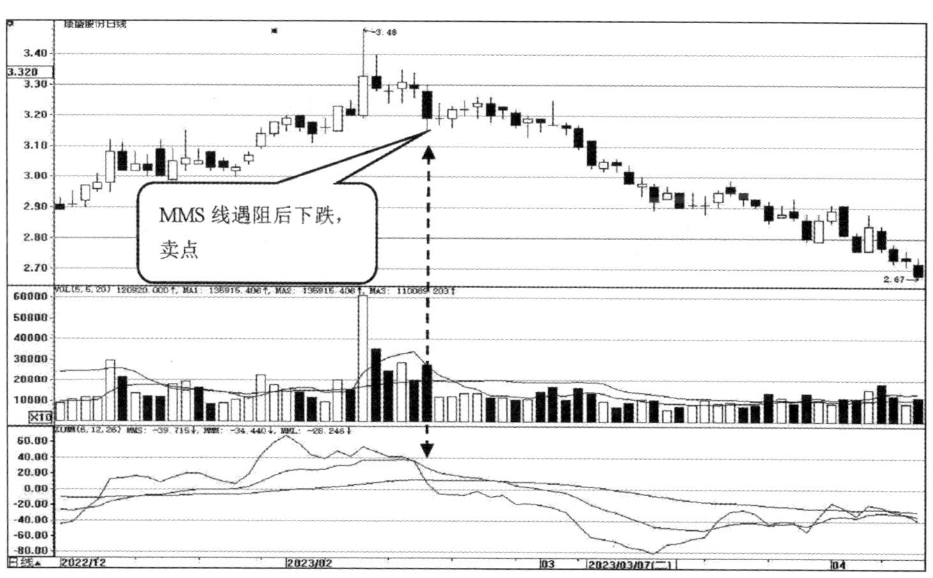

图 29-5　康盛股份日 K 线

实战提高

1. 有时 MMS 线可能会短暂地突破 MMM 线，但只要未能突破 MML 线，该形态的看跌信号就依然有效。

2. 为了避免踏空的风险，投资者最好等MMS线开始下跌后再卖出股票。

3. 当MMS线遇到阻力时，MMM线最好在MML线下方。否则说明股价还没有受到持续打压，这时投资者可以适当持仓观望。

卖点99　MMS线在高位与股价顶背离：MMS线跌破零轴时卖出

● 技术特征

1. 在股价持续上涨、连续创出新高的顶部区域，如果MMS线一直位于零轴上方，而且形成了一顶比一顶低的下跌走势，二者就构成了顶背离形态。

2. 这样的形态说明虽然股价持续上涨，但庄家买入股票的热情逐渐减弱。一旦庄家开始大量抛出股票，股价将会遭到打压。

MMS线在高位与股价顶背离的形态如图29-6所示。

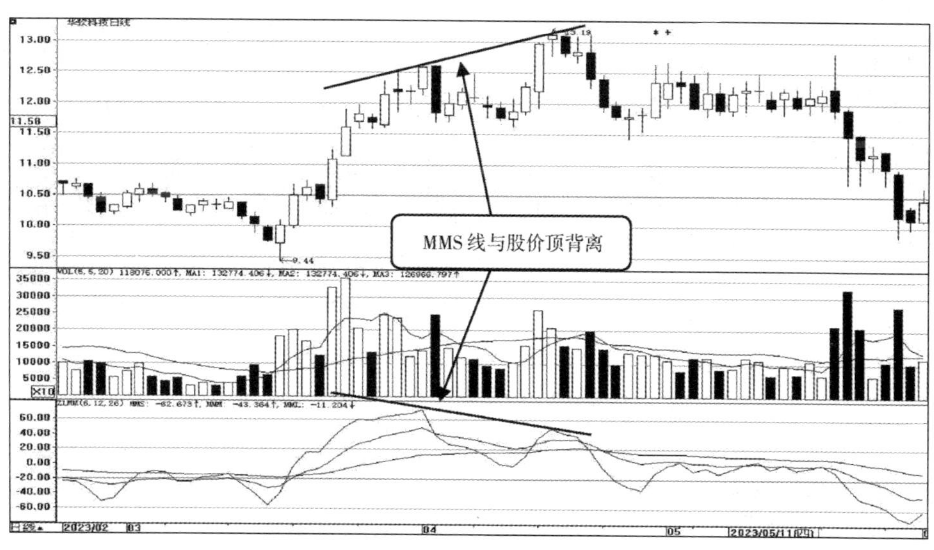

图29-6　MMS线在高位与股价顶背离

● 卖点出击

顶背离完成后，当MMS线跌破零轴时，说明庄家已经开始抛出股票，股价即将遭到持续打压。此时投资者应该尽快卖出股票。

● 经典案例

如图29-7所示，松芝股份（300213）股价上涨到高位后，与主力买卖指标的MMS线形成了顶背离形态。这样的形态说明庄家买入股票的热情逐渐减弱，未来可能会大量抛出股票，是股价会持续下跌的信号。

2023年7月17日，顶背离后MMS线跌破了零轴，这说明庄家已经开始将股价向下打压。此时投资者应该尽快卖出股票。

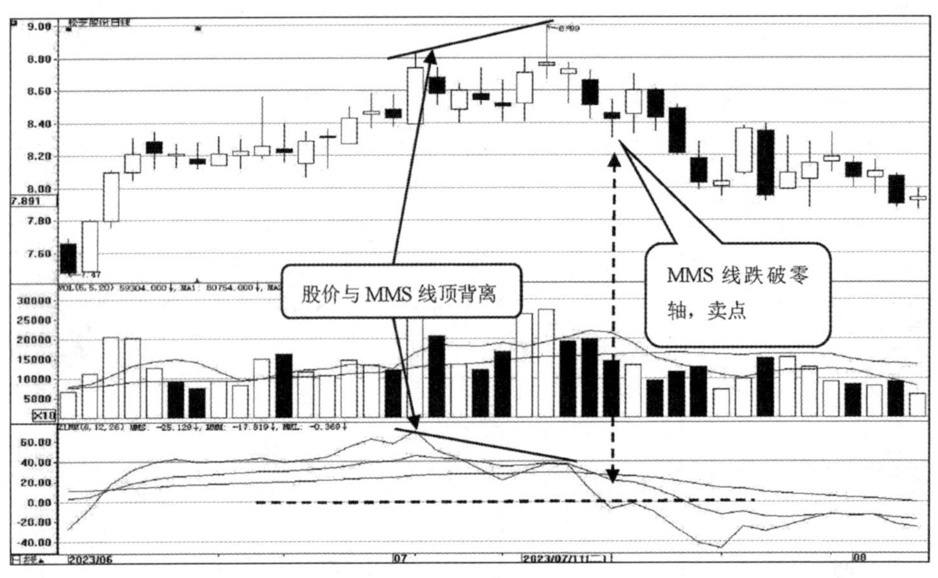

图29-7　松芝股份日K线

实战提高

1. 顶背离持续的时间越长，背离的次数越多，该形态的看跌信号也就越强烈。

2. 如果MMS线与股价顶背离的同时，MMM线和MML线也与股价形成了类似的顶背离形态，则该形态的看跌信号会更强烈。

3. 顶背离形成过程中，如果成交量持续萎缩，则验证了庄家减少买入数量的信号。在这样的情况下，该形态的看跌信号会更可靠。